파키스탄, 나의 사랑
한 여성 선교사의 이슬람 현장 기록

Pakistan, My Beloved
A Story of Encountering Muslims by a Korean Christian Woman

모든 인간은 하나님의 형상을 닮은 존엄한 존재입니다. 전 세계의 모든 사람들은 인종, 민족, 피부색, 문화, 언어에 관계없이 존귀합니다. 예영커뮤니케이션은 이러한 정신에 근거해 모든 인간이 존귀한 삶을 사는 데 필요한 지식과 문화를 예수 그리스도의 사랑으로 보급함으로써 우리가 속한 사회에 기여하고자 합니다.

파키스탄, 나의 사랑
한 여성 선교사의 이슬람 현장 기록

초판 1쇄 찍은 날 · 2003년 10월 28일 | 초판 3쇄 펴낸 날 · 2008년 6월 25일

지은이 · 전재옥 | 펴낸이 · 김승태

등록번호 · 제2-1349호(1992. 3. 31.) | 펴낸 곳 · 예영커뮤니케이션
주소 · (136-825) 서울 성북구 성북1동 179-56 | 홈페이지 www.jeyoung.com
출판사업부 · T. (02)766-8931 F. (02)766-8934 e-mail: edit1@jeyoung.com
출판유통사업부 · T. (02)766-7912 F. (02)766-8934 e-mail: sales@jeyoung.com

ISBN 89-8350-294-0 03230

ⓒ 2003, 전재옥

값 8,000원

■ 잘못 만들어진 책은 언제든지 교환해 드립니다.

파키스탄, 나의 사랑
한 여성 선교사의 이슬람 현장 기록

Pakistan, My Beloved
A Story of Encountering Muslims by a Korean Christian Woman

전재옥 지음

예영커뮤니케이션

저자 서문

이책에 담긴 글은 거의 1986년에 씌어진 글로 두란노에서 출판된 것입니다. 파키스탄의 첫 한국 선교사로 1960년대와 1970년대 중반까지 사역하면서 경험하고 관찰한 것들을 당시의 시각으로 정리한 것입니다. 그리고 이번 책은 개정본으로서 이 개정본을 내기 위하여 지난 몇 년 전 파키스탄에 나갔다가 만난 한 무슬림의 이야기를 새롭게 포함하였습니다. 선교학을 가르치고 있는 현재의 입장에서가 아니라, 초기 한국 선교사의 입장에서 쓴 내용입니다. 그렇지만 근본적으로 한국 선교사가 가져야 할 선교에 대한 자세와 정신은 당시의 이야기로서도 전달될 수 있다고 생각합니다.

이 책에서는 한국 선교사의 기본 자세를 다음 세 가지로 강조하였습니다.

첫째로, 선교는 자신이 살던 익숙한 곳을 떠나서 낯선 곳에 나가 선교지의 사람들과 함께 살 때부터 열리게 된다는 것입니다. 이것은 복음 선교의 대상인 사람들과 같은 공간에서 함께 시간을 보내는 것에서부터 선교가 시작된다는 개념입니다.

둘째로, 경험을 공유하는 가운데 그곳의 사람들을 깊이 이해하고 존중하며 조그만 것이라도 나누고자 하는 사랑의 삶이 중요합니다. 선교사에게는 아무리 환경이 낯설더라도 그들과 같이 먹고 이야기하며 활동하고자 하는 사랑의 마음이 있어야 한다는 것입니다. 또한 자기 선교지의 사람들을 귀하고 소중하게 여기며 그들을 위한 어떤 고생이라도 기쁘게 견딜 수 있어야 합니다. 선교사가 자신의 개척적이고 모험적이며 창의적인 활동을 언젠가 글로 발표하고 자료로 소개하여 인정받게 될 것을 기대하거나 자기 성취를 목표로 삼는다면 그 선교 사역은 아무런 의미가 없을 것입니다. 선교사는 그 어떤 것을 준다고 해도 선교지의 사람들을 위하고 주님을 따르는 그 길에서 뒤돌아설 수 없는 자가 되어야 합니다. 그러므로 아무리 어려워도 선교지의 사람들을 탓하기보다는, 그들을 향해 마음으로부터 우러나오는 자랑과 칭찬을 할 수 있어야 합니다.

셋째로, 선교는 무엇보다도 예수 그리스도의 복음이 가진 그 엄청난 능력으로 갇혀 있는 삶을 자유의 삶으로 이끌어 내는 것이어야 합니다. 죽을 병에 걸려 있는 자들에게는 그리스도의 치유과 능력의 손길이 닿게 하고, 무지에서 배움과 깨달음으로, 억울함과 억압의 삶에서 평화와 정의가 가득 찬 삶으로, 공포와 죽음의 삶에서 소망과 영생의 삶으로의 변화를 경험하게 하고 하나님을 찬양하게 하는 것이어야 합니다. 이런 것들을 목표로 하고 살아가는 삶에 더 바랄 것이 무엇이 있겠습니까? 또 그 이상 보람찬 생활이 어디 있겠습니까?

여기에 실린 선교 이야기는 미숙한 것들이지만, 얼굴 한번 본 적 없는 파키스탄 사람들에게 나아가 젊음을 바쳤던 열정과, 그들에게 복음의 능력이 임하기를 날마다 기도했던 그 정성으로 쓴 글입니다.

이 책이 출판되도록 도와주신 예영커뮤니케이션의 김승태 사장님과 실무를 담당해 주신 출판부 식구들에게 감사를 드립니다.

2003년 10월 31일 전재옥

차례

저자 서문 4

제1부 파키스탄을 향하여
첫발을 내딛다 11
사막의 여성들 23
약혼식 초대 35
언어를 배우는 기쁨 47

제2부 살며 사랑하며
파키스탄 교회 여성 63
참 이웃 76
무슬림 남성들 89

제3부 꿈을 이루는 사람
이루어진 약속 103
파키스탄 교회 117
펀잡 지역 부흥 운동 129
안식년의 결실 143

제4부 계속되는 선교
계속되는 선교 157
무슬림 풍속도 169
베품의 선교 181

제5부 이슬람 선교
이슬람권의 선교사 195
그리스도 안에서 모두 하나 207
구스 박쉬 나하르와의 만남 218

제 1부
파키스탄을 향하여

그러므로 너희는 가서 모든 족속으로 제자를 삼아
아버지와 아들과 성령의 이름으로 세례를 주고 내가
너희에게 분부한 모든 것을 가르쳐 지키게 하라
볼찌어다 내가 세상 끝날까지 너희와 항상
함께 있으리라 하시니라
(마 28:19~20)

첫발을 내딛다

드디어 1961년 10월 31일 파키스탄으로 향했다. 우리 일행이 파키스탄 카라치 국제공항에 도착한 것은 새벽 한 시 반, 한국 여자 선교사로서는 처음으로 그곳에 첫발을 내디딘 셈이었다. 일행은 나와 조성자, 그리고 김은자 이렇게 셋이었다. 우리는 같은 해에 이화여대를 졸업한 동기 동창이었고 특히 김은자는 같은 과 친구이기도 했다. 우리가 탄 비행기는 덴마크 항공사 소속이었는데 우리 셋 이외에는 내리는 손님이 없었다.

두근거리는 마음으로 트랩을 내려서니 흰 케섹을 입은 나이 든 목사님이 우리를 알아보고 반갑게 맞아 주었다. 카라치 교구의 주교인 찬두 레이 박사였다. 그는 우리를 마중나오기로 미리 약속이 되어 있었다. 그의 가슴에 달린 금빛 십자가가 비행장 불빛에 비쳐 반짝거리고 있었다. 레이 박사는 키가 작은 은빛 머리칼의 노신사로 우리 한 사람 한 사람을 포옹하면서 환영해 주었다. 한 번은 왼쪽, 다음은 오른쪽으로 서로 포옹하며 맞아 주는 것이 파키스탄의 인사 예법이라는 것을 얼마 후에 알게 되었다. 그때까지 윗사람에게는 거리를 두고 머리만 약간 숙여 인사하는 한국적 풍습에 젖어 있던 우리는 퍽이나 인상적인 환영을 받은 것이다.

가지고 간 짐도 별로 없었지만 세관원은 새벽이라 피곤해서인지 가방을 살펴보지도 않았고 우리는 곧 공항 밖으로 빠져 나왔다. 레이 박사는 우리 세 사람의 짐을 받아 자신의 차에 챙겨 싣고서 시내 교구로 향했다. 거리는 한산했지만 파키스탄의 전통복인 쌀와르를 입은 남자들이 수레에 짐을 잔뜩 실은 낙타떼를 몰고 가고 있었다. 나는 파키스탄의 새벽 공기를 마시면서 아주 낯선 곳에 와 있음을 실감하였다. 나라마다 사람들에게서 나는 냄새가 다르고 지역에 따라서는 공기 냄새도 다르다더니…. 어느새 우리를 태운 주교의 차는 시커먼 고무나무가 버티고 서 있는 교구 정원에 도착하였다.

"자, 다 왔어요." 레이 주교의 말에 순간 내 가슴이 찡해 왔다. 비로소 우리가 선교지 파키스탄에 도착했음을 일깨워 주는 신호로 들렸기 때문일까? 차문을 열고 내리자 두 서양 여선교사가 기다리고 있었다는 듯이 정원에서 우리를 맞았다. 간단히 서로를 소개했는데 그들의 이름은 셜리 해리슨과 오드리 뉴로이따였다. 그들은 웃으면서 우리가 묵을 방으로 안내해 주었고 레이 주교는 방안에 선 채로 우리를 위해 간단히 기도해 주었다. 그리고 잘 자라는 인사와 함께 그곳을 떠났다. 나는 레이 주교의 짧으면서도 간절한 기도를 통해 이제부터 내가 이곳에 굳게 설 것이라는 느낌을 받았다. 나는 서울에서의 선교사 파송식 때와 똑같이 그날 새벽에도 나의 일생을 파키스탄에서 보내다가 이곳에 묻히리라는 결심을 새롭게 하였다. 지금 생각하면 그 결심은 낯선 이국 땅에서 제일 처음 만난 레이 주교의 따뜻한 환영 때문에 더 가슴에 파고 들었었던 것 같다. "이러므로 그리스도께서 우리를 받아 하나님께 영광을 돌리심과 같이 너희도 서로 받으라"(롬 15:7)는 말씀이 내게 새롭게 체험되는 순간이었다.

한국인으로서는 처음으로

첫날 우리 세 사람이 잤던 방은 너무 넓어 마치 커다란 교실에 와 있는 듯했고, 천정에는 날개가 긴 선풍기가 '붕붕' 소리를 내며 돌아가고 있었다. 바닥에는 침대 세 개가 나란히 놓여져 있었는데 각 침대마다 네 개의 대나무 막대기로 지탱한 모기장이 쳐져 있었다. 선교사들이 일러 준 대로 침대로 올라갈 때 모기가 들어오지 않도록 재빨리 모기장을 들치고 들어가 그 끝자락을 침대 매트 밑에 잘 끼워 넣었지만, 그날 밤 우리는 모기와 빈대 때문에 제대로 잠을 잘 수가 없었다.

최근에도 파키스탄에 가게 되면 그곳에 묵곤 한다. 파띠마 지나 가(街)에 있는 그 교구는 주로 독신 선교사들이 살고 있는 곳으로 오래된 성공회 계통의 선교관이다. 우리를 맞아 주었던 두 선교사들은 현재까지도 그 집에 살면서 선교 사역을 계속하고 있다. 20여 년이 지난 지금도 그들과 가끔씩 서신 왕래를 하고 있다.

그 다음 날 우리는 카라치 교구 목회자 연합회의 부탁으로, 한국과 한국 교회를 소개하기 위해 레이 주교의 안내를 받아 기차로 3시간이 걸리는 하이드라바드로 갔다. 카라치 교구는 파키스탄 남쪽의 씬드 사막에 위치한 한국 국토 정도 되는 크기의 지역을 관할하는데, 그곳의 목회자 연합회는 파키스탄 교회들이 연합한 교회였으므로 그 지역의 목회자들과 선교사들이 모두 모이는 큰 연중 행사였다. 파키스탄 연합교회에는 가장 큰 교단인 성공회, 장로교 그리고 감리교가 포함되어 있어서 실제로 모든 목회자들과 만나는 시간이기도 했다.

한국과 한국 교회를 소개하는 일이 우리 세 사람 가운데 나에게 맡겨졌다. 전해야 할 내용을 영작하여 그것을 외운 후 그들 앞에 섰다. 당시 워낙 철이 없고 겁이 없어서였는지 피곤한 줄도 모르고 조용하고 담담하게 한 마디 한 마디 해 나갔다. 예배는 우르두어(파키스탄 국어)로 드렸고 회의에서는 영어가 사용되곤 하였다. 한국 교회와 이화여대를 소개하는 것으로 내가 맡은 순서를 끝내자 모두들 따뜻한 격려 인사를 해 주었다. 그들과 함께 있다는 감격 때문인지 젊음 때문인지 나는 순간 순간 새 낱말을 익힐 수 있었고, 그들이 먹는 식대로 카레 음식을 먹는 것도 전혀 불편하지 않았다.

파키스탄에 도착한 둘째 날은 하이드라바드 시에 있는 목사관에서 잠을 잤는데 거기에는 모기장마저 없었다. 처음 며칠은 물파스 같은 것도 사용하지 못해서 애를 먹었는데 막상 나가서 그런 약을 구하려고 해도 쉽지 않왔다.

그 후 며칠간은 세인트 토마스 교회에서 열리는 연회에 참석했다. 그런데 그곳 목회자들은 대부분 한국 교회에 관해 처음 듣는다고 했다. 특히 여자대학교에서 여자 선교사들을 파송했다는 사실에 놀라움을 표시하기도 했다. 당시 파키스탄에는 서구 개신교 선교사만 해도 270여 명이 사역하고 있었고 가톨릭 선교사들도 천여 명이 되었지만 아시아 선교사로서는 우리가 처음이었던 것이다. 뿐만 아니라 한국과는 외교 관계가 수립되지 않았던 때인지라 한국인으로서 체류증을 받는 것도 처음이라는 사실을 경찰서의 한 직원을 통해서 나중에 듣게 되었다. 거처할 곳도 제대로 마련되어 있지 않은 상황이었지만 왠지 강한 안정감이 느껴졌다. 아마 '내가 있어야 할 곳에 와 있구나' 라는 조용한 확신이 있었기 때문이리라. 황막한 사막 땅에서의 긴 여로를 앞두고 내가 배운 것은 그 어떤 구체적인 계획과 준비와 확실한 보장보다도 보이지 않는 큰 사랑의 힘을 더욱 의지해야 한다는 것이었다.

사막 도시 싸카에 자리를 잡고

그 연회가 끝나자마자 우리 일행은 다시 싸카라는 사막 도시로 떠났다. 그곳의 세인트 세이비어 학교로 가는 것이었다. 우리는 시장에 가서 침대 시트, 얇은 매트리스, 베개, 모기장, 수건 등 침구류를 잔뜩 샀고 각 사람이 큰 보따리를 하나씩 마련하였다. 싸카 시로 올라가는 여행도 무척 기억에 남는다. 레이 주교가 우리를 밤 기차에 태워 주었는데, 카라치 역에서 짐을 머리에 지고 다니는 빨간 터번의 꿀리(짐 부리는 노동자)들을 보았다. 그들은 우리의 침구 보따리를 나르겠다고 몰려왔다. 레이 주교의 능숙한 안내로 좋은 객차에 올라탄 우리는 다른 사람들이 하는 대로 침구를 풀어 각각 긴 의자를 하나씩 맡아 잠자리를 마련했다.

여자들만 타는 '제나나' 칸에서의 9시간에 걸친 긴 여행. 황량한 사막을 통과하는 힘든 기차 여행이었다. 끝없는 사막, 환한 달빛에 우뚝 솟은 선인장 숲이 이어졌고 인가는 거의 보이지 않았다. 기차는 사막의 모래 먼지를 뿌리며 요란하게 달렸다. 나는 생각했다. 과연 이곳에 무엇이 심겨질 수 있으며 또 무엇이 자라날 수 있을까? 문득 선교사로서의 삶이 막막하게 느껴졌다.

싸카 역에 도착하니 새벽 5시였다. 얼떨떨한 기분으로 열차에서 내리자, 싸리를 입은 우아한 여자가 가족과 함께 마중을 나와 우리를 반겨 주었다. 싸카 학교의 교장인 루이스 부인이었다. 그녀는 어머니 같은 따뜻함으로 우리의 양 볼에 키스해 주었다. 우리는 거기서 숙소인 싸카 학교 기숙사까지 퉁거라고 부르는 두 바퀴 달린 역마차를 타고 갔다. 싸카에서는 퉁거가 주요한 교통 수단이다.

우리 일행은 파키스탄 여교사 세 명이 살고 있는 집에 도착해서 그날부터 싸카 세인트 세이비어 학교의 교사로서 환영을 받았다. 한국을 떠나기 전에 짐작했던 대로 내가 해야 할 첫번째 일은 우르두어를 공부하고 그들과 같은 옷을 입고 그들이 먹는 대로 먹는 것이었다.

세 명의 파키스탄 여교사

우리를 맞아 준 세 명의 여교사들은 펀잡 지역 출신들로 아주 전형적인 파키스탄 기독교도들이었다. 그들은 첫날 레이 주교처럼 깊은 포옹으로 우리를 반겨 주었고 그날부터 그들과 함께 생활하게 되었다. 그들은 파키스탄에서의 나의 첫 우르두어 교사요, 친구요, 가족이었다. 그들을 처음 만났을 때 제일 먼저 눈에 들어온 것은 세 사람 다 깡마르고 눈이 크다는 점. 머리카락은 새까맣고 길게 길렀는데 한 갈래나 두 갈래로 땋아서 길게 늘어뜨려 빨간 리본으로 그 끝을 묶었다. 흡사 머리를 땋아 길게 늘어뜨리고 한복을 입었던 이화학당 선배들을 연상케 했다. 게다가 그들은 가뜩이나 큰 눈에다 '가절'이라는 까만 화장품으로 눈가를 짙게 그려서 얼굴의 반이 눈처럼 보였다. 그들은 아마 내 눈을 보고서는 '눈이 어디 붙었나' 했을지도 모른다. 귀에는 구멍이 크게 뚫려 있었는데 거기에는 약 3센티미터가량 되는 긴 반달형 모양의 금귀고리가 달랑거리고 있었다. 더 희한한 것은 코 왼쪽에 보석인지 유리인지는 모르나 반짝이는 것을 박았는데 무척 인상적이었다. 손목에는 쨍그랑거리는 찬란한 색유리 팔찌를 12개가량 끼었고, 반지도 한 손에 두 개 이상 끼고 있었다.

그들은 양 옆이 트인 중국옷 같은 원피스에 발목까지 오는 통 넓은 바지를 받쳐 입고 있었다. 웃옷은 가슴과 등이 보일 정도로 깊게 파였고 모두 목걸이를 하고 있었다. 그리고 얇은 천이 'V'자로 가슴을 가로질러 어깨 뒤로 넘어가도록 걸치고 있었다. 모두 맨발에 낮은 샌들을 신었는데 다 화려한 색깔이었다. 온몸을 치렁치렁하게 장식한 그들은 저마다 아름다웠다. 아름다워지고 싶어하는 여자들의 욕구는 이 낯선 이국 땅에서도 그들만의 방식으로 표현되고 있었다.

도마뱀과 함께 생활하기

우리가 기거하던 방은 원래 학교로 쓰이던 건물이어서 교실처럼 넓고 천정이 높았다. 나무로 된 큰 창 위로 작은 창이 높게 달려 있었다. 아침 식사를 하고 나면 뜨거운 볕을 막기 위해 그 문들을 닫아야 했고 오후 늦게서야 다시 열곤 했다. 창을 열면 가까이에 인더스 강이 보였다. 서울의 한강보다 폭이 서너 배 넓은 인더스 강에는 시뻘건 황토물이 넘쳐 흐르고 있었다. 우리는 황혼녘에 강가로 산책을 나가곤 했다. 흙으로 지은 집이라 방 안에서도 가끔 뱀이 기어 나왔고 도마뱀은 아예 몇 마리씩 함께 살다시피 했다. 우리의 아침 메뉴는 언제나 차파띠와 홍차였다. 차파띠는 그야말로 무공해 영양식이라고 할 수 있는데 밀을 통채로 빻아서 반죽을 한 뒤 기름도 없이 바로 쇠판 위에서 구워 내는 쫄깃쫄깃하고 약간 거친 밀전병이다. 우유와 홍차잎을 같이 끓인 다음 설탕을 잔뜩 넣어 만드는 홍차는 그곳 사람들이 하루에 몇 잔이고 마시는 영양 만점 음료이다. 나는 이처럼 완전히 다른 환경에서도 새로운 이웃들 그리고 함께 나간 두 동료 선교사들과 함께 생활하는 가운데 생기가 넘쳐나는 것을 느꼈다.

루이스 교장은 키가 늘씬하게 컸고 늘 싸리를 입고 있었는데 영국식 영어를 유창하게 구사하는 교양 있는 여인이었다. 그녀는 우리에게 훌륭한 오리엔테이션을 해 주었다. 같이 생활하는 여교사들과 함께 루이스 교장 댁에서 파키스탄 여성과 싸카에 대해, 그리고 그곳 교회에 대해 많은 것을 배우기 시작했다. 처음 5개월간은 선교 오리엔테이션 기간이었다. 물론 싸카 학교에서 가르치는 일도 곧 시작했다. 조성자는 유치원을 잘 지도했고 김은자와 나는 영어반을 가르쳤다.

지금 나에게 강하게 남아 있는 기억은 그 기간 중에 우리가 그들을 위해 무엇을 했다기보다는 오히려 그들이 우리를 대접해 주었다는 것이다. 그들은 우리에게 언어를 가르쳐 주었고, 집에 초대해 주었다. 그리고 시장에도 데려가 주었는데, 파키스탄의 시장에 나가 보면 파는 사람도 남자, 사는 사람도 남자들 일색인 것이 눈에 띈다. 간혹 여자가 보이기도 하지만 베일로 온몸을 뒤집어쓰고 다녔다.

'그리로 가라'

내가 파키스탄 선교사로 부름을 받게 된 직접적 동기는 김활란 선생님의 설교를 통해서였다. 이화여자대학교를 다니고 있었던 4학년 1학기 말, 대강당 채플에서 선생님으로부터 파키스탄에 대한 이야기를 듣게 되었다. 선생님은 어느 국제 기독교 대회에서 만난 파키스탄의 레이 주교로부터, 파키스탄에는 기독교인 교사가 부족하여 교구 내에 학교가 세워져 있음에도 불구하고 운영이 어려운 상태라는 얘기를 들었다고 하셨다. 그리고 이화여대생들에게 파키스탄의 그런 상황을 설명하겠다고 레이 주교와 약속하였다는 것이다. 선생님은 이화인은 세계의 이화인이 되어야 하며 어디에서나 필요한 일꾼으로 살아야 한다는 말씀으로 끝을 맺으셨다. 특별한 말씀은 아니었지만 그날의 그 말씀은 이상하리만치 나를 꼼짝할 수 없게 만들었다. 그 시간 내내 오직 선생님과 나만 의식되었고, 하나님이 함께하고 계시다는 놀라움과 경외감으로 온몸이 굳어서 내가 대강당 밖으로 걸어나오는 것이 마치 당장 파키스탄으로 가는 길에 접어든 것처럼 느껴졌다. 학생들이 떠들며 지나가는 소리도 나에게는 "이것이 네가 갈 길이다. 그리고 가라."는 소리로 들렸다. 그로부터 2년 반 뒤에 나는 파키스탄으로 떠나게 된 것이다.

굳이 '소명'이라는 말을 쓰지는 않더라도, 그 뒤 몇 년 동안 그것은 내게 분명한 진로가 되었다. 나는 이런 경험을 은총이라는 말로 표현하고 싶다. 왜 내가 그날 그런 특별한 감동에 휩싸여 응답하게 되었는지는 설명할 수 없다. 그러나 나의 14년간의 선교 생활에 있어서 하나의 큰 자원 혹은 하나의 깊은 샘물이 있다면 그것은 바로 그때의 경험에서 비롯된 확신이었다고 말할 수 있다. 내가 파키스탄에 대해 읽고 배우기 시작한 것은 그 후의 일이었고, 선교에 대해 실습한 것도 그 다음이었다. 파키스탄의 상황이 나를 필요로 해서라든가 또는 내가 무엇인가를 이루고자 하는 야망이나 치밀한 준비가 있어서 그곳으로 가겠다고 했던 것이 아니다. 그곳으로 가야만 한다는 내면의 의식이 동기가 되었고, 내 속에서부터 일어나고 있던 어떤 움직임이 나를 순종으로 이끌었던 것뿐이다. 그렇게 준비되지 않은 나를 일터로 보내셨다는 것은, 하나님이 나를 있는 모습 그대로 받아 주시고 일꾼으로 환영하신다는 뜻으로 생각되었다. 그래서 감격하고 감사드릴 수밖에 없었다. 말수가 적어 남이 묻기 전에는 이야기도 잘 하지 않는 내성적인 성격을 가진 나는 이 동기를 오랫동안 혼자 마음에 품고 조용히 기다렸다. 새벽이나 늦은 밤에도 혼자 캠퍼스 구석구석을 거닐면서 쉴새 없이 질문했다. 졸업 후 대학원에 진학하여 신학을 전공하면서 그때에 받은 소명을 시험하고 확인하고 또 성숙시켜 나갔다. 땅에 떨어진 씨앗이 속에서부터 열심히 자라나 열매로 나타나더니 드디어 파키스탄으로 떠나게 된 것이다.

나는 예수님의 어머니 마리아의 이야기로부터 많은 것을 배울 수 있었다. 마리아는 천사로부터 자신에게 전해진 놀라운 소식과 여러 말씀을 마음에 새기고 깊이 생각했다(눅 2:19~21). 아마도 마리아는 매 순간 영감 있는 여러 가지 생각들로 분주했을 것이다. 마리아의 그 내적 움직임을 이해할 수 있을 것 같다.

당시에는 조각 조각 단편적이었던 일들이, 시간이 흐르면서 서로 맞아들어가 한 폭의 그림으로 완성되었음을 보게 된다. 파키스탄으로 가기까지 2년 반 동안 일어났던 사건들과 현재에 이르기까지 겪은 사건들은 전혀 맞지 않는 퍼즐 조각들처럼 흩어져 있는 듯하지만, 모든 조각이 있어야 그림이 완성되듯이 시간이 흐르면서 윤곽을 볼 수 있게 된 것이다. 그런데 파키스탄은 나의 생애에서 가장 강렬하고 찬란하고 빛나는 그림이다. 아직도 서로 맞추어야 할 조각들이 많이 있지만 나는 여전히 파키스탄의 퍼즐을 맞추고 있다. 그리고 내게 부어 주신 은총을 찬양한다.

파키스탄 스케치

오늘날의 파키스탄은 내가 선교사로 사역했던 60년대와는 달리 무척 많이 변했고 발전을 이루었다. 그렇지만 내가 활동했던 당시의 그 지역을 하나의 그림으로 묘사해 보고 싶다.

당시의 파키스탄은 서 파키스탄과 동 파키스탄(지금의 방글라데시)으로 나뉘어져 있었다. 파키스탄은 원래 1947년까지는 인도 땅이었는데 힌두교 국인 인도로부터 독립하여 새로운 국가를 세웠다. 이슬람교의 이상 국가를 꿈꾸며 세운 나라이다.

파키스탄의 '파키' (거기서는 '빠끄' 라고 발음한다)는 '거룩한' 이란 뜻이고 '스탄' 은 '땅' 이란 뜻이므로 결국 거룩한 땅이라는 이름이 된다. 당시는 이윱칸이 정권을 잡고 있었고 씬드 지역에서는 부토의 세력이 커 가고 있었다. 파키스탄은 당시에 크게 다섯 지역으로 나뉘어져 있었다. 남쪽의 사막 지대인 씬드, 이란과 경계를 이룬 지역인 불로찌스탄, 중심 지역으로 인구가 밀집해 있는 아열대 지역의 펀잡, 아프가니스탄과 경계한 고원 지대인 뻐탄 그리고 중국과 접한 카칸 지역이다. 캐시미르(히말라야 산맥 지대)를 가운데 두고 인도와 파키스탄은 잦은 충돌을 했다. 이슬람교로 통일을 이루었지만 지역마다 인종적 배경, 언어와 풍습에 상당히 차이가 나는 것을 여행자의 눈으로도 쉽게 알 수 있었다.

편잡 지역의 사람들은 얼굴색이 까맣고 편자비어를 사용했으며, 빼탄 지역 사람들은 체격이 좋고 얼굴색이 조금 흰 편이며 파란 눈, 노란 눈 빛깔을 보이는 이들도 있었다. 이들은 파쉬뚜어를 사용했다. 불로찌스탄 사람들은 사막과 고원 지대에 흩어져 있는데, 수가 적고 유랑민들이 많으며 불로찌어를 쓴다. 씬드 사람들은 씬드 사막에 사는 사람들이지만 인더스 문명의 오랜 전통을 이어받았으며 조용하고 성격이 온화한 사람들이었다. 파키스탄의 국어는 우르두어이고 영어는 공용어로 사용되고 있었기 때문에 아이들은 어느 지역, 어느 학교에 가느냐에 따라 영어, 우르두어, 그 지방어 그리고 아랍어를 배워야 했다. 영국이 오래 통치한 곳이라서 교육을 받은 사람들은 모두 영어를 말할 수 있다. 그러나 당시의 문맹률은 85%에 이르렀고 대부분의 여성들은 교육을 받지 못하고 있었다. 문맹자들을 위해 기차역에서는 열차 번호를 수와 손가락 그림으로, 병원에서는 병실 호수를 손가락 그림으로 함께 표시하고 있었다. 1986년에는 문맹률이 80%였고 1991년도 파키스탄 연감에는 문자 해득률이 27%로 나와 있다.

제일 중요한 도시로는 국제 공항인 카라치, 교육 도시인 하이드라바드 그리고 씬드 지역의 열대 도시인 싸카를 들 수 있다. 나는 1961년부터 1974년까지 이 세 도시에서, 특히 하이드라바드와 카라치에서 선교 활동을 했다. 카라치에서 싸카까지 기차로 9시간이 걸리므로 이 세 도시를 제외하고도 한국보다 큰 지역은 몇 개 더 있지만, 정치, 경제, 교육 면에서 이 세 도시가 가장 핵심적인 지역이다.

이미 오래 전부터 영국, 호주, 미국의 선교사들이 이곳에서 선교 활동을 해 왔기 때문에 교회 역사는 상당히 오래되었다. 힌두교인도 더러 있고 힌두 사원도 몇 군데 있으나, 공식적인 국교는 이슬람교이다. 이슬람교가 아니면 다 지방색으로 분열되었겠지만 이슬람교 때문에 통일되어 있는 셈이다. 국민의 97%가 이슬람 교도인데, 이들은 무슬림이라고 칭하는 철저한 알라 신앙의 도덕주의자들이다. 개인의 의견보다는 무슬림 공동체의 결정에 순종하며 율법과 질서를 극도로 중요시한다. 새벽에는 곳곳에 돔(반원) 형태로 지은 모스지드(사원)가 있는데 새벽마다 아잔(기도에의 부름)으로 온 도시를 깨운다. 하루에도 네 번이나 더 아잔이 있다.

거리에는 양복을 입은 남자도 많이 있었지만, 시장의 상인들은 대개가 그곳 특유의 터번을 쓰고 쌀와르를 입고 있었다. 상점 주인은 다 남자들이었다. 그들도 여자처럼 '가절'을 칠해서 눈이 매우 커 보였다. 무슬림 여자들은 얼굴을 볼 수 없게끔 베일로 가리고 다녔고 눈이 있는 부분만 수를 놓았는데 넘어지지 않고 잘 걸어다니는 것이 신기했다. 거리에 다니는 사람들의 옷차림과 몸집으로도 그들의 신분을 알 수 있었다. 부유한 여자들은 대개가 살이 쪘는데 비단옷을 입고 목, 팔, 귀, 코에 금장식을 많이 달았다. 가난한 사람들은 마르고 피부가 까맣고 신을 신지 않고 있었다. 빈부의 차이가 몹시 심하다고 생각되었다. 그 삭막한 사막 지대에서 그 많은 사람들을 보고 있노라면 너무나 막막하고 무서워서 무엇이 할 일이며 무엇이 선교인지 알 수 없는 기분이 되었다.

나는 씬드 지역을 두루 여행하였다. 위험스럽다고 모두 말렸지만 혼자 3등 열차를 타기도 했고, 시골로 다니면서 여자라곤 한 명도 안 보이는 시외버스도 여러 번 타 보았다. 사람들을 만나면서 그곳을 느끼고 그들 가운데 주님이 임재하신다는 것이 무엇인가를 생각했다. 나의 일과는 우르두어를 배우고 하루에 3시간씩 여자고등학교 학생들에게 영어를 가르치는 것이었다. 그러나 그 일 자체는 선교의 한 작은 준비일 뿐이었고, 내가 그곳에 가 있다는 것, 그곳 사람들 가운데 함께 기독교인으로 산다는 것에서 이제 막 선교의 길에 들어선 사람으로서의 사역의 의미를 가질 수 있었다. 레이 주교, 카라치 교구의 연회에 모였던 목회자들, 루이스 교장, 눈이 큰 젊은 교사들과 학생들이 나를 환영했듯이 나도 그들을 환영하며 같이 나누는 기쁨을 경험하기 시작했다. 초기의 파키스탄 생활은 생기와 기쁨 그 자체였다. 그것은 대학교에서 지식으로만 배웠던 기독교와 그리스도를 그곳에서 실제적으로 경험하기 시작했기 때문이었을 것이다.

  선교는 어려운 것이 아니라 어떻게 생각하면 자기가 가장 하고 싶어서 하는 것이기 때문에 자기에게 맞는 쉬운 길이요 기쁜 길이라고 말하고 싶다. 그리스도의 일꾼으로 마음속으로부터 환영을 받는다는 것은 얼마나 큰 감격인가? 그렇기 때문에 선교하는 자는 자기가 만나는 사람이면 그가 누구이든지 간에 환영할 수 있는 근거를 갖게 된다. 만나는 이들을 마음으로 인정하고 영접하고 환영하는 곳에서의 삶이 곧 기쁨 아닐까?

사막의 여성들

"내가 온 것은 양으로 생명을 얻게 하고 더 풍성히 얻게 하려는 것이라" (요 10:10).

하이드라바드 시는 내가 5년간 선교 활동을 했던 도시이다. 이번에는 이 첫 선교 임기에 만났던 파키스탄 여성들을 중심으로 이야기하려고 한다.

이런 글을 쓰려고 하니, 그때 만난 이들의 주소록을 만들거나 사진을 찍어 두지 않은 것이 아쉽기 그지없다. 내가 그곳에서 첫 임기를 보내는 동안 사진을 찍는다든가 선교 활동을 기록하는 것에는 거의 관심을 두지 않았던 것이다. 나의 유일한 선교 기록은 이화여대 이사장 고 김활란 박사님과 김옥길 총장님께 보낸 정기적인 보고 서신뿐이었다. 그 편지들을 보낼 때 사본을 해 두지 않았으니 어떤 내용을 썼었는지 알 길도 없고, 그나마 가끔 동창들을 통해 이대 대강당 채플에서 총장님이 내 편지를 읽어 주셨다는 것과 그 편지가 매우 감명 깊었다는 이야기를 전해 들은 것이 전부였다.

또 내가 파키스탄에 있는 동안 거의 매일 썼던 일기도, 초기에 쓴 것들은 일기라기보다 기도문에 가까운 것들뿐이었다. 심지어 만났던 이들의 이름과 배경도 거의 기록이 되어 있지 않다. 사실 당시에는 내가 한국에 돌아와서 이렇게 서재에 조용히 앉아 20여 년 전을 회상하며 선교 이야기를 쓰게 되리라는 것은 상상조차 못했었다. 아직 한참 더 살 수 있는 나이에 이런 말을 하는 것이 우습기도 하지만, 현재의 교수 생활은 덤으로 얻은 인생이라는 생각이 들 때도 있다.

하여간 내가 쓰려고 하는 주제로 돌아가 보자. 묵은 기억의 책장들을 다시 들추면서 하나님이 그때 만나게 하신 파키스탄 여성들을 하나하나 되살려 그들을 통해 내게 주셨던 아름다운 경험의 추억에 깊이 잠겨 보고자 한다.

하이드라바드 여교사들

하이드라바드는 씬드 사막 지역의 중심부에 있는 교육 도시이다. 이곳은 인더스 강을 끼고 있어서 운하 시설이 매우 발달하였고, 260마일을 북으로 올라가면 유명한 문명 발상지인 모헨조다로가 있다. 사막 도시이면서도 곳곳에 푸른 나무들이 무성하며, 정원을 멋지게 잘 가꾸어 놓은 큰 집들도 있다. 도심부에 떨릭자리 로(路)가 있는데, 그곳에는 30여 명의 기독교인 여교사들이 재직하고 있는 피곳여자고등학교가 있다. 내가 싸카에서 하이드라바드로 처음 옮겨갔을 때는 1962년 3월이었다. 당시에는 소수의 무슬림 교사들과 펀잡 지역으로부터 온 다수의 기독교 교사들이 함께 가르치고 있었다. 기독교인 교사들은 기숙사에서 공동 생활을 하였는데 모두 20대 초반의 미혼 여성들이었다. 결혼을 하면 대개는 고향으로 돌아가기 때문에 학기마다 한두 명의 교사가 새로 부임해 오곤 하였다. 그때만 해도 여성이 택할 수 있는 직업은 주로 교사직과 의료직이었다. 교사들은 다 전문대학이나 종합대학교를 졸업한 여성들이었고 몇 명은 석사 과정을 준비하기도 했다. 그들은 거의 모두 가난한 농촌 출신이었다. 농촌에서 자랐지만 똑똑해서 학교 교육을 받고 그 후 교사가 된 것이다. 그 지역에서 이러한 직업 여성이 된다는 것은 상당히 높은 성취를 이룩한 경우에 해당하였으며, 따라서 이들은 비교적 자유롭게 자신이 원하는 것들을 선택하며 살 수 있었다. 그들은 매 학기에 한 번은 고향인 펀잡 지역에 다녀오느라고 장거리 여행을 했고, 경제적으로 독립하였기 때문에 시골에 계시는 부모님들을 도와 동생들의 교육비를 송금하기도 하였다.

내가 체류했던 선교관은 교사 기숙사와 한 울타리 안에 있었다. 선교관,

목사관, 교사 기숙사, 세인트 빌립보 교회 등이 한 곳에 모여 작은 단지를 이루고 있었는데, 우리는 그곳을 '선교 컴파운드'라고 불렀고 그 안에 있으면 안전함을 느꼈다. 아마 24시간 내내 경비가 지켜 주었기 때문이었을 것이다. '쪼끼다르'라고 불리는 경비원은 주로 바깥 일을 보살펴 주었다. 담 안에 다른 울타리는 없었으나 여교사 기숙사 건물만은 약 250센티미터 정도의 높은 벽돌담으로 가려져서 아무나 함부로 드나들 수 없었다. 심지어 목사와 선교사도 오고 가지 못했다. 그러나 나는 둘리짠드 여교장의 특별한 배려로 그 기숙사에서 점심과 저녁을 먹을 수 있었다. 내가 살던 선교관에는 두 명의 독신 여선교사들이 있었는데 나까지 전부 세 명이었다. 그러나 사막 벌판에 있는 메르뿌르카스라는 곳에 이동 병원을 열어 의료 선교를 하던 간호사들과 마가렛 휙스라는 여의사가 필요한 식료품을 구입하느라 주말마다 그곳에 체류했기 때문에 늘 붐비었다. 뿐만 아니라 씬드 지방을 방문하는 국제 손님들이 항상 모여들었기 때문에 식사 시간은 매일 국제선교협의회 임원들이 앉아 회의하는 분위기였으며 때로는 대학원 선교 세미나 같기도 했다.

아침 식사와 간식은 선교사들과 같이 먹고 점심과 저녁 식사는 여교사들과 같이 먹으면서 이중 문화에 적응해 나갔다. 따라서 하루의 반은 양식을, 또 반은 파키스탄 음식을 먹었다. 선교관에서는 영국식 영어를 사용했고, 교사 기숙사에서는 우르두어나 펀자비어를 사용했다. 기숙사와 선교관은 식사 시간을 알리는 종소리까지 들릴 정도로 1분이면 갈 수 있는 가까운 거리에 있었지만, 한 집은 영국식, 한 집은 파키스탄 전통 양식으로 서로 대조적인 문화를 이루고 있었다.

여교사들과 함께 식사를 하기로 했던 목적은 우르두어를 제대로 배우기 위한 것이었다. 기숙사에서는 한 방에 두세 명의 교사들이 같이 생활하였고 일하는 아주머니가 계셔서 식사를 마련해 주셨다.

점심 종소리가 들리면 나는 기숙사로 간다. 내가 기숙사 문을 두드리면 안에서는 문을 열기 전에 꼭 물어본다.

"보 꼬온 해?" (거기 누구예요?)

"매 짜안드 홍. 다르와자 콜리예." (나 짜안드예요. 문을 열어 줘요.)

'짜안드'는 내가 처음 도착했을 때 하이드라바드에서 열렸던 목회자 연회에서 찬두 레이 주교가 나에게 지어 준 이름이다. 짜안드는 '달(月)'이란 뜻이다. 그들은 내 성(姓)인 '전(全)'을 '쩐'이라고 발음했는데 그것은 편자비어로 달이라는 뜻이고, 또 달은 우르두어로 '짜안드'라고 해서 내 이름이 그렇게 붙여지게 되었다. 파키스탄 국기에도 달이 그려져 있는데, 그들이 달을 좋아하는 민족이어서인지 내 이름을 쉽게 기억하고 좋아하는 것 같았다. 지금도 그곳에서는 나를 '짜안드 미스합'(미스합은 존칭이다)으로 기억하고 있으며 '전재옥'이라고 하면 잘 모른다.

다스 선생은 내 음성과 이름을 확인하고서야 큰 철문을 열고 나를 맞아 준다. 교사들은 뜨거운 햇빛을 피해 베란다에 나와 흩어져 앉아서 점심식사를 기다린다. 내가 들어오는 것을 보고 모두들 한 마디씩 한다.

"아이예." (어서 오세요.)

"이러르 베티예." (여기 앉으세요.)

기숙사는 단층 건물이었으므로 베란다는 마당과 연결되어 있었다. 한증막 같은 방 안에 있을 수 없으므로 교사들은 각자 침대를 베란다에 끌어내 놓고 의자로 사용하기도 했다. 그들은 1년에 9개월은 밤하늘이 바라다보이는 베란다와 마당에서 잠을 잤다. 사막 기후여서 해가 지면 바깥은 바람이 불어 시원하지만, 방 안은 낮에 받은 열기 때문에 무척 더웠다. 침대는 나무를 둥그렇게 깎은 틀에 가늘고 질긴 밧줄을 엮어 만든 가벼운 것으로서 마치 그물 그네에 앉는 것 같아 더운 여름엔 아주 시원하고 편안했다.

일하는 아주머니는 창이 없는 어두운 부엌에서 연기를 내며 카레를 만든다. 감자 카레를 자주 먹었던 것 같다. 낮에는 양고기를 한 점 넣어 만들었다. 그곳에서 돼지고기는 금지 식품이고 양고기가 소고기보다 훨씬 비싸다. 그리고 차파띠를 수십 개 담은 바구니가 나온다. 식탁은 따로 없고 손으로 차파띠를 떼어 우묵한 접시에 담긴 카레에 찍어 먹는다. 향내가 짙은 카레를 먹으며, 우리는 객지 생활의 외로움을 달래고 서로 의지하면서 학교에서 있었던 이야기를 재미있게 나누었다. 함께 음식을 나누는 것이 얼마나 즐거운 일인지! 대개 차파띠 두 개에 카레 한 국자면 충분했다. 살아가는 데 있어서 그리 많은 것이 필요한 것 같지는 않다.

"점심 먹고 시장에 갈까?"

"교장 선생님께 허락을 받아야지?"

"물론이지, 4시에 가자. 짜안드 미스합도 같이 가요."

그들에게는 시장 가는 것이 거의 유일한 외출이었다. 시장에 나갈 채비로 허리까지 늘어뜨린 긴 머리를 정성스럽게 감는다. 그리고는 올리브 기름으로 머리 속까지 마사지를 한다. 베란다에 앉아 그렇게 서로 까만 머리에 기름을 칠해 주는 것이 평화로워 보였다. 기후가 너무 건조하다 보니, 머리에 기름을 바르는 풍습이 생긴 것 같다. 목욕 후에도 기름으로 마사지를 한다. 나는 그들 옆에 앉아서 우르두어를 공부한다. 잘 맞지 않은 문장을 만들면 그들은 재미있다는 듯 웃으며 고쳐 주었다.

까아지 교사가 머리를 말리느라고 빨랑그(침대)에 앉아 크로쉐를 한다. 모든 교사들은 가르치는 일 이외에 다른 할 일이 없었으므로 크로쉐와 뜨개질을 했고 수예를 잘했다. 모두 대단한 솜씨였다. 지금도 내 거실에는 그들이 선물로 준 작품들이 있다. 나도 그들에게 배워서 상당히 익숙한 솜씨로 소품을 만들기도 했다.

이 작은 공동체를 이루고 사는 교사들은 아침에는 둘씩 짝을 지어 피곳 여자고등학교로 가고 2시경 점심 식사를 한 후에는 긴 낮잠을 자고 4시경부터 다시 수업 준비, 빨래 등을 한다. 저녁에는 모여서 식사를 하고 성경을 한 장 읽고 주기도문으로 끝낸다. 어두워진 이후의 외출은 생각할 수도 없었다. 아주 엄격한 수녀원과도 같았다. 그들은 한 울타리 안에 있는 목사관 또는 선교관에도 특별한 심부름이 없는 한 마음대로 방문하지 않았다. 그 까닭은 그렇게 해야만 그곳에서 좋은 평판을 얻을 수 있기 때문이었다. 매일 학교에서 가르치는 것과 일주일에 한두 번 장 보는 일과 주일 예배에 참석하는 것 외에는 기숙사 안에서만 지내야 하는 생활이었다.

기숙사 교사들의 성경공부반

내가 어느 정도 의사전달을 할 수 있게 되자, 그들과 의논한 후 저녁에 성경공부반을 시작하기로 하였다. 그들이 그 높은 담 안에만 제한되어 살아가는 것이 답답해 보였기 때문에 둘리짠드 여교장과의 상의하에 매주 한 번 저녁에 내가 거주하는 선교관에 모여 성경공부를 하기로 한 것이다.

여교사들은 선교관 거실에 모이는 것을 좋아하였다. 나는 그들이 모이는 날이면 다과를 준비하였다. 시장에 나가면 '서모사'(일종의 양념한 튀김만두와 같은 것)와 '빠꼬례'(매콤한 밀가루 튀김)가 흔했는데, 잔뜩 사 가지고 와서 우유(까만 물소젖으로, 집에서 끓여 소독한 것)와 설탕을 듬뿍 넣어 끓인 '차에'(홍차)와 함께 대접했다. 나는 이 시간이 즐거웠다. 왜냐하면 이 조그만 변화로 인해서 여교사들의 얼굴이 환해지는 것을 볼 수 있었기 때문이다. 의자가 모자라 양탄자(파키스탄은 페르시아 양탄자를 짜는 수공업이 매우 유명하며, 한국에도 수출하고 있다) 위와 마루바닥에 이중 삼중으로 둥그렇게 둘러 앉았다. 다스 선생은 사감 역할도 하였는데, 돌끼(북)를 잘 쳤다. 우리는 북과 반조르에 맞추어 손뼉을 치면서 펀자비어로 즈브르(시편)를 불렀다. 우르두어가 국어였지만 그들의 모어는 펀자비어였으므로 모두들 펀자비어로 찬송하는 것을 좋아했다. 지금도 내 귀에 그들의 찬송 소리가 들리는 것 같다.

> "매 후쉬 호야 져드 매능 아앙큰 나게, 께 아오 여호와데 가르 찔리예."(사람이 내게 말하기를 여호와의 집에 올라가자 할 때에 내가 기뻐 하였도다[시 122:1].)

성경을 펴고 기도를 하기 전 30분 정도는 이렇게 원하는 대로 찬송가를 불렀다. 한 곡이 끝나면 또 누군가가 신청곡을 말한다. 찬송가를 한 곡 끝내려면 한참 걸렸다. 왜냐하면 찬송가마다 후렴이 있었고 문맹인들을 생각해서였는지 누군가가 선창을 하면 회중이 그것을 따라 반복하는 문화가 형성되어 있었기 때문이다. 여교사들은 시편을 좋아했고 우리는 목이 칼칼해질 때까지 찬송을 불렀다. 우리 성경반에는 여교사들만 모였지만 후에 대학생반을 시작했을 때에는 남학생들도 참석했는데, 찬송을 할 때 어찌나 목청을 높였던지 가까이에서 보면 목의 힘줄이 돋을 정도였고 신이 날 때는 머리를 하늘로 향해 끄덕거리며 손바닥이 벌개지도록 손뼉을 치곤 했다. 어쨌든 우리는 찬송을 실컷 부르는 것을 좋아했다. 찬송을 할 때면 왠지 가까워짐을 느꼈고 한 마음 한 뜻이 되는 것 같았다. 나는 우르두어를 계속 공부하는 과정에 있었지만, 우르두어 성경을 펼쳐 그 시간을 위해 준비한 말씀을 봉독했다. 지금 내 책상 위에는 그때 쓰던 우르두어 성경과 찬송가가 있다. 맨 처음에 시작한 책은 요한복음이었다. 그래서인지 지금도 많은 구절을 외울 수 있다. 한국말 성경 구절은 제대로 외우는 것이 없지만, 아직도 우르두어 성경 구절, 특히 요한복음 14장은 잘 외운다. 성경을 읽은 후에는 정성껏 준비한 성경 강해 노트를 보면서 함께 공부했다. 그 과정을 통해 오히려 나 스스로가 많이 배울 수 있었다. 내가 그들의 언어로 성경을 읽고 가르칠 수 있다는 것이 매우 기뻤다. 몹시 서툴렀지만 성령의 역사를 함께 경험했다. 교사들은 성경 강해 이후에 원하는 대로 돌아가며 중보기도의 시간을 가졌다.

  우리는 그리스도 안에서의 삶에 대해 공부하면서 실제 생활에서도 변화가 일어나고 있음을 목격했다. 응어리가 있어 서로 말을 안 하던 두 교사, 까아지와 엘리자베스가 성경반에서 화해를 하게 되었고 간증도 하였다. 그리고 그들은 바스띠(빈민촌)에 있는 아이들에게 우르두어를 가르치자고 제안했고, 자기들의 옷을 모아 그곳으로 보내기도 했다. 성경공부가 끝나면, 앞마당에 나와서 배드민턴이나 다른 놀이를 했다. 선교관 앞에는 20평 정도의 잔디밭과 나무 그리고 화단이 있어서 저녁에 나와 앉아 있기에 좋았다. 그 단지 내에 정원을 가꾸는 말리(정원사)가 있었는데, 그가 아침 저녁으로 물을 주어 가꾼 잔디는 우리에게 큰 휴식처였다. 정원사는 물을 줄 때 양가죽 부대를 사용했다. 그 부대는 양의 머리를 잘라 내고 나머지 부분으로 만든 것으로서 물을 가득 넣으면 몸통이 그대로 드러났다. 정원사는 목의 잘린 부분을 기술 좋게 손으로 조정하면서 물을 주었다.

기숙사 저녁 식사는 8시 30분경이었으므로 우리는 오후 4시부터 8시까지 네 시간을 다과, 찬송, 성경공부, 공동기도 그리고 마당에서 노는 일로 보냈다. 우리는 이런 시간을 좋아했다. 다른 외출, 예를 들어 커피숍, 레스토랑 같은 곳의 출입은 생각할 수도 없었다. 어디 한 군데 갈 곳이 없었다. 영화관이 있기는 했지만 그것도 1년에 한 번쯤 교장 선생님의 특별 허락을 받아야만 갈 수 있었다. 어두워지면 외출이 금지되었는데, 성경공부 때문에 선교관에 오는 것만은 허락되었고 또 나를 만나러 간다고 하면 다스 교사가 보내 주곤 했다. 시간이 지나면서 나는 이 성경공부반이 울타리 안에서 끝나고 마는 그런 닫힌 모임이 되어서는 안 된다고 생각했다. 우리가 할 수 있는 일이 무엇일까 고민하던 중에 한 가능성이 열리게 되었다.

나는 세인트 빌립 교회에서 예배를 드리면서 그 교사들을 바라볼 때마다 문화의 영향력을 생각하지 않을 수 없었다. 유치원 아이들이 짝지어 소풍 가듯 곱게 주일 옷으로 차려입은 교사들은, 일찍 오는 교인들과 마주쳐도 땅만 보면서 인사도 나누지 않은 채 예배당 안으로 들어간다. 그리고 맨 앞줄부터 셋째 줄까지 질서 있게 앉아 침묵으로 예배의 시작을 기다린다. 한 시간 반 정도의 예배가 끝나면, 그들은 다른 교인들이 거의 다 나갈 때까지 기다렸다가 들어온 것과 똑같이 2분 밖에 걸리지 않는 기숙사를 향해 행진하는 것이다. 교회에 나오는 남자 교우들과 마주치거나 인사를 나누는 것이 그들의 숙녀됨에 바람직하지 않다고 생각하는 데서 비롯된 일요일 행진이다. 물론 이것은 둘리짠드 여교장의 명령에 따른 것이다. 이것이 바로 이슬람교 문화이다.

나의 계획은 여교사들과 함께 세인트 빌립 교회에서 동네에 사는 아이들 —무슬림 아이들과 기독교인들, 그리고 힌두교인들—을 불러 모아 주일학교를 여는 것이었다. 왜 이 아름다운 교사들이 이렇게 굳어 버린 표정으로 예배에 임해야 하는가? 그리고 왜 교인들 가족과도 만날 수 없는가? 왜 어린아이들과도 말을 주고 받지 않는가? 왜 이런 단절된 기숙사 생활을 해야 하는가? 나의 의문은 끝이 없었다. 내가 이슬람 종교와 그 문화에 대해 상식 이외에는 다른 아는 바가 없었기 때문이라는 것을 나중에야 깨닫게 되었다.

세인트 빌립 교회 주일학교

세인트 빌립 교회는 성공회 예배 형식을 따르는 교회였다. 이 교회는 파키스탄 연합교회에 속해 있었고, 카라치 교구에서는 비중 있는 교회 가운데 하나였다. 내가 처음 도착했을 때는 오래된 예배당이 있었는데, 그해에 그러니까 1962년에 새로 건축하여 겨울에 헌당식을 올렸다. 레이 주교가 헌당 예배를 인도했던 기억이 난다. 예배당 옆에는 오래 쓰던 옛 예배당이 있어서 예배 후에는 그곳에서 친교 시간을 가지며 홍차를 마시기도 했다. 나는 그 빈 예배당을 보면서 주일학교를 시작하고 싶다는 생각이 들었다. 그리하여 나와 뜻을 같이 하는 까아지, 엘리자베스, 다스, 힐다와 같이 어린이 성경학교를 시작하게 되었다.

그때에 교구 담임 목사는 존 로버트라는 파키스탄 목사였는데 교인들은 그를 '빠드리 사헵'이라고 불렀다. 빠드리는 목사라는 뜻이고 사헵은 존칭이다. 사모는 간질병 환자로 교회에 제대로 나오지도 못했다. 교회 내에는 부녀회가 있었는데 바자회를 여는 것이 그들의 활동 중에서 가장 큰 행사였다. 성공회 교회의 전통적 예배 순서에서 볼 수 있듯이 주일 11시 예배에는 어린아이들이 다 같이 참여했고, 찬송, 회중기도, 고백기도, 교독문 그리고 신구약 말씀 봉독을 한 후에 담임 목사가 10분 정도 어린이 설교를 했다. 설교가 끝나면 아이들이 예배당 밖으로 나가서 어른 설교와 헌금 순서 등의 다른 예배 순서가 끝날 때까지 기다리며 놀았다. 아주 갓난아이는 어머니 무릎에서 잠을 자기도 했고, 울면 데리고 나가 목사관 거실에서 기다리기도 했다. 빠드리 사헵은 교사들이 자원해서 주일학교를 여는 것을 환영했다. 또 나는 둘리짠드 교장 선생님에게 가서 교사들이 주일 봉사를 하게 해 달라고 특별 허락을 받아야 했다.

둘리짠드 교장은 교사들에게는 마치 수녀원 원장 같았는데, 자기 저택에서 별로 나오지도 않고, 또 기숙사에 와 보지 않으면서도 교사들의 상황을 너무나 잘 알고 있었다. 그가 교사들의 외출 및 활동을 단속한 것은 어디까지나 그들을 보호해야 한다는 생각에서였다. 그래서 나와 함께 행동한다는 조건으로 주일학교 봉사를 허락해 주었다. 교사들에게는 이것도 하나의 큰 변화였으며 기숙사에서 나오는 것을 모두 매우 좋아했다. 그들이 학교 교사여서인지 주일학교 운영은 그리 어렵지 않았다. 처음에는 교회에 정기적으로 출석하는 교인 가족의 아이들만 참석했다. 총 교인수는 300여 명이었는데, 이들의 자녀 중 50여 명이 모였다. 우리는 카라치에 가서 주일학교 용품을 사 왔고 시청각 자료를 마련하였고 연극도 했다. 아이들도 좋아했지만, 우리 교사들이 더 즐거운 시간을 보냈던 것 같다. 우리는 이미 교회 가정에 속한 아이들 이외에 피콧여자고등학교에 다니는 아이들 중에서도 올 수 있는 아이들을 모았다. 그것은 그리 쉽지 않았다. 무슬림 가정의 부모들은 자녀들이 미션 학교에 다니는 것은 명문이라는 이유로 좋아했지만, 교회에 가는 것은 허락하지 않았다. 정원에서 특별 순서를 갖는 것도 상관하지 않았으나, 예배당 안에 들어와서 배우는 것은 금기시했다. 그래도 어떤 아이들은 교사들을 따라오곤 했다. 반면에 기독교인이면서도 예배에 잘 나오지 않는 부모들은 자기 아이들이 주일학교에 다니는 것을 매우 좋게 여겼다. 우리가 대단한 일을 한 것은 아니었다. 그리 어려운 일도 아니었다. 그렇지만 아이들이 20여 명에 이르자 연령에 맞춰 분반을 해야 했고, 중등반, 고등반도 필요한 단계에 이르게 되었다. 그때에 어린이반에 있던 아이들 중에서 현재 대학생 선교를 위해 일하는 청년들도 생겼다. 바로 하리다 코까르가 그 좋은 예다.

돌이켜 보면 나는 선교적 차원에서 그 주일학교 일을 참 감사하게 된다.

첫째로는 기숙사 여교사들이 교인들과 만날 수 있었기 때문이다. 그들의 자녀들을 가르치며 자연스럽게 친해져서 예배 후에는 아이들의 손을 잡고 얘기를 나누는 모습이 좋아 보였다. 둘째는 여교사들이 긴 저녁 시간에 크로쉐와 수놓기 이외에 주일학교 교재를 같이 준비하는 새로운 모습을 볼 수 있었기 때문이다. 내가 처음 기숙사에서 식사를 하기로 했을 때, 그들은 나름대로 모여 성경 한 장을 읽고 주기도문으로 끝내곤 했는데, 이제는 성경반과 주일학교 준비 때문에 본격적으로 성경을 공부하게 된 것이다. 셋째는 그들이 나에게 신학적 질문을 해 오기 시작하면서 이슬람교와의 비교 문제에 대해 토론할 수 있었기 때문이다. 특히 이 때가 나의 선교사로서의 삶에 큰 도전을 준 시기였는데, 그들과의 교재 준비, 실제적인 가르침 그리고 토론을 통하여 나는 좀 더 체계적으로 기독교와 이슬람교를 알아야겠다는 생각을 하게 되었고, 결국 신학을 다시 공부하기로 결정하게 되었던 것이다. 파키스탄 씬드 사막 지대에서의 선교에 임해 보니 이화여대 대학원에서의 기간은 단지 화려한 순수 학문의 세계를 잠시 들여다보게 해 주었을 뿐이었고 신학의 맛만 보는 정도였다고 할 수 있다. 그리고 주일학교를 통해 얻은 또 한 가지는 교사들의 기독교적 삶이 무슬림에 대한 두려움과 열등감에 눌려, 그리스도를 증거하기보다 타율적인 태도로 일관되고 있음을 발견한 것이다. 따라서 그들이 성경을 공부하면서 성령의 도우심으로 구원의 체험을 하게 되고 나아가서 전도해야겠다는 의식을 갖기 시작했다는 것은 매우 소중한 결실이었다.

파키스탄 전 인구의 1.5%가량 되는 기독교인들은 무슬림 이웃을 어려워했고, 복음을 전하는 삶에 대해서는 전혀 생각하지 않는 것처럼 보였다. 그것은 목회자의 경우에도 마찬가지였다. 그들은 무슬림이 교회에 들어오는 것을 상상도 못했다. 서로 옆집에 살아도 기독교인과 무슬림은 종교적, 문화적으로 넘을 수 없는 담을 가운데 두고 살았다. 내가 무슬림이든 기독교인이든 상관하지 않고 자유스럽게 만나 대화하고 선교관에 초대하거나 그들의 가정을 방문하는 행동 등이 여교사들에게는 상당한 화젯거리였다.

그들은 40대 영국 여선교사가 그렇게 하는 것은 특별하게 생각하지 않았으나, 자기들과 같은 또래의 젊은 여성이 그것도 기독교도가 무슬림 가정에 가서 같이 먹고 이야기할 뿐 아니라 기회가 주어지면 교회와 주일학교에도 초청하기도 하는 것을 꽤 신기하게 보았다. 그리고 한국에 대해 궁금하게 생각했다. 그래서 나는 한국 교회와 이화여대 이야기를 들려주곤 하였다.

아, 그들과 우르드어로 이야기하며 진지하게 사귀는 시간들이 얼마나 뿌듯했던지! '하나님 당신은 무한한 능력과 사랑의 근원이시니 감사와 찬양을 드립니다.' 이것이 내가 늘 마음속으로 노래하던 것이었다.

약혼식 초대

하이드라바드에 있는 여러 고등학교 가운데 여학교로서는 명문인 피곳 여자고등학교는 지금으로부터 90여 년 전 영국 성공회 선교부에 의해 파송된 피곳 여선교사가 설립한 학교이다. 고등학교라고는 하지만, 실제는 초등학교 1학년부터 10학년까지 있다. 1960년대 초에는 1,200여 명의 학생들이 있었는데 같은 학교에서도 연령 차이가 심했다. 의무 교육이 아니라서 부모가 보내는 대로 입학하기 때문이다. 아침 7시 30분에 수업이 시작되므로 교문 앞은 7시부터 자가용과 많은 퉁거(말마차)로 붐빈다. 기후 관계로 일찍 등교하고 1시 30분이면 모든 정상 수업이 끝난다. 여학생들은 반드시 남자 식구의 보호를 받으며 학교에 오는데, 아버지나 오빠, 아니면 노르까르(하인이란 뜻)가 데려다 준다. 옷차림을 보면 누가 노르까르인지 곧 알 수 있다. 무슬림 여학생들은 13살이 되면, '부르카'(또는 '빠르다') 라고 하는 베일을 써야 한다. 대개 까만 인조천으로 머리에서 발목까지 덮고 손과 눈만 노출시킨다. 아침 등교 시간이면 베일을 쓴 학생들이 내게 인사를 건넨다.

"굿 모오닝, 미스지." 미스지는 선생님을 부르는 존칭이다. 학생들은 내가 못 알아보는 것이 재미있는 듯 낄낄거리다가 베일을 살짝 들어 올리며 예쁜 얼굴로 웃는다. 때로는 우르두어로 인사한다.

"살람 엘레끔 미스지."(안녕하세요, 선생님.)

"와 알레끔."(네, 안녕하세요?)이라고 내가 대꾸한다. 학생들도 영어를 많이 쓰는 편이었다. 그들은 학교 내에 들어오면 베일을 벗어서 책상 밑에 넣어 둔다. 여성들끼리는 얼굴을 가릴 필요가 없기 때문이다. 그때가 60년대 초였는데, 70년대 후반까지는 현대화 및 세속화의 흐름을 받아들이고자 했던 부토(P. P. P. 사회주의 당 대표)의 영향으로 베일을 벗자는 운동이 활발했었다. 그러나 80년대에 들어 근본주의 무슬림 정당(즈마엇데 이슬람)이 집권하면서 베일 쓰는 것을 다시 철저히 지키게끔 하고 있다. 그러나 여성의 지위 문제는 앞으로도 계속 대두될 것이고 언젠가는 베일도 벗게 될 것이다.

한 반에는 50여 명이 있었고 모두 흰 교복을 입었다. 흰 쌀와르(통 넓은 바지)를 입고 흰 뜨빳따(2마 반 길이의 얇은 망사)로 가슴을 가린다. 꺼미즈와 쌀와르만 입어도 이중으로 잘 덮은 상태이지만, 뜨빳따를 안 입으면 한국에서 마치 한복에 치마만 입고 저고리를 안 입고 나가는 것과 같이 미친 사람으로 취급할지도 모른다. 머리는 모두 길게 땋아 허리까지 내려오게 했다. 그들은 겉으로 보기에 참 조숙했다. 고등학교를 졸업하면 대부분 결혼을 했고, 10% 정도는 대학 진학을 했다. 파키스탄에서는 일부 다처 제도가 법적으로 인정되고 있는데, 어느 예쁜 학생이 결혼을 한다고 해서 물어보았더니 남편 될 남자는 만난 적도 없다고 대답했다. 자신은 넷째 아내로 들어가게 된다는 것이었다. 대개 아주 부유한 남자인 경우에는 흔히 그런 식으로 결혼을 했다.

교사로 있던 기간에 나는 여성과 결혼에 대해 많이 생각하게 되었다. 그곳 학생들은, 같은 지붕 밑에서 두세 아내들이 같은 남편에게서 낳은 자기 아이들을 기르는 가정에 대해 이상히 여기지 않았다. 이슬람교가 인정하는 것이고 꾸란이 가르치는 것이기 때문에 당연하고 옳은 것으로 받아들였다. 나는 여성으로서 마땅히 누려야 할 자유가 새삼스럽게 소중히 여겨졌고 자유가 인간의 본질적인 면임을 느끼게 되었다.

하여간 내가 하이드라바드에 있는 동안에 피곳여자고등학교는 많은 것을 생각하게 해 주었고 그래서 잊을 수 없는 선교 활동의 한 페이지를 남겨 주었다. 최근 10년간 2~3년에 한 번씩 파키스탄에서 열리는 대학생 수련회, 여신도회, 교회 성장 세미나 등에서 강의를 맡게 되는데, 그때마다 나는 하이드라바드를 방문한다.

내가 이대 대강당 채플에서 김활란 선생님의 설교를 통해 들었던 내용이 바로 파키스탄 씬드 지대에 기독교인 교사가 부족하다는 말씀이었다. 이화여대가 이곳에 선교사를 파송한 것은 교육 선교에 그 목적이 있다고 나는 생각했다. 왜냐하면 지금으로부터 거의 100년 전에 미국 여자 선교사 스크랜튼이 이화학당을 설립하여 교육받지 못한 한국 여성들을 일깨워 주었던 것처럼, 한국에도 그러한 교육적 사명의 기회가 주어졌기 때문이었다. 스크랜튼은 여자도 하나님의 형상대로 지음받은 피조물로서 구원을 받을 수 있고, 또한 한 인간으로서 하나님이 주신 달란트를 잘 사용하여 이 땅과 민족을 섬겨야 한다는 정신을 심어 주었다. 그런 맥락에서 이화여대도 이제 성장하였으니 아시아 다른 여성들에게 선교의 문을 열어 그러한 정신을 심어주는 데에 선교사 파송의 의미가 있다고 생각했다. 김활란 박사님은 1956년, 이화가 70년을 축하하던 해에 그런 비전을 가지고 구체적으로 기도하였고, 1959년에 레이 주교를 통해 들은 파키스탄의 여성들의 이야기가 그분에게는 바로 이화인의 비전으로 보였던 것이다.

나는 선교지로 떠나면서, 건물도 제대로 없고 학교도 전혀 없는 그곳에 사막의 유랑민들을 위해 언젠가는 학교를 세우겠다는 꿈을 가지고 나갔다. 그러나 막상 도착해서 경험하게 된 이곳 상황은 생각과 매우 달라서, 나는 아주 오래된 도시의 명문 학교에서 영어를 가르치는 일을 하게 되었다. 학부에서 영문과를 졸업하였으니 가르칠 수 있는 것은 영어뿐이었다. 교재는 한국의 중고등학교 정도의 수준이었다. 나는 영어를 그다지 잘 구사하지는 못했지만, 영문과에서 닦은 기초적인 실력이 있었고 대학원에 다닐 때 이화여대에 미국 선교사로 와 있던 베라 영 교수와 범 가드너 교수의 조교로 약 2년간 일했던 경험이 있었기 때문에 어느 정도의 의사전달은 가능했다. 그것을 배경으로 8학년, 9학년 영어 교사로 부임했던 것이다. 여기로 말하면 중학교 2학년과 3학년이다. 이들은 씬디 종족과 편자비 종족의 아이들이었다. 씬디는 살결이 조금 하얀 편이고 편자비는 까맣고 머리도 곱슬머리이다. 같은 반에서도 학생들의 모어는 5가지 정도였다. 씬디어, 편자비어, 구즈라띠어, 힌디어 그리고 우르두어. 집에서는 각각 모어를 쓴다. 나는 이들에게 매일 세 시간씩 영어를 가르쳤다. 나는 이들을 가르치면서―1962년 3월부터 1966년 9월까지의 기간. 1964년에는 5개월간 귀국하여 선교 보고 기간으로 안식년을 보냈다―그들에 대해 많이 배웠다.

여학생들은 공부하는 데 그다지 심한 경쟁 의식을 갖고 있지 않았다. 다만 정해진 길을 따라간다고 생각했다. 그들의 인생관은 철저히 알라신 중심으로 모든 것이 알라의 마르지(뜻)에 달려 있다고 보았는데, 그것은 가끔 운명론처럼 보이기도 했다. 그들의 최대 관심은 결혼이었다. 사실 그들은 조숙했고 나이로도 결혼 적령기인 아이들이 많았다. 그중 한 학생은 25세였다. 그곳에는 조혼 제도가 있어서 13살이 되면 시집을 보낼 수 있었다. 열대 지방에서는 여러 면에서 빨리 성숙한다는 사실을 후에 알게 되었다. 그들의 삶은 늘 보호 가운데 있었고, 학교에 오고 가는 것 이외에 친구들과 돌아다니는 것, 친구 집에 가는 것 등은 모두 특별 허락을 받아야만 가능했다. 그들은 정치 문제, 사회 문제, 여성 문제에 대해서는 말하지 않았다. 이슬람 공동체라는 틀 안에 있는 한 그들의 길은 대체로 평탄하다. 이러한 이들에게 선교란 무엇인가? 그들에게 그리스도의 복음을 어떻게 전달할 것인가? 예수 그리스도가 그때 그들 가운데 함께 계셨다면 어떻게 하셨을까? 나는 다시 그러한 생각에 잠겼다. 그들은 그곳 여자들 가운데에서는 특혜를 받은 학생들이었다. 그곳 여성의 80%가 문맹인데 그들은 원하면 대학에 갈 수 있었고 또 진학도 하였다. 그러나 그곳 여자들을 위한 봉사라든가 사회로의 진출 및 참여 의식은 거의 없었다. 그들에게 있어서 그런 문제는 상상할 수도 없고, 오를 수 없는 산이었을 것이다.

나는 이 시기에 성경 말씀 읽기에 심취해 있었고 또 무슬림 여학생들에게 성경을 가르치는 것이 선교의 일이라고 생각했기 때문에, 그들에게 그리스도를 심을 목적으로 성경을 가르쳤다. 둘리짠드 교장에게 교실 하나를 얻어, 우선 기독교 가정에서 오는 여학생들과 원하는 학생들을 모아 성경공부반을 시작하기로 했다. 파키스탄의 기독교인은 1.5%로 비록 극소수이지만, 그 학교 전통 때문에 1,200여 명 학생들 중 삼분의 일 정도는 신자 가정에 속했다. 그래서 성경반에서 할 일이 많았다. 나는 예수의 생애와 교훈을 중심으로 말씀을 가르쳤고, 학기말에는 선교관에 모이게 하여 예배와 친교 시간을 가졌다. 그리고 성탄절과 부활절에는 전교생 앞에서 특별 순서를 통해 복음을 증거했다. 나의 서투름에도 불구하고 그 성경반은 오랫동안 지속되었고, 둘리짠드 교장 선생님은 어느 날 나를 불러 교과목에 성경을 넣자고 하였다. 그리하여 나의 작은 시작이 정기적인 성경 수업으로 발전되었다. 그리고 다른 교사들, 나와 같이 주일학교를 가르치는 교사들도 함께 성경 수업을 지도하게 되었다. 이런 일이 가능했던 것은 하나님이 교장 선생님의 마음을 움직여서 장소와 시간을 주셨기 때문이었다.

둘리짠드 교장 선생님

아는 사람이라고는 한 명도 없는 하이드라바드에 도착했을 때, 나는 둘리짠드 교장의 도움으로 자리를 잡을 수 있었다. 물론 씬드 지역에서의 사역은 카라치 교구에 속했으므로 선교 활동 기간 내내 레이 주교—그분은 1984년에 70세로 세상을 떠났다—로부터 많은 행정적 지원을 받을 수 있었는데, 둘리짠드 교장도 레이 주교의 소개를 받고 최선을 다해 나를 돌봐주었던 것이다. 교장은 수녀원 같은 기숙사에서 교사들의 일상생활을 통제하는 것이 습관화되어 내 생활도 지나치게 보호하려고 했다. 그래서 그분에게 외출하겠다는 말을 함부로 꺼낼 수 없었다.

"뭐가 필요해서 시장에 가려고 하죠? 선생님 같은 젊은 여자가, 더욱이 외국인인 동양 여자가 나가면 안심이 안 돼요. 하인더러 사오라고 하겠어요."라고 늘 그분은 말했다. 그러다가 내가 우기면, 여교사 한 사람을 대동하게끔 하였다.

둘리짠드 교장은 그때 50대의 미혼 여성으로 상당한 재산을 가지고 있었는데, 가난하고 똑똑한 아이들을 양자로 삼아 공부를 시켰다. 나에게 한 아이를 양자로 삼으라고 권해서 펄쩍 뛰었던 기억이 난다. 그녀의 저택은 학교 옆에 있었고 가끔 잔치를 벌였다. 하인들도 여러 명 있었다. 교사들 사이에서 그녀는 무섭고 당당한 교장으로 알려져 있었기 때문에 모두 그녀의 명령에 잘 따랐다. 둘리짠드 교장은 아주 값싼 천으로 만든 영국식의 구식 원피스를 길게 입었고 머리는 퍼머넌트를 했다. 그리고 높은 굽이 달린 샌들을 신었다. 그분은 늘 나에게 필요한 조언을 해 주었고 마음으로부터 나의 선교 활동을 지원했으며 계속해서 실제적인 협조를 해 주었다.

하나님은 내가 가는 곳마다 누군가를 미리 준비시켜 주시곤 했는데 그곳에서도 마찬가지였다. 둘리짠드 교장은 영국 선교사의 영향으로 교인이 되었고 교육을 받은 후에 그 뒤를 이었던 것이다. 그녀는 기독교인이 된다는 것을 문화적으로도 선교사를 닮아야 하는 것으로 생각했다. 그녀가 만일 무슬림 여성 옷을 그냥 입었더라면 더 아름다웠을 것이고, 무엇보다 여학생들과 그 부모들에게 복음을 증거할 수 있는 기회를 더 많이 가질 수 있었을 것이다. 그러나 학생들은 그 교장 선생님으로 인해, 기독교를 받아들이고 예수님을 영접하게 되면 옷도 서양식으로 입어야 하고 결혼도 하지 않아야 하는 것으로 인식했던 것이다. 그분은 훌륭한 행정가요 교사였고 내심 사랑이 많은 여자였지만, 이슬람 문화 속에서 자기를 잃지 않고 살기 위해 일과 재산으로 높이 담을 쌓음으로써 아무도 쉽게 접근할 수 없도록 만들었다. 다른 인간적인 보호자는 없었지만 그녀의 위치, 재산, 일이 스스로를 보호했던 것이다.

생각해 보면, 내가 만났던 교사들, 학생들 그리고 교장 선생님, 이 세 타입의 사막의 여인들에게는 공통점이 있다. 모두 갇힌 삶을 살고 있다는 것이다. 그들은 남자의 보호 없이는 밖에 나갈 수 없다고 하는 전통적 가치관을 받아들였고, 자신들의 자리가 실내, 기숙사, 학교, 집으로 제한된 것을 당연하게 여겼다. 기독교인은 베일을 쓰지는 않지만 보이지 않는 베일에 가려진 채 문화적으로 격리되어 살아간다. 그런데 옷으로 자신을 가리는 무슬림 여인의 문화, 그리고 베일을 쓰지는 않으나 보이지 않는 담 안에 사는 기독교인의 문화가 점점 변화되어 가고 있었다. 그들이 살아 계신 하나님을 영원한 보호자로 알고 의지할 뿐 아니라 여성을 둘러싼 담을 헐고 주님 안에서 자유와 기쁨으로 살아갈 수 있다는 것은 얼마나 감격스러운 일인가!

무슬림 교사의 약혼

어느 날 오후 약혼식에 초대를 받았다. 피곳여고의 여교사들 중 몇 명은 무슬림이었는데, 그중의 한 교사가 자기 집에서 약혼식을 한다고 했다. 무슬림 가정은 전통적으로 외부 여자들을 친척이 아닌 이상 초대하지 않는다는 것을 잘 알고 있던 터라, 이런 초대를 나에 대한 우정의 표시로 알고 반갑게 여겼다. 특히 기독교인 여성 그리고 미혼 여성은 무슬림 집에 오고 가지 않을 뿐 아니라 금지되어 있기까지 했다. 한편 무슬림 여성들은 자유롭게 나들이를 할 수 없었고, 그런 특별한 자리에는 사촌 형제들, 이모, 고모 등 연관이 있는 사람들만 모이는 것이기 때문에 그것은 여러모로 파격적인 초대였다. 피곳여고의 여교사들은 나의 자유로운 생활, 그러니까 홀로 여행을 한다든가 또는 아무 집에나 가정 방문을 하는 것 등을 여간 부러워하지 않았다. 30명의 교사들 중에서 나 혼자만 초대를 받아 가게 된 것이다.

나는 그곳 젊은 여자들이 입는 옷으로 차려입었다. 황금색의 꺼미즈와 쌀와르를 입고 조금 연한 색 뜨빳따를 머리에 둘러 어깨로 늘어뜨렸다. 그 약혼할 여교사의 집은 하이드라바드 시에서는 큰 집에 속하였는데 담과 대문으로 높이 가려져 있어서 밖에서는 담만 보였다. 그 안에는 'ㅁ'자로 방들이 있었고 가운데에는 타일을 깐 마당이 있었다. 약혼녀인 내 친구는 보이지 않았고, 화려하게 입은 낯선 여자들이 나와 맞아 주었다. 그들은 장신구로 요란하게 장식을 하고 있었다. 금귀고리와 여러 가지 금팔찌, 코의 왼쪽에 구멍을 뚫고 박은 보석 등이 눈에 띄었고, 까만 머리는 기름으로 마사지를 해서 길게 땋아 그 위에 금장식을 했다. 모인 이들 중에는 여자들만 있었기 때문에 남자 손님들은 옆방에 있으려니 생각했다. 그리고 친지들이 모이는 집안 행사이니 식사 시간에는 다 모일 것이라고 생각했다. 나와 한 방에 모여 앉은 부유한 무슬림 여자들은 호기심에 못 이겨 나에 대해 이것저것 물었다. 그들에게는 남자의 보호 없이 외국에 왔다는 것, 그리고 더욱이 혼자서 선교사의 일을 한다는 것이 너무나 신기한 일로 생각되는 모양이었다.

이윽고 약혼할 교사가 화려한 빨간 옷을 입고 들어왔다. 그녀는 나의 양볼에 입을 맞추며 맞아 주었는데, 그 교사는 거기 모인 그 누구보다 더 많은 금장식을 하였다. 열 개가 넘는 팔찌(거기서는 뱅글이라고 한다)를 양 손목에 끼고 있었고, 긴 금귀고리, 앞 이마를 거의 다 가리는 금장식 줄 등 상당히 많은 금으로 몸을 치장하였다. 그곳의 여자들은 금을 소유하는 것을 저축으로 여긴다고 했다. 입는 옷이나 몸에 지닌 금장식으로 그녀가 가지고 갈 결혼 지참금을 예상해 볼 수 있는 것이다. 또 손바닥과 발바닥에는 주황색의 점선 무늬를 꽉 차게 그렸는데, 그것은 우리의 봉선화 물처럼 그 색깔이 오래간다. 무슬림 여성들은 축제 때 이렇듯 물감으로 손과 발을 장식한다.

식사 때가 되었는데, 남자들은 아직 보이지 않았고 여자들끼리만 부페식으로 음식을 먹었다. 그들의 음식에는 국이 없기 때문에 한식을 먹는 것보다 훨씬 편하다. 접시에 카레만 담으면 되는 것이다. 전통적인 무슬림 가정에서는 아무리 부유해도 다 손으로 음식을 먹는다. 서양식 포크와 나이프를 살 수 없어서가 아니라, 그런 것으로 먹으면 밥맛이 없기 때문이라고 한다. 오히려 입맛이 사라지게 딱딱한 기구를 왜 입 속에 넣어야 하느냐고 묻는다. 끝까지 남자들은 보이지 않는, 여자들만의 잔치였다. 나는 기다리다 못해 그녀에게 물었다.

"약혼자는 언제 소개시켜 주시는 거죠?" 그러자 모두 재미있다는 듯 웃으면서, 약혼자는 오지 않는다고 말했다. 약혼자는 하로르 시에 사는데, 만난 적도 없고 사진만 보내 왔다는 것이다. 그리고 결혼식이 끝날 때까지 얼굴을 볼 수 없다고 했다. 그러면서 결혼할 남자의 사진을 보여 주었다. 명함판 크기의 사진이었는데, 그 사진으로는 얼굴색이 실제로 얼마나 더 까만지도 알 수 없고 키가 큰지 작은지도 알 수 없었다. 그는 앞으로 또 다른 여자와 약혼을 하고 결혼을 할 수도 있을 것이다. 어쩌면 이미 결혼한 남자인지도 모른다. 하지만 설령 그렇다 해도 그들에게는 어쩔 수 없는 일이다. 그것이 그곳 문화이기 때문이다. 나는 그 여교사가 행복한 가정을 이루기를 바랐다. 그리고 돌아오면서 문화의 물결이란 매우 거센 것이라는 생각을 했다. 그것에 끌려갈 수밖에 없는 여성들이 가엾게 보였다. 부유하든 가난하든 여성들은 모두 남성에게 종속된 삶에서 벗어나지 못한다. 이것이 꾸란의 절대적인 가르침이므로 여성의 권리 문제에 대해서는 제대로 논의를 펼 수도 없는 것이다.

가정 방문으로 만난 어느 공학자의 아내들

내가 담당하고 있던 반 학생들은 가끔 수줍은 얼굴로 다가와서 이렇게 말을 건넨다.

"저의 어머니께 선생님 이야기를 하였더니, 언제 한번 집으로 모시고 오라고 하세요. 선생님, 언제 저희 집에 오시겠어요?"

대부분의 학생들은 무슬림 가정에서 왔고, 더러 힌두교인이나 기독교인 가정에서 온 학생들도 있었다. 드물게는 배화교도(조로아스터교인) 가정도 있었다. 어느 날 학교 수업이 끝나고 오후 1시가 넘어서 한 학생의 집에 가정 방문을 갔었다. 부유한 집 학생들은 자가용으로 학교에 다녔는데, 그 날은 학생 아버지가 직접 운전하는 벤츠를 타고 도시 중심가를 벗어나 인더스 강가에 자리잡은 넓은 주택가로 갔다. 학부형은 듣기에도 상쾌한 영국식 영어를 구사했다. 그의 영어 실력으로 보아 영국에서 오래 공부했음을 알 수 있었다. 인더스 강 주변 주택가는 강물을 운하로 끌어들여 아름다운 야자수와 바나나 숲을 이루고 있는 것이 보통인데, 그 학생의 집도 최신 모델로서 정원이 잘 가꾸어져 있었다.

우리가 차에서 내리자 아이들이 우르르 몰려들었다. 열 명이 넘는 수였다. '아바'라고 부르는 것으로 보아서 다 그 학부형의 아이들임을 알 수 있었다. 문이 열리며 꽤 뚱뚱한 여자가 우리를 맞아 주었다. 뚱뚱해도 얼굴은 아름다운 여자였다. 파키스탄에는 미모의 여인들이 많다. 넓은 거실에는 양털 양탄자와 자주색 수직 페르시아 카펫이 깔려있었는데 분위기가 참 좋았다. 그 학부형은 인더스 강의 댐-하이드라바드에서 가까운 곳에 인더스 강 댐이 있다-과 교량에 관련된 일을 맡고 있는 40대 초반의 성공한 공학자로서, 상당히 서구화되어 있었다. 그는 자기 자녀들을 우리에게 소개하였고, 그 뚱뚱한 여인을 자기의 둘째 부인이라고 소개했다. 첫째 부인은 어디에 있나 살피다가 부엌 쪽에서 여자들을 발견했지만 그들은 들어오지 않았다. 자녀들은 어린아이에서 사춘기까지 15명으로 모두 건강해 보였다.

점심 식사 준비가 다 되어서-그곳에서는 보통 오후 2시가 점심 시간이다-큰 식탁에 앉게 되었는데, 아이들은 따로 먹고 남편의 오른편에 둘째 부인이 앉고 좀 더 젊은 여자가 들어와 그 옆에 앉았다. 건강해 보이는 매력적인 여자였다. 그러자 그 남편은 이렇게 소개했다.

"이 쪽이 내 셋째 아내입니다. 여기 둘째 아내와 같이 11년 동안 한 지붕 밑에서 살고 있습니다. 내 첫째 부인은 얼마 전에 세상을 떠났습니다."

두 부인은 거의 형제같이 닮은 데가 있었다. 그들의 얼굴에는 건강한 모습만 있었고 투쟁과 질투, 불공평으로 인한 찌들림은 찾아볼 수 없었다. 그들은 계속 아이들을 낳고 각각 자기가 낳은 아이들을 기르게 될 것이다. 그것이 일부다처를 인정하는 꾸란의 절대적 가르침이기 때문에, 그저 주어진 운명에 순종하는 것일까?

"누군가 마음에 드는 두 명, 세 명, 네 명의 여자와 결혼해도 좋다. 만일 불공평하다는 생각이 든다면 한 명으로 하든가…"(꾸란 니시아 여인의 장 4:3).

"너희들이 아무리 갈망하더라도 여자들을 공평하게 다루지 못한다. 그러나 편애한 나머지 처 중 한 사람을 제멋대로 방치해 두어서는 안 된다"(꾸란 니시아 4:129).

암흑 시대로 알려졌던 때에 무함마드 예언자가 아랍 세계 여성들을 위해 개혁을 시도했다는 것은 인정하지만, 아직도 그들은 남성의 폭력적 지배로 인해 자유를 모르고 살고 있다. 일부다처제를 실제 가능케 하는 중요한 이유 중의 하나는 소녀 할례이다. 무슬림 여자들은 8세가 되면 강제로 할례를 받게 된다. 개혁을 시도하는 지역도 있으나 이것은 아직도 보편적으로 행해진다. 이 할례로 인하여 여자는 아이를 낳는 기계가 되어 버리기 쉽다. 나알 엘 사아다위라는 여의사는 어린 시절의 어느 날 밤 잠자리에서 갑자기 붙들려 할례를 당한 일을 기록하였는데, 그녀는 그로 인한 신체적 고통, 심한 충격과 공포를 평생 잊을 수 없었다고 진술하였다. 그리고 그것은 심리적인 충격을 줄 뿐 아니라 여성의 성 생활을 실제적으로 마비시키는 것임을 지적했다. 불공평하다는 사실을 몸으로 느끼지 못하도록 아내들을 성 불구자로 만드는 것이다.

나는 그날 그들과 오찬을 하며 가정이란 것에 대해 생각해 보았다. 그리고 집안에 묶여 살아가는 그 여인들을 바라보았다. 글을 배우고, 자유롭게 자연과 이웃을 즐기며 자기의 소질을 찾아 마음껏 인생을 설계할 수 있을 텐데, 이렇게 물질적으로 부유하게 살면서도 자기 이름조차 쓸 수 없고 단 하루도 남편의 동의와 보호 없이는 밖에 나갈 수 없다니…. 이들은 자기의 삶을 계획하고 선택하고 성취해 가는 것을 생각할 여지도 없이 아이들을 7~8명씩 낳아 기르면서 늙어 간다. 그들은 부유하지만 참으로 가난한 자들이었다. 이러한 여성, 이러한 가정에 복음이 얼마나 필요한 것인가를 생각했다. 그리스도의 복음의 빛이 무슬림 여성들에게 비추이고 구원의 능력이 임하도록, 많은 여성 일꾼들과 함께 힘을 모아 일해야겠다고 생각하며 돌아왔다.

언어를 배우는 기쁨

선교에 참여한다는 것은 귀한 은사를 받는 것이다. 그런 의미에서 선교는 하나님의 선물이다. 넓은 의미에서 보면 그리스도인이 하는 모든 일과 삶 자체에 선교적 의미가 있다고 할 수 있다. 비록 선교를 의식하며 살지 않는다고 해도 그리스도 안에서 하나님의 영광을 드러내기를 바라며 행하는 모든 진실된 행동과 삶 자체가 선교적 차원인 것이다. 그리스도인이 매 순간 선교적 의도를 가지고 사는 것은 아니다. 또한 신자는 누구나 선교적 사명을 가지고 있지만, 구체적 상황에서 항상 전도를 하거나 교회를 세우거나 사회 봉사를 하거나 세계 선교에 참여하는 것은 아니다. 그러나 자기가 만나는 사람들을 진실한 마음으로 대접하고, 교회의 일에 적극적으로 참여하며, 예수 그리스도라면 이런 자리에서 어떻게 하실까를 생각하면서 시대의 요청에 따라 세계 속으로 전진할 때 그것이 바로 선교가 될 수 있다.

그러나 선교사는 구별되어야 한다. 특별히 선교사는 선교적 의도를 분명히 가진 자이며, 완전히 선교적 의도에 의해 살아가는 자이다. 선교사의 삶은 의도적으로 자기의 모든 것을 선교를 위해 바치는 것이다. 그는 소처럼 죽도록 일하다가 자기 위로나 당연히 누릴 권리도 포기하고 끝내 자기 자신을 바치는 제물이다. 선교사는 자기 뜻을 포기한 자로서 자기를 보내신 그리스도의 종과 대사가 되어야 한다. 그래서 선교사의 모든 행동은 복음 선포와의 관계에서 나타나야 한다. 선교사가 되려는 사람은 자신이 선교사로서의 은사를 받았는가를 분별하기 위해 먼저 선교 훈련을 받는 것이 필요한데, 그 훈련 중 한 가지는 선교지의 언어를 배우는 것이다.

우르두어를 배우는 기쁨

파키스탄의 국어는 우르두어이다. 영어는 공용어이며, 그 외에 15가지의 지방 언어가 사용된다. 하이드라바드는 씬드 지방이므로 처음에는 씬디어를 많이 사용했으나, 나의 학생들이 다 우르두어로 공부를 했기 때문에 나도 우르두어를 배웠다. 개인 지도를 받기도 했지만, 계절 언어 학교에 가서 5년 과정을 제대로 다 밟았다. 그 언어 학교는 외국인들을 위한 것으로 북쪽 히말라야 산마루턱의 머어리라는 고원 지대에 있었다. 먼 산 봉우리는 여름에도 눈부시게 빛나는 흰 눈으로 덮여 있었고, 높고 우람한 잣나무 숲으로 뚫고 들어와 작은 꽃 한송이에 비추이는 빛의 찬란함은 나를 항상 황홀하게 하였다. 언어 학교로 가는 길은 들국화와 미나리아재비꽃 등이 피어 있어 매우 아름다웠다. 내가 처음 그곳에 올라갔을 때는 백여 명의 서구 선교사들이 언어 학교에 등록해 있었다. 그들은 우르두어, 씬디어, 펀자비어, 페르시아어, 아랍어 중 하나를 선택했다. 아시아 선교사는 오로지 나 한 사람뿐이었다. 교장은 북미 장로교 목사였고, 교사들은 다 남자들이었다.

학생 수준에 따라 10명 정도로 분반했기에 학생들 간에 서로 친하게 지냈다. 내가 5년간 여름 계절 언어 학교를 다 끝낼 수 있었던 것은 참으로 소중한 경험이었다. 하이드라바드는 열대 기후이므로 겨울 방학은 짧고 여름 방학이 길었다. 그래서 비싼 등록금과 체류비를 지불하면서 여름 방학을 이용하여 우르두어를 배웠던 것이다. 선교부들이 연합하여 운영하는 학교였으므로 자기가 속한 선교부가 후원 선교부일 때는 지불하는 등록금이 적었지만, 이화선교부는 부담금을 지불하는 연합 기구에 소속되어 있지 않았으므로 나는 큰 돈을 지불해야 했다. 또한 서구 선교사들과 같이 서구식으로 생활해야 했기 때문에 비용이 많이 들었다. 그러한 모든 경제적 아쉬움을 그 누구에게도 말이나 글로 표현한 바 없었지만 하나님은 제때에 다 채워 주셨다. 나는 당시 이화여대로부터 매달 40불을 받았는데, 그 몇 배나 되는 월 지출 비용을 하나님은 늘 풍성하게 채워 주셨다. 어떻게 기도가 그처럼 구체적으로 응답되는지 놀라움을 금할 수 없었다.

한중막 같은 더위가 기승을 부리는 하이드라바드에서 머리 언어 학교까지는 28시간 동안 기차를 타야 했다. 다른 여행객들과 마찬가지로 나도 주둥이가 좁은 오지 항아리에 이틀분의 물을 담고, 상하지 않는 음식으로 네끼분의 도시락을 준비하였으며, 묵혀 둔 우산, 양말, 스웨터와 침구류도 챙겨 갔다. 기차 여행을 할 때는 사막을 통과해야 하기에 모래가 많이 날렸다. 몇 시간만 타면 눈썹이 뽀얗게 되고 입술이 모래 가루로 서걱거리기도 했다. 그래도 창문을 열고 가는 것이 시원해서 좋았다. 물론 여성 객차에 타야 했다. 객차 밖에는 베일을 쓴 여자 그림이 그려져 있어서 문맹인들이 알아볼 수 있도록 되어 있었다.

삼등 열차에는 여자들이 이층으로 빽빽이 탔고 아이들이 많았다. 남자 칸은 성인 남자들만 타는 곳이기 때문에 편안히 앉아 갈 수 있으나, 여자칸은 엄마들이 자식들의 시중을 들어주느라고 정신이 없는데다 아이들의 용변 냄새도 났다. 그런 어수선함 속에서도 기도 시간이 되면 글을 아는 사람들은 높은 선반에 얹어 놓았던 꾸란을 펴서 읽든가 아니면 흔들거리는 객차 바닥에서 메카를 향해 기도하는 '라까'를 했다. 라까는 7가지의 기도 동작을 의미한다. 그들은 라까를 하면서 모든 것을 알라신에게 맡기고 복종한다. 식사 때가 되면 도시락(3, 4층으로 된 알루미늄 찬합)을 열어 카레와 차파띠를 나에게 권했다. 그들은 늘 먼저 말을 건네 왔고, 어디서 왜 왔는지, 어디로 가는지를 묻는다. 그러고는 꼭 자기 집에 오라고 청한다. 파키스탄 여자들은 대접하기를 좋아한다. 비록 가난하더라도 늘 여유를 가지고 살아가는 인정 많은 사람들이다.

언어를 배운다는 것은 첫째로 어린아이와 같이 되는 것이다. 아이는 어른들의 언어를 몸으로 배운다. 어린아이는 완성된 문장을 구사하지는 못하지만 낱말 하나를 가지고도 의사소통을 한다. 선교사는 매일의 생활 속에서 한 단어, 한 문장을 배워 가며 풍습을 익힌다. 사람들과의 만남과 사귐의 즐거움 속에서 그들을 마음으로 받아들일 때 언어를 빨리 배울 수 있다.

둘째는 언어를 배우려면 그 언어 자체를 좋아해야 한다. 우르두어를 좋아한다는 것은 그 말을 쓰는 파키스탄 사람들을 좋아하는 것과 관계가 있다. 언어는 말하는 사람의 생각의 표현이며 그의 인생관의 전달이며 행동의 반추이므로 언어와 그 언어를 사용하는 사람들을 구별해서는 안 된다. 선교지에 있는 선교사가 정한 시간표에 따라 선교 대상자들을 하루에 몇 시간씩 만나면서도, 다시 자기 집에 돌아와서 한국식으로 생활한다면 빠른 발전을 기대할 수 없다.

셋째, 언어 공부는 그 문화를 존중하는 것과 관계가 있다. 선교지의 문화를 경멸하거나 미개하고 뒤진 것으로 쉽게 단정해 버리면 언어의 장벽은 더욱 높아지게 된다. 문화는 그곳에 사는 사람들이 집단을 이루어 사는 동안에 형성된 생활 양식이므로, 그들의 문화를 그대로 받아들이며 문화인류학적 관심을 갖고 그 문화를 공부할 때 순탄하게 언어를 습득할 수 있다. 왜냐하면, 그들의 풍습에는 오랜 역사가 스며 있고 그것을 통해 그들의 가치관이 전달되기 때문이다. 선교사의 언어 공부는 교실과 실험실에서 독본을 끝내고 듣는 연습을 하는 일반인의 언어 습득과는 다르다. 선교사의 언어 공부는 선교 대상의 세계관을 배우는 것이다. 그들의 의식 구조를 알게 될 때까지 끈질기게 그 문화 속에서 그들과 함께 있으면서 그들과 하나가 되어야 한다. 배움에는 기쁨이 있다. 오랫동안 아무것도 배운 게 없는 것 같다가도 어느 순간 그들의 언어가 전달하는 의미를 깨닫게 되고 그들의 몸의 언어를 알아차리고 그들의 침묵까지 들을 수 있게 될 때, 그리고 그들의 농담을 즐기게 될 때 선교사로서의 길이 열리는 것이다. 언어 공부가 기쁨이 되기까지는 말할 수 없는 수고와 노력이 뒤따라야 한다. 또한 문화적인 우월감이나 열등감 없이 환경을 대하며 그 문화 속에서 하나님이 활동하신다는 것을 실제적으로 인식하게 된다면 누구나 그 언어를 잘 배울 수 있다. 배움은 그 선교 대상을 아끼고 받아들일 마음의 공간을 마련할 때 일어나는 기쁜 사건이다.

마지막으로 언어를 배우는 것은 인내를 배우는 것이다. 선교지의 사람들과 식탁의 대화를 즐기고, 그들의 신문을 읽고, 라디오 뉴스를 듣고, 그들의 글로 된 성서를 읽고, 그들의 말로 설교할 수 있을 때까지는 많은 시간이 필요하다. 그러나 이러한 인내는 지겨운 것이 아니다. 매일 작은 터득에 감격해 나가는 가운데 언젠가는 가능해진다. 그러므로 선교사가 선교지에서 언어를 배우는 것은 선교사에게 매우 유익한 훈련이며, 또한 자기가 선교사의 은사를 받았는지를 검토해 볼 수 있는 좋은 기회이다.

서구 선교사들과 함께

오늘날의 선교는 불가피하게 국제화되어 가고 있다. 어떤 한 지역을 선교지로 정하여 홀로 선교를 한다 하더라도, 이미 그곳에는 여러 나라에서 온 선교사들이 있다. 따라서 국제적 선교 공동체를 알아야 하고 또 서로 교제할 수 있어야 한다. 선교사가 밀림 지대나 사막 같은 곳에서 영웅으로 때로는 희생물로 수고하고 사라지던 시대는 지나갔다.

나는 서구 선교부에서 파송되어 나와 있는 여러 서구 선교사들을 만났다. 그들과 함께 생활하면서 선교지에 올 때까지는 전혀 몰랐던 것들을 알게 되었다. 나와 같은 선교관에 있던 선교사들은 5개국에서 모인 독신 여성들이었다. 영국, 호주, 뉴질랜드, 캐나다 그리고 한국에서 모인 다양한 사람들이었다. 내가 제일 어렸고, 60세가 넘은 여의사가 있었다. 그외에는 40대를 전후한 이들이었다. 우리가 서로 잘 지낸 것은 모두 다 하나님의 선물이었다. 여의사 마가렛은 굉장히 뚱뚱해서 그 흔한 릭쇼(세 바퀴 달린 오토바이로 운전수 이외에 두 명이 탈 수 있고 통거보다 요금이 더 쌌다)도 탈 수가 없었다. 우리는 서로 이름을 불렀다. 예의를 중시하는 한국인인 내가 나보다 30여 세나 많은 마가렛의 이름을 존칭도 없이 부르는 것은 매우 거북했지만, 그것도 곧 익숙해져서 마가렛뿐만 아니라 머리가 허옇게 센 주교에게도 챤두라고 부르게 되었다. 마가렛은 20대에 영국 의사로 파송되어 나왔던 사람이라 영국 식민정책주의에 젖어 있었다. 하인을 부리던 선교관에 오래 살아서인지 모든 것을 남에게 의존하는 버릇이 있었다. 때문에 선교사들은 그녀를 귀찮아하기도 했다. 그녀는 변화하는 선교지 상황에 잘 대처하지 못하는 듯했다. 그래도 마가렛은 나름대로 파키스탄 사람들을 사랑했고, 자기 조국보다 파키스탄을 더 좋아했다. 그러나 그녀는 개인적인 고독을 이기지 못하는 데다 직업적인 고독까지 겹쳐서 힘들어하곤 했다. 호주 선교사인 조앤 톰슨은 시드니 성공회의 파송으로 온 여전도사였다. 그녀는 음식 만들기를 좋아했고 굉장히 많은 양의 고기를 매일 먹어야 했다. 하루에 안심 한 근 정도는 먹는 것 같았다. 그때 그녀의 나이가 40세에 가까웠는데 결혼을 매우 하고 싶어했다. 그녀는 드디어 얼마 후 본국에 돌아가 결혼을 했다.

교사 기숙사의 음식과는 달리 선교관에서는 비싼 치즈와 커피를 즐겼고, 각자 모국에서 받은 선물들로 전형적인 서구식 파티를 열곤 했다. 나는 극에서 극으로 달리는 생활에 적응해야 했다. 가난한 교사들의 생활과 비교적 귀족 같은 서구 선교사들의 생활 두 가지에 다 적응해야 했다. 우리는 교단과 국적도 다르고 나이와 문화적 배경도 너무도 달랐지만, 서로 기쁨과 슬픔을 나누면서 잘 지냈다. 대개 선교사들은 자기 주관이 강하고 독립적인데, 나는 그 선교사들과 함께 그리스도 안에서 삶을 배워 가는 기쁨을 맛보았다. 그것은 하나님의 풍성한 선물임에 틀림없었다. 우리가 식탁에서 나누었던 이야기들은 두세 시간씩 선교 세미나를 하는 것처럼 배움이 되었다. 그렇게 그들과 평안히 지내고 내 삶 중심에서 평화를 배우기까지는 많은 내적 투쟁과 외로움을 극복해야 하는 힘든 과정이 있었다. 그런데 하나님의 사람은 이런 생활 속에서 강해진다는 사실을 배웠다. 그것은 어느 찬송가 가사처럼 '나의 잔이 넘치나이다' 와 같은 고백의 체험이었다.

서구 선교사들은 체질적으로 동양 문화를 열등한 것으로 보는 것 같았다. 그리스도를 믿는 것도 자기네 식으로 믿고 신앙 표현도 자기들의 상투적 관습대로 하기를 기대했다. 그들은 언어로 생각을 전달하는 문화에 익숙해 있어서 이심전심을 잘 몰랐다. 씬드 지방에서는 힌두교의 계층 밖에 있는 꼴리족과 마오와리족이 유랑민으로 살아가는데, 그들은 1960년대에 사회적 이유로 집단 개종을 했다. 이슬람 문화권에서는 상상도 못할 숫자인 수백 명이 한꺼번에 세례를 받았다. 사막에 멀리 흩어져 사는 이들을 위해 목회자는 직접 사막으로 찾아가서 예배를 인도했다. 이 유랑민들은 대부분 문맹이었다. 서구 선교사들은 그들이 자신들의 익숙한 신앙고백적 표현을 잘 하지 못할 때 매우 비판적이었다.

서구 선교사들은 또한 직업적으로 고독했다. 이미 자기들의 존재와 선교 활동이 예전만 같지 못하다는 것을 느끼고 있었다. 60년대 중반까지 자신들이 하던 일을 계속하기는 했지만, 모국에 돌아가서 할 일을 계획하는 이들이 늘어갔다. 선교지에서 만나는 사람들에 대해 관심을 갖기보다는, 그들에 관해서 어떤 선교 보고 자료를 만들 수 있나 하는 것을 더 생각하는 편이었다. 선교사들에게는 무슬림들의 회심이 커다란 심적 부담이 되었다. 또한 파키스탄 교회와 교인들에 대해서도 대체로 비판적이었다. 파키스탄 교회의 문제점에 대해 이야기하고 정확한 비판을 하는 것도 필요한 일이지만, 선교사는 어떤 의미에서 손님이기 때문에 선교지에 대한 비판적 평가에 매우 신중하게 임해야 할 것 같다. 서구 선교사들은 파키스탄 사람들의 삶의 중심에 다가가지 못하고 변두리에 있는 격이었다. 그들의 선배 선교사들이 세운 학교는 국유화되었으므로 사립 학교의 특성을 살릴 수 없을 뿐 아니라 또 선교사가 학장이나 교장으로 지낼 수 없게 되었다. 의료 선교의 경우에도 도시의 서구 의료진들은 농촌과는 달리 젊은 파키스탄 의료진들에게 밀려나는 판이었다. 선교사들이 전에는 주인의 위치에 있었는데 이제는 잘해야 동역자의 위치에 있게 된 것이다. 무명인으로, 혹은 한 사람의 직원이나 교사로 일해야 했다. 그래서 그들은 모국으로 돌아가는 일을 고려할 수밖에 없었다. 70년대에는 북미연합장로교 선교사들이 숫자적으로 많이 줄었는데 그것 역시 이러한 직업적 고독 때문이었다.

또 서구 선교사들은 자기들이 세운 기관에 안주하려는 문제를 안고 있었다. 파키스탄은 사실 할 일이 너무나 많은 곳이다. 그러나 시대가 변화를 요청하고 있고 파키스탄의 특수한 정치적·종교적·사회적 변화가 밀물처럼 몰려오는 데도, 마치 아무 변화가 없었던 것처럼 종전대로 자기들이 물려 받은 선교 프로그램을 그대로 진행하려는 데 어려움이 있었다. 그러나 그러한 태도는 우리를 선교사로 부르신 주님에게 불순종하는 것이라 할 수 있다. 선교에는 계속적인 전진만 있을 뿐 안주는 없다. 전부터 그렇게 해 왔기 때문에 그대로 해야만 한다고 주장할 수 있는 시대는 지나갔다. 선교가 오늘 여기 이 시간에 무엇을 의미하느냐를 계속 물으면서 새롭게 주님의 선교 위임에 따라야 한다. 그리스도의 선교에 순종한다는 것은 그리스도가 지금 여기에 계시다면 무엇을 어떻게 할 것인가를 생각하며 창의적으로 받은 바 은사를 최대한 활용하는 것이다. 서구 선교의 시기가 지난 것은 아니다. 다만 서구 선교사들이 전통적 사고 방식과 선교 개념에 대한 이해와 방법을 재검토해야 할 필요가 있다.

나는 서구 선교사들과 파키스탄 교회 목회자들, 두 그룹 사이를 왕래하면서 선교에 대해 학문적으로 탐구하고 싶다는 생각이 들었다. 그런데 마음의 소원은 이루어졌다. 선교지로 가느라 한 학기 남은 석사 과정을 포기하고 이화 캠퍼스를 떠났지만, 뜻밖에 런던에 가서 신학 수업을 할 수 있는 길이 열린 것이다. 이것도 내가 말로 구하기 전에 풍성한 축복으로 길을 열어 주시는 하나님의 뜻밖의 소중한 선물이었다. 내게 큰 기쁨을 안겨 준 선물인 것은 분명했지만, 이것은 사실 아픔을 통해서 얻게 된 것이다.

내가 1964년 5개월의 모국 순회 보고 및 안식년을 마치고 파키스탄에 재입국했을 때 실제 선교지에는 우리 셋 중 나만 혼자 남게 되었다. 동역자인 김은자 선교사는 이미 1963년에 미국으로 갔고, 조성자 선교사는 그때 처음으로 한국과 파키스탄 간에 외교 관계가 수립되면서 세워진 한국 영사관에 직원으로 가게 되었다. 이화인 세 선교사 중 나만 홀로 남게 된 것이다. 또 가까운 선교사들 가운데는 귀국하려는 움직임이 일어나고 있었다. 실제 몇 명은 안식년으로 들어가 다시 돌아오지 않았다. 또 독신 여선교사 한 사람은 신경쇠약에 걸려 호주로 돌아가야 했고, 캐나다에서 온 데이지 던롭 선교사도 위궤양으로 계속 음식을 가려먹다가 사막의 이동 병원에서 좋은 음식을 먹을 수 없게 되자 귀국했다. 또 웨일즈에서 온 베티라는 선교사도 폐병으로 귀국했다.

나에게는 언어를 배우는 것 외에는 어떤 다른 보람이 없었다. 성경반에서도 그리스도를 영접하겠다고 나서는 무슬림 젊은이는 아무도 없었다. 무슬림에게 있어서 세례를 받고 등록 교인이 된다는 것은 사회적·문화적 죽음을 각오해야 하는 것이었기 때문이다. 나는 어느 날 내 방에서 무릎을 꿇고—나의 첫 임기는 대부분 조그만 침대 옆의 양털 양탄자가 해어지도록 무릎을 꿇고 기도하는 시간으로 보냈다. 그것이 나의 휴식이고, 치유이고, 충전이었다—기도의 투쟁을 했다. 밤이 깊어 갔다. 나의 질문은 이것이었다. "하나님, 제가 여기 씬드에 온 것이 하나님의 소명에 따른 것이었음을 의심하지 않습니다. 제가 가족과 익숙한 언어와 문화를 떠나 주님을 섬기려 여기 사막에 온 것이 실수였다고 의심해 본 적은 없습니다. 그러나, 제가 죽기까지 이제 이곳 씬드 사막에 50년을 더 머문다 해도, 이 사람들에게 무슨 유익이 있겠습니까? 저의 젊음과 저의 시간, 저의 교육열을 여기에 다 쏟아 붓는다 해도 무엇이 변하겠습니까? 저의 모든 것을 다 바쳐도 그것은 뜨겁고 메마른 사막에 떨어지는 한 방울 이슬 같아서 아무 소용도 없지 않습니까? 달라질 게 아무것도 없는데 제가 왜 여기에 머물러야 합니까?" 이것은 나에게 매우 심각한 질문이었다.

그리고 일어나서 창 밖으로 내려다보이는 마을, 하이드라바드 시가를 바라다보았다. 그런데 그때 내 시야에 들어온 한 광경이 마치 하나님이 특별히 보여 주시는 것처럼 느껴지기 시작했다. 집집마다 비쳐 나오는 불빛이 순간적으로 나에게 빛나는 십자가로 보였던 것이다. 그리고 그 순간, 주님이 주시는 말씀을 받았다. "나는 이 집들을 위해, 한 가정 한 가정을 위해 십자가를 졌는데 왜 너는 너의 십자가를 지고 나를 따르지 않겠다는 것이냐?" 그 순간부터 다시는 내가 왜 씬드 사막에 있어야 하는지를 의심치 않았고, 그 경험은 나에게 13년 동안 표지판이 되어 주었다.

> "밤에 여호와의 집에 섰는 여호와의 모든 종들아 여호와를 송축하라 … 천지를 지으신 여호와께서 시온에서 네게 복을 주실지어다"(시 134:1-3).

나는 십자가에서 고통당하시는 그리스도의 어두운 때를 통해 다시 선교의 소명을 확인할 수 있었다.

뜻하지 않은 영국에서의 신학 수업

이화 캠퍼스에서 자유롭게 다니던 나는 파키스탄에 온 후로 한 주일 사이에 생활 양식을 완전히 바꾸어야 했다. 음악회, 커피숍에도 가지 못했고 등산도 할 수 없었으며, 언어 공부와 영어 교육, 교회 사역, 심방 등이 나의 일과의 전부가 되었다. 어두워진 다음에는 내 방에서 독서를 하거나 묵상하고 편지 쓰는 일 이외에 다른 할 일이 없었다. 학부에서 영문과를 전공으로 한 덕택에 선교사들이 가져온 책들, 고전 문학, 선교사의 수기, 자서전 등을 즐길 수 있었다. 셰익스피어, 존 던의 시, 파키스탄과 인도, 네팔 등지에서 선교한 서구 선교사들의 선교 수기 등을 마냥 읽었다.

그리고 주석을 자료로 성경을 공부하다가 좀 더 신학적인 접근을 하고 싶어서 저녁 시간에 런던에 있는 성서대학의 통신 교재를 사용하기로 했다. 그런데 그 계획을 전달했을 때, 지금은 All Nations Christian College라고 불리는 런던의 신학교로부터, 누군가가 익명으로 모든 비용을 대기로 했으니 와서 공부하지 않겠느냐는 연락이 왔다. 그것은 1965년의 일이었다. 모교에 이사장으로 계셨던 김활란 선생님께 의논드렸더니, 하나님의 축복이니 어서 가서 공부하라고 권하셨다. 그래서 1969년까지 나는 파키스탄 선교지를 떠나 영국에서 공부할 수 있었다. 이대 대학원에서 한 학기를 남기고 홀홀 파키스탄으로 떠났던 것을 하나님이 더 넘치게 채워 주시는 것 같았다.

그곳에서 나는 서구 선교사들이 어떻게 교육을 받는지를 볼 수 있었고 영국 교회와 선교 기관들을 관찰할 수 있었다. 당시의 영국 교회는 몇몇 교회를 제외하고는 이미 텅 비어 있었고, 어떤 교회는 2천여 명을 수용할 수 있는 예배당에 백여 명의 노인들만이 찾아와 쓸쓸히 주일을 지키기도 했다. 젊은 신학도들은 조금 달랐으나 교회의 목회자들은 영국 제국의 식민 정책이 안겨 준 내용 없는 우월감과 거만함을 조용히 감싸 쥐고 고독하게 지냈다. 건물과 시설, 교구, 행정은 다 있었지만 말씀을 듣는 이들도, 세계로 나가 증언할 자들도 없는 텅 빈 교회를 바라보며 목회자들의 아픔을 느낄 수 있었다. 그러나 옥스포드 거리에 있는 All Souls Langhan Place라는 교회와 웨스트민스터 채플에는 여러 나라에서 모인 수천 명의 사람들이 함께 예배를 드렸다. 그곳의 목회자들 중 한 분은 존 스토트였고 다른 한 분은 마틴 로이드 존스였다. 나는 4년간 이 두 교회에서 예배를 드리면서 말씀을 선포하는 교회가 얼마나 아름다운가를 알게 되었다. 또 목회자는 입술로만 말씀 선포를 하는 것이 아니라, 가난하고 깨끗하게 사는 삶을 통해 스스로 말씀의 증거가 되어야 한다는 것을 배웠다. 그들의 말씀에는 치유의 힘이 있었고 새로운 출발을 향한 희망이 있었다.

런던 성서대학 추천을 받아서 런던 대학교의 신학부 시험을 치르기 위해 준비할 때는 학문하는 수고에 대해 기쁨과 감사를 느꼈다. 나는 이 기간에 교수들에 대해 존경심을 갖고 그들의 진지한 사고를 배웠다. 지금도 그때를 생각하면 교수님들과의 만남과 그들의 강의를 들을 수 있었던 기회들이 감사하기 그지없다. 그 신학교 내의 교내 서점에는 지키는 직원이 아무도 없었지만 학생들이 각자 자기가 낼 돈을 내고 책을 사 갔다. 내가 그곳에서 공부하는 동안에는 단 한 번도 그 서점의 운영 문제가 제기되지 않았다. 또 인상 깊었던 한 가지는 매 학기 한 번씩 모든 교수와 학생이 점심으로 빵 한 쪽과 물만 먹는 의식이었는데, 이것은 상징적으로 가난한 자들의 배고픔에 동참한다는 의미가 있었고 실제로 그 점심 비용을 세계 어느 곳이든 배고픔이 있는 곳에 보내곤 했다. 그 신학교에는 여러 나라의 학생들이 있었는데 때로는 그들 중 누군가가 자신의 나라를 소개하면 그곳의 어려운 이들을 위해 그날의 점심값이 보내지기도 했다.

나는 신학교에서 철저하게 기숙사 생활을 하였다. 매일 강의가 시작되기 전에 예배가 있었는데, 그 예배실에 가기 위하여 캠퍼스에 들어설 때마다 저절로 '주님 감사합니다' 라고 조용히 되뇌이곤 했다. 하나님은 너무나도 큰 선물을 나에게 주신 것이다. 점심 식탁에는 대개 10명 정도가 같이 앉을 수 있었는데 교수들과 같이 앉는 것이어서 식탁에서의 대화는 그날 강의의 연장과도 같았다. 출석을 부른 적은 한번도 없었지만 병이 나서 못 나오는 것 이외에는 필수적으로 강의에 참석했다.

하나님은 당신의 부르심에 응답하고 따르려는 자를 무한한 사랑으로 인도하신다. 그리고 포기하지 않으신다. 지금 생각하면 런던 유학은 학문의 터를 닦고 선교사로서의 사명을 재확인할 수 있는 계기가 되었다.

"하나님께서는 우리 안에서 힘차게 활동하시면서 우리가 바라거나 생각하는 것보다 훨씬 더 풍성하게 베풀어 주실 수 있는 분이십니다" (엡 3:20, 공동번역).

주님은 내가 런던에 있는 동안 새로운 일터를 보여 주셨다. 런던에는 파키스탄 사람들이 한 촌을 이루고 사는 사우스 홀이라는 지역이 있다. 그곳은 영국 사람들이 거의 빠져나간 파키스탄 교포 지역으로 유색인, 특히 인도, 파키스탄 사람들만 모여 사는 곳이었다. 그때는 이들 가운데 전임 파키스탄 목회자가 없었기 때문에 우리 신학교에 있는 학생들 중에 파키스탄과 인도에 관심 있는 사람들이 가서 예배도 인도하고 심방 전도도 하였다. 나 역시 그들의 언어로 파키스탄에 대한 나의 관심을 계속 표현하였다. 현재 그곳에는 전임 목사가 와서 시무하지만 사실 우리가 교회를 개척한 셈이다. 우리들은 그곳에 살고 있는 아이비 로렌스라는 파키스탄 여간호사와 함께 주일 오후에 그 작은 예배를 위하여 합심으로 섬겼다. 어떤 면에서는 본토에서보다 무슬림을 만나는 것이 더 자유로웠고, 말씀을 받아들이는 그들의 태도도 부드러웠다. 그래서 나는 우르두어를 영국에서도 정기적으로 사용할 수 있었고, 그 예배 시간에는 성경도 우르두어로 읽었다.

나는 1969년 11월에 어렵게 재입국 비자를 받아 파키스탄으로 되돌아갔다. 그곳에서 나는 찬두 레이 주교의 요청에 따라 카라치에서 여교역자 지도력 개발을 위한 여성신학원을 시작하는 과제를 담당하게 되었다. 그러기 위해서 북쪽 라호르 시 가까이의 구즈란왈라에 있는 연합성서훈련원(United Bible Training Center)에서 6개월간 가르치며 학교 행정을 실습해야 했다.

제 2 부
살며 사랑하며

내가 진실로 진실로 너희에게 이르노니 한 알의 밀이
땅에 떨어져 죽지 아니하면 한 알 그대로 있고
죽으면 많은 열매를 맺느니라
(요 12:24)

파키스탄 교회 여성

이슬람 종교권에서는 여성이 자기가 여성이라는 사실을 의식조차 못한 채 살아가고 있다. 남성과 여성의 세계를 일상생활에서 구별해 놓았기 때문에 더욱 그럴 수밖에 없다. 그 문화에서는 여자가 할 수 있는 것과 해서는 안 되는 것, 그리고 여자가 갈 수 있는 곳과 가서는 안 되는 곳이 분명하다. 문화는 깊은 강물의 흐름과도 같아서 그 물결을 따라 노를 저어갈 때는 그 물결이 얼마나 거센지를 알지 못한다. 그러나 거꾸로 그 물결을 거슬러 노를 저어가려고 할 때는 그 저항력과 그에 따르는 위험이 대단하다. 그렇기에 때로는 교회 여성도 다른 무슬림 여성들과 다를 바 없이 그들을 좇아 살아간다. 간혹 그 물줄기를 역류해 나가는 사람도 있지만, 그런 경우 자칫 생명까지도 잃게 된다. 파키스탄 기독 여성의 사역은 이슬람 문화 안에 흐르는 물결을 거슬러 올라가려는 것과 같다고 표현하고 싶다. 그러므로 거기에는 거친 저항과 위험이 따른다.

파키스탄 교회 여성은 이중적으로 저항을 받는다. 우선 다른 무슬림 국가의 여성들과 마찬가지로 남성이 여성을 자신들과 동등하게 경쟁하며 살아갈 수 없도록 한 오랜 무슬림 전통에 묶여 있다. 파키스탄 여성들은 비록 차별을 받을지라도 그 문화에 순응하며 살아가는데, 그래야만 안전하고 위험을 겪지 않는다.

또 한 가지 저항은 교회 여성으로서 그리스도의 선교에 참여할 때이다. 기독교인이지만 증인으로서의 역할을 하지 않고 무슬림 여자처럼 산다면 평탄하게 살 수 있다. 하지만 선교적 차원의 삶을 살며 선교적 의도를 분명하게 할 때는 배를 뒤집히게 하는 큰 물결이 일어난다. 이 글을 통해서 파키스탄 교회 여성 사역의 실제를 이야기하고, 때로 순교에까지 이르게 하는 이 사역의 어려움에 대해 증거하고자 한다.

연합성서훈련원

파키스탄에서 이 기관은 'UBTC(United Bible Training Center)'로 알려져 있다. UBTC는 그곳에서 유일한 여성 신학 교육 기관이며, 교육 도시인 라호르에서 한 시간 거리에 있는 구즈란왈라에 자리잡고 있다. 여성으로서 신학 교육을 받으려면 초교파 기관인 이곳에 모이게 된다. 이 기관은 미국 장로교 여선교사인 매리온 피터슨에 의해 세워졌고, 그 운영위원도 다 여성들이다. UBTC 건물 옆에는 파키스탄에서 가장 오래된 신학교가 있는데 그 신학교의 교수들이 와서 강의하기도 한다. 신학교는 목회자 양성을 위한 정규 신학교로 남자들만 들어갈 수 있다(우리나라의 정성균 선교사가 파송되어 선교의 삶을 바친 곳이다). 그들은 대개 각 교단이나 교회에서 추천받아 온 장학생들이다.

내가 있을 당시에는 자비로 신학 수학을 하는 학생은 없었다. UBTC에는 그 신학생들의 아내들이 학생 수의 반 이상을 차지했다. 1969년 신학교의 학생 수는 40명을 넘지 않았고 UBTC도 20여 명만이 정규 학생으로 등록하였다. 1971년에 남쪽 카라치에 신학교가 세워졌는데, 그때에는 성경연구원이 하이드라바드와 데라 이스마일칸에 있었고 교회에서 주일학교로 성경학교를 하는 것 이외에 다른 신학원은 없었다. 내가 UBTC에서 가르치기 시작한 것은 1969년 12월부터였고, 런던에서 신학 수업을 끝낸 후에 바로 그곳으로 파견되었다. 1964년에 5개월간 안식년으로 이화여대에 다녀간 후 이미 두 번째 임기로서 6년째 나가 있던 때였다. 당시 그 지역 일대에 한국인은 한 명도 없었다.

　UBTC의 강사들은 모두 독신 여선교사들이었는데 교장은 영국인 비비안 스테시, 노환으로 시력을 잃어 가고 있어 본토 미국으로 막 떠나려던 매리슨 피터슨, 영국 성공회 선교사인 진 알렌저, 미국 장로교 선교사인 쉡퍼디, 호주 선교사 도로티 코간이 있었고 그리고 내가 있었다. 나는 UBTC에서 6개월간 가르치며 학교 행정을 배웠다. 그것은 씬드 지역(필자의 선교 지역)에 있는 카라치 교구에서 이와 같은 여성신학훈련원을 시작해 달라는 교구 주교의 요청과 주선에 의한 것이었다. 구즈란왈라는 북쪽 펀잡 지역에 있는 도시이므로 남쪽 씬드 지역에서 그곳에 가서 성경 훈련을 받으려면 이틀간이나 기차 여행을 해야 했기 때문에 어려움이 많았다. 또 파키스탄에는 가장 교세가 강한 성공회, 장로교 그리고 감리교단이 연합하여 연합교회인 '파키스탄 교회(The Church of Pakistan)'를 이루고 있었고 전국을 4교구로 나누었는데, 카라치 교구는 주교가 있는 곳으로서 가장 중심적인 교구였다. 그래서 카라치 교구의 총회에서는 카라치 교구에 교회 여성을 위한 신학훈련원을 세우자고 결의했고, 런던에서 공부를 하고 돌아오는 나에게 그 일이 맡겨진 것이다.

　그때는 시기적으로 아시아인들이 아시아 선교에 대한 의식을 갖기 시작하던 때였으며, 교회 여성들이 무슬림 문화를 좇아가는 타의적 생활에서 벗어나게 하고 선교하는 여성의 이미지를 찾게 해야 한다는 과제를 몇몇 목회자들이 깨닫기 시작한 때이다. 그러기 위해서는 아시아인 여성 지도자가 필요했고, 파키스탄 여성들 간에는 정규 신학 과정을 거친 이들이 없었으므로, 우르두 언어에 익숙한 동양인 여선교사로 내가 지명되었던 것 같다. 그것은 내가 선교지에 나간 지 10년이 되던 때였다. 1970년도 이후에 싱가포르와 일본에서 선교사들이 파송되었지만, 모두 단기 선교사들이었고 교사 자격을 갖춘 자들이 아니었다. 1970년대에 아시아에서 선교사로 파송되어 나가 있던 사람은 나 이외에 아무도 없었다.

　UBTC 건물은 'ㅁ' 자로 지어졌고, 공동 생활을 하기에 알맞았다. 선교사들은 모두 같은 집에 살았고 학생들과 점심 식사를 같이 했다. 매일 짜여진 시간표에 따라, 예배, 강의, 전도 실습, 숙식 준비와 친교 시간이 이어졌다. 외진 곳에 건물이 있어서 외출이라는 것은 거의 없었고 UBTC 울타리 안에서만 지냈다. 우리의 나들이는 어쩌다 점심을 싸가지고 자전거를 타고 운하에 나가서 한두 시간 놀고 오는 것이었다. 필수품은 정원사가 배로 시장에 다녀올 때 주문해 공급받았다. 그리고 빈민촌에 가서 문맹 퇴치 운동과 주일학교를 인도하는 것이 중요한 사역이었다.

여기에 온 학생들은 네 그룹으로 분류될 수 있었다. 그 첫째는 이웃 신학교에 신학 수학을 받으러 온 전도사나 예비 목회자인 남편을 따라온 여성들로서 목회자의 아내가 되기 위해 준비하는 이들이었다. 대개는 신학을 해야겠다는 결심이 있어서 온 것이 아니었기 때문에 아이들과 가사를 돌보느라고 많은 시간을 보냈다.

둘째 그룹은 여전도사로서 훈련을 받는 데 헌신된 젊은 여성들이었다. 이들은 모두 교회로부터 경제적 지원을 받아서 왔고, 대개는 아주 가난한 배경을 갖고 있었다. 정규 대학에 진학할 수 없어서 교사의 자격을 갖추지는 못했지만 열심 있는 교회 여성으로 인정받아 오게 된 이들이었다. 이들은 다 미혼이었는데, 이곳에서는 여전도사가 미혼이어야 한다는 전통이 있었다. 서구의 선교사들은 대개 이런 여전도사를 통역자로 삼아 같이 여행하면서 집회를 인도하기도 하였는데 때로는 교수와 조교 같은 관계로 보이기도 했다. 이럴 때 선교사는 그 여전도사의 월급을 본국에서 모금하여 개인적으로 후원하는 경우가 많았다. 여전도사의 후원 문제는 점차 교구의 직원으로서 다른 전도사들과 같은 대우를 받는 제도를 갖추기 시작했다.

또 한 그룹은 직업 여성들로서 단기에 과정을 마치는 이들이었다. 파키스탄에서 일반적으로 가능했던 여성 직업은 교사직과 의료 계통의 직업이었다. 몇몇 의사를 제외하고는 주로 간호사들이었고 가장 보장된 직장은 교직이라고 할 수 있었다.

넷째 그룹은 일반 교회 여성들이었는데, 실제로는 고등학교를 졸업하고 대학 진학을 앞둔 젊은이들이 주가 되었다. 가정을 가진 어머니들은 가족을 두고 성경공부를 하기 위해 장기간 떠나 있기가 어려웠고, 그들의 생각 속에서도 그것은 거의 불가능했다. 그래서 십대의 젊은이들이 단기 과정을 위해 모였다. 그런데 그 어느 과정에도 자비를 내고 오는 여성들은 없었고, 모두 선교부나 교회, 또는 어느 선교사의 후원에 의해 오게 된 경우들이었다.

지반 사모

파키스탄에서 내가 잘 아는 대표적 사모 중 한 사람은 샬롯드 바시르 지반이다. 지금은 하드라바드의 감독 사모이지만 처음 만났을 때는 지반 목사의 젊은 아내로 네 아이의 어머니였다. 그 사모는 상당한 미모를 갖춘 똑똑한 여성이었다. 그리고 아들 둘, 딸 둘을 낳아 열심히 기르면서 남편 목사의 목회에도 큰 도움을 주었다. 게다가 UBTC를 다녔으므로 어느 정도 신학적 배경도 가지고 있었다. 그런데 그녀의 생활은 갇혀진 생활 그 자체였다. 한 아내와 어머니로서의 역할을 하는 것과 교회에 참석하여 예배드리는 것이 전부였다. 그녀는 아주 조용하고 안정된 생활을 했고, 외부 사람들과의 만남은 전혀 없었다. 교회 울타리 안에 무슬림이 들어오는 것은 무슬림 자신들만 터부시했던 문제는 아니었다. 교인들도 '이방인'이 들어오는 것을 의아하게 여겼다. 그래서 교회 울타리 내의 목사관에 사는 그분은 정기 예배를 드리러 오는 교인들과 인사하는 것 외에는 완전히 집 안에서만 지냈다. 그래서인지 어쩌다 내가 집을 방문하면 너무나 반가워하곤 했던 기억이 난다. 나는 그녀의 그런 생활이 외로워 보였다. 그러나 그분은 한번도 자기 삶에 대해 불평하지 않았다. 그런 생활에 익숙해져서 다른 생각은 하지 않는 것 같았다. 그녀에게서 기대할 수 있는 생활이란 안전한 교회 울타리 안에서 아이들을 보살피고 아내의 역할을 하는 것이었다. 그녀는 그 생활에 순응했고 큰 갈등이나 문제 의식 없이 지내고 있었다. 우리는 여러 번 함께 차를 마시며 얘기했지만 아이들과 남편 이야기 외에는 다른 아무 얘기도 할 줄 몰랐다. 그분은 교인들 가운데서 목사 사모로서의 신분을 즐겼고, 풍요롭지는 않았지만 생활과 아이들의 교육이 보장되어 있었기에 다른 걱정이 없어 보였다. 또한 남자와 여자 간의 인사도 허용하지 않는 무슬림 문화 속에서 목사의 생활을 보살피는 자신을 의식하고 있었다. 이렇게 사는 한, 기독교인이 극소수인 파키스탄에서 사회적으로 문화적으로 적대감을 불러일으킬 이유가 없기에 저항도 있을 리 없다. 바로 옆집이 무슬림 가정이라 해도 거의 모르고 살아가는 것이다.

기독교인은 배를 타고 다니며 사는 섬사람들이 본토 사람들과 활발한 왕래가 없이 사는 것처럼 문화적으로 무슬림과 동떨어져 살아가고 있다. 만남이 없는 이웃들이다. 전도하려는 마음이 없기 때문에 이웃을 환영하며 맞아들이기 위해 먼저 다가가는 선교의 삶이 없는 것이다. 파키스탄의 전형적 교회 여성인 지단 사모의 평탄하고 소극적이고 타의적인 삶은 다른 많은 신도들의 삶에 있어서 본보기처럼 되어 버렸다.

교회 여성

교회 여성들은 교육을 받은 층과 문맹, 두 그룹으로 구분되어 있다. 1960년도에 전 인구의 문맹률은 87%였으나, 교회 교인들의 문맹률은 80%였다. 도시 교회에는 영어로 드리는 예배와 국어인 우르두어로 인도하는 예배가 있었다. 대개 지식층은 영어 예배에 참석하였으며, 영어 예배의 인도자는 서구 선교사였다. 자립한 목회자는 없었고 교구에서 모두 보조를 받는 형편이었다.

도시 교회 여성은 여전도회를 조직하여 한 달에 한 번씩 모였고 일년에 한 번씩 바자회를 여는 것이 큰 행사로 되어 있었다. 그들은 대개 여유 있는 가정의 주부들 또는 교사나 간호사의 직업을 가진 여성들로 나름대로 교회 여성으로서의 역할을 감당하려고 했다.

카라치에서 가장 큰 교회인 세인트 트리니티 교회나 하이드라바드의 세인트 빌립보 교회의 여성들은 가장 지식층에 속하는 여성들이라고 할 수 있는데, 이들은 주일 예배에 모이는 것이 기독교인의 역할이라고 생각했다. 또 문화적으로 무슬림 여자들과는 구별되도록 베일을 쓰지 않고 얼굴을 내놓은 채 거리를 다니기도 했다. 교회에서는 지금도 남녀의 자리를 구별하는 편이지만, 당시로서는 그래도 여성이 남성과 한 교회 건물 안에서 예배를 드린다는 것이 상당히 자유로운 여성의 표징인 것처럼 여겨졌었다.

그들은 다 친절하고 대접하기를 좋아하는 마음씨 좋은 여자들이었지만 교회가 선교함으로써 그 존재 의미를 잃지 않아야 한다는 사실은 알지 못했다. 그들에게 그와 같은 것을 가르치지 않는 것은 전적으로 교회 목회자들의 책임이라고 말할 수 있다. 그러나 그곳 목회자들이 교회가 무엇인가를 적극적으로 교회 여성들에게 가르치지 않는 데는 나름대로 그럴 만한 사정이 있다. 무슬림에게 복음을 선포하는 것은 이슬람 문화에서는 용납되지 않는다. 성경 말씀을 입술을 통해 증거하고 그리스도의 구원의 복음을 증거하면 대개는 큰 갈등과 문제에 빠지게 된다. 그러나 교회 여성은 그들의 예배와 가정 생활을 통해 간접적으로 복음 선포를 할 수 있다. 마치 빛을 찾아오는 것처럼 이웃으로 하여금 예배에 모이게 하는 것을, 그들은 매개적 선교의 중요한 방법으로 생각한다. 파키스탄 목회자들은 그들이 속한 국가의 정치적 상황, 종교적 분위기 때문에 선교를 매우 소극적으로 이해한다. 무슬림들에게 직접 전도하기보다는, 복음으로 복음에 끌리게 하여야 한다고 생각한다. 그러므로 경계선을 넘어가는 원심력적 선교 방법보다는 구심력적 선교 방법이 효과적이라고 생각한다. 그래서 그들에게 가장 중요한 것은 바로 예배 의식이다. 예배를 통해 주시는 은총의 빛을 무슬림들이 스스로 찾아오도록 해야 한다고 생각하는 것 같다. 자연히 그들의 선교 이해에 있어서는 교회의 예배가 그 중심이 되고 있다. 이러한 목회자들의 목회관에 따라 교회 여성의 사역은 교회 내에서만 이루어지도록 제한되었다. 그들에게 있어서 그리스도를 믿지 않는 무슬림을 개인적으로 인도해서 교회에까지 함께 들어오게 하는 것은 상상할 수도 없다. 이것이 성경을 읽을 수 있고 교회 봉사를 하며 주일학교에서 가르치는 이들의 의식 수준이다.

문맹인인 교인은 말할 것도 없다. 지방이나 도시 변두리의 빈민촌에 사는 교회 여성들은 지속적인 구제와 선교의 대상이 되었을 뿐이다. 이들은 자기들이 말하는 언어를 글로 쓰지 못하므로 종이라는 것이 필요없다. 그들은 사회적 신분이 낮은 힌두교의 '수드라'(가장 낮은 계층) 계층에서 개종한 이들로서 문화적으로 무슬림들과 만날 수 없다. 더구나 그들은 사회에서 '천한' 신분이었기 때문에 편한 마음으로 할 수 있는 분야의 일은 육체 노동뿐이었다. 아! 나는 그곳에서 가난한 여자들의 고통을 보았다. 내 눈에 그들의 삶이 무거운 쇠사슬처럼 보이는 것은 어쩔 수 없었다. 그들은 '바스띠'라고 하는 도시 밖 흙집에 살며 아이들도 전혀 학교에 보내지 못하고 있는 형편이었다. 이러한 이들에게 교회 여성으로서의 역할이란 무엇인가? 심각하게 생각해 보아야 할 문제이다.

내가 있던 곳은 씬드 사막이었는데 그곳에 있는 '바스띠' 교회 여성은 거의 맨발로 다녔다. 신을 사서 신을 수 없기 때문이다. 그곳의 교회는 목회자를 모셔 올 수 없으므로 목사 한 사람이 여러 바스띠를 순회하면서 예배를 인도하였다. 그들은 목사가 집례하는 성례전을 통하여 무한한 신비에 접하는 것과 그때를 위하여 멀리까지 가서 운하물을 길어 와 목욕을 하고 마음의 준비를 하는 것을 소중하게 여겼다. 이들에게는 교회에 나올 수 있다는 것 자체가 복음이었으며, 여자도 하나님이 창조한 인간이라는 이야기를 들으면 눈물을 흘렸다.

여전도사

파키스탄 교회에서는 여전도사를 영어 그대로 '바이블 우먼(Bible woman)'이라고 부른다. 내가 1982년에 파키스탄을 방문하였을 당시에 교구에 한 명의 바이블 우먼이 있었고 지교회는 아직 그런 자리를 마련하지 못하고 있었다. 교구가 이제 겨우 5교구로 구분되었으므로 전국적으로 파키스탄 교회의 공식적인 여전도사는 몇 사람 되지 않는 실정이었다. 그러나 실제 여전도사의 수는 더 많았다. 서구에서 온 여러 교단 배경의 선교부나 초교파적 선교부가 자리를 잡은 지는 이미 오래되었고, 최근에는 기독 학생들을 중심으로 한 선교 단체가 많이 들어와 있는데 그 선교부마다 실제적으로 전도사의 역할을 하는 여자 간사, 또는 직원을 두고 있었기 때문이다. 이들 여전도사의 사역 영역은 선교부의 성격에 따라 매우 다양하다. 그들은 대개 자기 부모의 집을 떠나—왜냐하면 대체로 시골에 집이 있기 때문이다—선교부가 있는 구역 내에서 자취 생활을 한다. 이슬람 문화에 따르면, 여자는 혼자 독립해서 살아서는 안 된다. 그러므로 여전도사들은 그 생활 자체에서 이미 그 문화의 변혁자의 역할을 한다고 볼 수 있다. 전통을 따르지 않고 새로운 양식을 따라 사는 것은 힘들고 외로운 삶이다.

내가 파키스탄에 도착하자마자 만나게 된 여전도사는 라쉬다라고 하는 여성인데 키가 크고 건강하게 보이는 편잠 여자였다. 라쉬다 전도사는 호주 여선교사들과 같이 사역을 하는데 지금은 카라치 교구의 정식 여전도사로 대우를 받는다. 그가 사는 곳은 호주 여선교사들이 살고 있는 울타리 안의 조그만 방인데 쪼끼다르(경비)가 집을 지켜 주므로 매우 안전한 곳이다. 그녀는 선교사들과 같이 목회를 하면서 통역도 하고, 여전도회 집회를 인도하거나 청년들의 수련회에서 어머니 역할을 한다. 또 여신도들을 위하여 상담 목회도 한다. 그녀는 심방을 많이 다녔는데, 물론 교인들 가정을 심방하는 것이고 무슬림 가정에는 갈 수도 없다. 여성이 이렇게 전적으로 목회의 길을 간다는 것은 교인들 가운데도 아직 제대로 인식되어 있지 않다. 그래서 여전도사의 자리는 애매하고 외로운 자리이다. 그러나 이들의 수고는 결코 헛되지 않을 것이다.

또 한 사람 에스터는 라호르 교구에서 현재 여전도사의 사역을 맡고 있는데, 그녀는 서울에 있는 아세아연합신학대학교에서 신학 석사를 끝내고 파키스탄으로 돌아와 주교 밑에서 훌륭한 목회를 하고 있다. 그녀의 집은 지방에 있으므로 교구의 교회 사택에서 자취 생활을 한다. 그녀가 이렇게 준비하기까지는 한국감리교회 전국여선교회의 꾸준한 경제적 지원이 있었고 기도와 사랑이 있었다. 지금도 에스터 전도사에게 한국감리교 여선교회에서 감리교 선교국을 통하여 정기적으로 선교비를 송금하고 있다. 그녀는 한국에서 공부하면서 한국 교회 여전도사들의 사역을 많이 배웠고 평신도의 전도 생활, 교회 성장을 관찰하였다. 파키스탄에서의 그녀의 목회가 하나님께 영광 돌리는 좋은 결실이 있기를 기원한다. 앞으로는 교구뿐만 아니라 교회에도 교회 여성들로 하여금 선교에 참여할 수 있도록 지도하는 여전도사가 절실히 요구될 것이다. 특히 남자와 여자의 자리를 구별해야 하고 교회 공동체 안에서 목회자들이 할 수 없는 상담 및 여성 사역을 위해 지도력 개발을 해야 할 것이다.

라쉬다와 에스터 전도사는 비교적 순탄한 길을 가고 있다. 그러나 그것은 그들이 기독교인 가정에서 성장했고 부모들에 의해 선교사들에게 위탁되어 그 선교사들과 선교회의 보호 가운데서 소극적으로 전도 활동을 하고 있기 때문이다. 그러므로 그들의 목회적 삶은 외로움이라는 아픔 이외에 심각한 저항이나 적대감은 겪지 않고 있는 것이다. 그러나 한편으로 우리는 여성 목회가 오늘날에도 이슬람 사회에서 순교에까지 이르게 할 수 있다는 것을 함께 들어야 한다.

에스터의 순교

내가 1961년에 도착했을 때 교회 내에서 특히 여전도사들 간에 에스터(그녀의 무슬림 이름은 꺼마르이다)의 순교에 관한 아름다운 이야기가 계속 전해지고 있었다. 나는 UBTC에서 가르치는 기간 중 꺼마르가 2년간 거처했었다는 집에 머무르게 되었는데 내 방이 바로 그녀를 기념하는 방이었다. 한 어린 무슬림 소녀가 그리스도의 복음의 열매가 되어 그리스도를 위한 증인의 삶을 살려고 하다가 자기의 모든 것과 귀한 생명을 바치게 되었다는 이야기는 나에게 깊은 감동을 주었다.

여기서 나는, 한 똑똑한 무슬림 소녀가 이슬람 전통에 따르면 자연스럽게 보장되는 안일한 여자의 길을 택하지 않고, 그리스도를 따르기 위하여 문화의 물결을 역류해 올라가면서 자기 믿음의 확신대로 살다가 받게 된 고난을 말하려 한다. 그녀는 신앙의 순결성과 진실에 잇대어 살려는 열의를 숨기지 않고 적극적으로 살다가 가족과 친구, 사회의 저항을 받고 박해의 고통 속에서 순교한 것이다. 이 얼마나 값진 은총의 삶인가!

꺼마르는 남인도의 한 상류층 무슬림 가정에서 여러 형제들 가운데 자라났다. 그녀는 7살때 미션 중학교를 다녔는데, 거기서 처음으로 성경을 읽게 되었다. 그녀는 신구약을 배우는 가운데 이사야 53장을 읽고 회심을 하게 되었다고 한다. 그러나 자기 식구에게는 그것을 알릴 수 없었고 몰래 성경을 읽으면서 끝까지 그리스도를 믿겠다고 결단하였다. 꺼마르는 학교를 나온 후 8년간 비밀히 예수님을 따르다가 스스로 집을 떠나 선교사의 집에 와서 보호를 받게 되었다. 8년 동안 꺼마르는 그리스도에 관해 그 누구의 가르침도 받지 못하고 교제도 갖지 못한 채 숨어서 성경만을 읽었고, 더 이상 그대로는 신앙을 지킬 수 없어서 선교사 집을 찾았다는 것이었다.

꺼마르는 카라치에 있는 교구가 운영하는 고아원에서 아이들을 보살피는 일을 하였는데, 그때 원장인 제인베와 말씀의 교제를 갖게 되었다. 그러나 꺼마르는 가족이 경찰을 동원해 찾으러 올까 봐 항상 불안을 느끼곤 했다. 드디어 꺼마르를 찾아낸 식구들은 차례로 와서 설득시켜 그녀를 집으로 데려가려고 하였다. 그러나 꺼마르는 식구들이 억지로 무슬림 가정에 시집 보내려는 것을 거절하고 에스터란 새 이름으로 세례를 받았다. 이슬람 문화에서는 성경을 읽는 것까지는 허용하는 가정도 있지만, 세례 교인이 되는 것은 가정의 수치요 배신이요 국가에 대한 반역이요 하나님에 대한 모독으로 여겨졌다.

꺼마르는 레이 주교의 도움으로 UBTC에서 2년간 공부하였는데, 교장 매리온 피터슨에 의하면 꺼마르는 그때 가장 우수한 학생이었다고 한다. 그 후 그녀는 몬트가모리에 있는 기독 병원에서 여선교사들과 같이 지내며 병원 환자들에게 열심히 전도하였다. 병원에 온 환자들은 대부분 무슬림이었는데 간호하기 위하여 온 보호자들도 많아서 그녀의 전도 생활은 점점 활발해졌다. 그녀는 세례 받기 전부터 전도사가 되겠다고 결심했다고 한다. "하나님께서 성경을 가르치라고 내게 말씀하신 것을 저는 믿습니다. 이 성경 말씀에는 새 힘이 있어요. 성경 말씀이 나를 변화시켰듯이 나는 이 성경 말씀으로 다른 사람이 새 사람이 되도록 증거하고 싶습니다." 이것은 에스터에게 주신 하나님의 명령이었다.

에스터는 치차왓트니에 있는 화이트 선교사의 집 뒤 베란다에 방과 부엌을 들여 살게 되었고 아름다운 발걸음으로 화이트 선교사와 같이 그 지역 일대를 두루 여행하면서 개척 전도를 하기 시작하였다. 그들은 마차를 타고 다녔고 마차도 들어갈 수 없는 곳에는 자전거로 전도하러 갔다. 보수적인 무슬림 촌에 백인 여선교사와 아름다운 파키스탄 처녀가 자전거를 타고 다니는 전도 생활에 사람들은 날카로운 시선을 보냈다. 그들이 다닌 곳은 시골이었기에 담이 없는 농가나 목축을 하는 마을에서는 한눈에 그들의 모습을 볼 수 있었을 것이다. 그들이 찾아가 전도한 어느 여자는 빠르다(얼굴을 가리는 베일)를 입고 앉아서 자랑스럽게 이렇게 말했다고 한다. "내가 이 집에 시집 온 이후로 10년 동안 이 집 담 밖을 내디딘 적이 없어요." 에스터의 순례 전도는 시골 여자들에게 매우 못마땅하게 여겨졌다. 왜 이슬람을 떠났느냐고 수군대었다. 그들은 에스터가 무슬림 여자로서는 돌에 맞아 죽어야 하는 죄를 범했다고 생각하고 탄식하면서도 에스터의 용모와 고운 태도에 감탄하기도 했다. 에스터는 이처럼 목사도 엄두를 못 내는 개척 전도에 나섰다. 목화 밭에서 아낙네들에게 전도하고 시골에서는 텐트를 치고 전도하였다. 또 자기 처소에서 가까운 이웃 여자들에게 글을 가르치기도 했고, 글을 배우도록 설득하였다.

그러나 에스터는 돌아오라는 가족들의 압력에 다시 갈등을 느끼게 되었다. 보고 싶은 어머니께로 가고 싶은 마음과 주님의 사역에 순종하려는 소명감으로 괴로워하던 그녀는, 집으로 돌아가서 식구들을 먼저 그리스도께 인도해야겠다고 생각하기 시작했다. 그래서 그녀는 편지로 집에 돌아가면 기독교 신앙 생활을 할 수 있게 해 달라는 것과 강제로 무슬림 남자에게 시집 보내려 하지 말라는 뜻을 전하고 회답을 기다렸지만, 그 편지의 회답은 끝내 오지 않았다.

그날 밤, 에스터는 선교사들이 사는 치차왓트니 집에 있었고, 전도 집회 준비로 교구 목사들과 다른 전도사들이 그곳에 모여 애찬을 나누고 있었다. 선교관에는 준비 예배를 드리기 위해 교인들이 가득 모여 있었다. 지방에서 온 목회자들은 다 선교관에서 묵었고 에스터는 자기 방에서 찬송을 부르고 있었다고 한다. 그녀는 평화롭고, 아무런 위험도 있을 수 없는 가장 안전한 선교관에서, 지방 목사들과 전도사들이 모여 있던 그날 밤에 자신의 방에서 살해되었다.

이제 그리스도의 복음을 전하는 에스터의 음성은 고요해졌지만, 또 그녀의 아름다운 발걸음도 멎었지만, 그녀를 통한 그리스도의 사랑은 영원히 전달되고 있다.

참 이웃

앞장에서 나는 에스터가 순교한 이야기를 소개하였다. 그녀의 전도 사역과 죽음은 나에게 감동과 충격을 주었다. 에스터의 이야기를 영어 책자로 읽고는 이화여대의 학생들에게 꼭 알리고 싶었다. 그래서 미국 여선교사 화이트가 쓴 책 『에스터』를 1963년에 번역하였는데, 그 원고를 김활란 선생님께 보내드렸더니 이화출판부를 통해 출판해 주셨다. 또한 그 책을 읽고 깊이 감동을 받았다는 내용의 좋은 서문도 써 주셨다.

그러나 요즈음 나는 에스터의 죽음을 또 다른 측면에서 생각하고 있다. 인간적인 측면에서 말하자면, 에스터의 죽음이 서구 선교 정책의 잘못에서 비롯되었다는 결론을 내리게 되었기 때문이다.

선교사의 선교지 이해 문제

서구 선교사들은 에스터가 자라난 전통 문화를 이해하지 못했다. 그들이 무슬림 전통에 대한 이해와 올바른 인식을 가지고 있었다면 에스터는 죽지 않을 수도 있었을 것이다. 에스터를 자기 선교관에서 지내게 한 미국 선교사는 이슬람 문화 안에서는 도저히 용납될 수 없는 일을 한 것과 마찬가지였다.

우선 결혼하지 않은 젊은 처녀를 선교사 부부가 사는 집 베란다에 방과 부엌을 들여 거주하게 했다는 것이 그 한 예이다. 현대의 한국 도시 생활에서는, 특히 대학가 주변에는 자취하는 학생들이 많아 아무도 여대생이 혼자 자취하는 것을 나쁘게 보지 않는다. 그러나 파키스탄은 이슬람 종교권이기에, 부부가 사는 집의 같은 지붕 아래에 또 다른 여자가 살고 있다는 것은 한 가지 이유로밖에는 설명되지 않는 것이다. 그것은 그 집안에서 에스터가 아내의 위치라는 것을 뜻한다. 일부다처제 문화권에서 여자가 남자와 같이 있다는 것은 혈육 관계 아니면 부부 관계일 경우뿐인 것이다. 그러므로 그런 모습은 좋은 가문의 배경을 갖고 있던 에스터 가족들에게는 커다란 수치와 모욕이었을 것이다.

  그 미국 선교사가 에스터를 무슬림 가정으로부터 격리시켜서 그리스도 중심의 신앙의 길을 가도록 격려하려는 의도에서 그렇게 한 것이었다면, 더욱 철저한 보호가 필요했다. 흰 피부와 곱슬 머리를 가진 미국 여선교사는 그곳 문화에 거슬리는 행동을 해도, 예를 들어 혼자 베일을 쓰지 않고 시장에 다녀도 크게 문제 되지 않지만, 무슬림 여자인 경우에는 도저히 용납되지 않는다. 그러므로 선교사의 위치에 있는 미국 선교사가 에스터를 무슬림 가정에서 나오도록 도와줄 때는 더욱 안전하게 그의 거처를 마련했어야 했고 거동을 신중하게 하도록 도와주었어야 했다. 부모 형제의 간섭에서 자유롭게 하기 위한 의도였다면 오히려 미국으로 유학을 보내어 그곳에 있는 무슬림들에게 전도하게 할 수도 있었을 것이다. 그리하여 시간이 얼마간 지나 식구들의 울분과 수치감이 가라앉을 때쯤, 혹은 에스터의 결혼 적령기가 지난 후에 돌아왔더라면 화해와 용서의 기쁜 날도 맞이할 수 있지 않았을까? 만일 그랬다면 그녀의 열심으로 미루어보아 지금쯤 UBTC의 자국인 교장이 되었을지도 모르고, 식구들도 에스터의 발전과 성숙함에 감동되어 마음의 문을 열고 그리스도를 영접했을지도 모른다. 그런데 에스터를 남자 목회자들이 수없이 드나드는 선교관의 베란다 방에 혼자 살게 했으니, 그의 처소를 몰래 와서 보고 간 그의 무슬림 형제들은 도저히 참을 수 없었을 것이다.

셋째로, 에스터는 독방에 있었는데 그것도 파키스탄 처녀들에게는 있을 수 없는 생활 양식이다. 하이드라바드 교사 기숙사는 다닥다닥 붙은 기숙사 방들이지만 그 누구도 방에서 혼자 자지 않는다. 여자들이 밤에 독방을 쓰지 않는 것은 그곳 문화이다. 반드시 둘셋씩 모여서 방을 같이 사용한다. 그러한 풍습을 이해했다면 그 미국 선교사 부부는 에스터를 뒷채에 혼자 머물게 해서는 안 되었다. 오히려 간호원 기숙사, 또는 어떤 종류의 여자 기숙사에서든 방을 같이 쓰도록 했어야 했다.

물론 미국 선교사 부부가 진심으로 에스터를 보살피려고 했던 점은 의심하지 않는다. 문제는 그들이 이슬람교와 그 지역 문화에 대해 깊이 이해하지 못하였고, 또 그곳 가족 제도에 대한 존경심이 없었다는 것이다. 결국 자신들의 사고 방식, 미국식 서부 정복 정신에 따른 돌격적 선교 방법이 걸림돌이 되었던 것이다. 그것은 자국 문화에 대한 의식적, 무의식적 우월감에서 비롯된 것이었다고 생각된다.

마지막으로 지적하고 싶은 것은 무슬림 여성들 간에 전도의 문을 열기 위해서는 에스터의 경우와 같은 죽음의 증거보다 살아 있는 증인이 더 필요하다는 점이다. 왜냐하면 이슬람교 문화에서는 '자하드' (거룩한 투쟁)를 당연한 것으로 받아들이기 때문이다. 무슬림들은 자기들의 신앙과 신앙 공동체의 배신자에 대한 마땅한 처우로 친형제를 살해할 수 있으며 그러한 행위를 하는 자를 높이 인정한다. 법적으로도 죽인 자에게는 아무 잘못이 없으며 사회적으로도 그의 동기와 그 용감한 행위는 찬양을 받는다. 아무도 그를 살인범으로 보지 않는 것이다. 오히려 알라신의 명령에 복종하는 진실한 신자로 인정한다. 그러므로 에스터의 죽음은 파키스탄의 무슬림 여성들에게 그리스도의 향기를 풍기게 하는 전도의 효력보다는 무슬림들에게 점수를 주는 일이 되고 말 것이다. 또 많은 파키스탄 여성들로 하여금 외국 선교사와의 개인적인 만남을 더욱 두렵게 만들었을 것이다. 그렇게 된다면 전도의 문은 더 좁아질 수밖에 없다. 그러나 다른 한편으로 에스터의 입장을 한번 생각해 보도록 하자.

질그릇에 담긴 보물

에스터의 고독과 죽음을 통하여 엄청난 그리스도의 능력이 드러났다. 에스터의 죽음은 끝이 아니라, 그리스도의 영원한 사랑의 승리이기 때문이다. 에스터의 짧은 생을 생각해 보자. 무슬림 여성들의 관점에서 볼 때 그녀의 인생은 완전히 실패한 인생이다. 인도와 파키스탄이 서로 분리되면서 에스터의 가족은 평안하게 지낼 수 없었다. 인도에서 무슬림 지역으로 대이동하는 가운데 피난 생활을 해야 했던 것이다. 그러한 가운데 에스터는 미션 학교에서 성경을 읽으면서 가치관과 삶이 뒤집히는 회심의 진통을 외롭게 견디어 냈다.

앞장에서 말했던 대로, 에스터는 8년간 침묵하며 그 누구 한 사람과도 신앙적인 교제 없이 공중 예배에도 참석하지 못한 채 성경 말씀으로만 예수님을 배웠다. 성령께서만 그녀의 위로자였고 인도자였을 것이다. 그리고 13세가 되면 결혼을 하는 조혼 제도의 사회 풍습 속에서 평탄한 결혼을 거부하고 집을 뛰쳐나왔다. 그 문화 속에서 그녀의 행동은 그 어느 것 하나 아름답게 볼 만한 점이 없지 않은가? 선교관에서 쓸쓸히 지내면서 베일도 쓰지 않은 채 남녀를 불문하고 만나 전도하는 그녀의 모습은 참으로 애처롭기까지 하다. 에스터는 왜 그래야 했는가? 부모 형제의 사랑의 권면과 설득에도 불구하고 왜 그렇게 어려운 일을 했는가?

한 가지 설명만이 가능할 뿐이다. 그리스도의 말씀과 그의 구속적 사랑에 붙잡힌 바 되었기 때문이다. 에스터의 간증에서처럼 자신이 그리스도의 말씀으로 다시 살게 되었기 때문에 그 말씀을 증거해야 한다는 전도자적 소명이 그녀를 이끌었다. 타의적으로 안일하게 살지 않고 깊은 내면의 소리에 따라, 위험을 무릅쓰고 자기 표현을 하고자 한 것이다. 이것은 파키스탄 교회 여성들 앞에 선, 한 선구자의 모습이다. 에스터는 전통의 구속 때문에 죽었으나 가장 자유롭게 살았던 여성이다. 에스터는 깨어지기 쉬운 평범한 그릇이었지만 그 속에서 영원한 그리스도의 능력과 사랑이 드러났다. 고린도 교인들에게 보낸 바울의 글은 이 점을 잘 지적해 준다.

"우리가 이 보배를 질그릇에 가졌으니 능력의 심히 큰 것이 하나님께 있고 우리에게 있지 아니함을 알게 하려 함이라 우리가 사방으로 우겨쌈을 당하여도 싸이지 아니하며 답답한 일을 당하여도 낙심하지 아니하며 핍박을 받아도 버린 바 되지 아니하며 거꾸러뜨림을 당하여도 망하지 아니하고 우리가 항상 예수 죽인 것을 몸에 짊어짐은 예수의 생명도 우리 몸에 나타나게 하려 함이라 우리 산 자가 항상 예수를 위하여 죽음에 넘기움은 예수의 생명이 우리 죽을 육체에 나타나게 하려 함이라 그런즉 사망은 우리 안에서 역사하고 생명은 너희 안에서 하느니라"(고후 4:7-12).

영화 아마데우스에서 보여진 모차르트의 생은 이 말씀의 이해를 도와준다. 모차르트의 생활은 변변치 못했다. 그의 짧은 인생 가운데 어려서는 무섭게 음악 훈련을 받느라 즐거운 유아기를 보낼 수 없었고, 독립하기까지는 무서운 아버지의 눈초리 밑에서 고달픈 음악가 시절을 지내야 했다. 더욱이 결혼해서는 무질서하고 경박한 생활을 했다. 가난과 빚에 쪼들려 남편 된 도리를 못했고 아들에게는 좋은 아버지가 되지 못했다. 그다지 부러워할 생애를 살지 못했다. 그러나 그의 삶은 하늘이 내려 준 보배로운 음악적 재능 때문에 그 질그릇 같은 생에도 불구하고 영광스러웠다. 그는 그 재능 때문에 죽었고, 또 그것 때문에 영원히 산다. 그의 약한 인간성 속에서 그의 음악적 능력이 더욱 드러난다. 모차르트는 자신의 질그릇 속에 하늘이 준 감당하지 못할 보배를 갖고 있었다. 비참한 가난 속에서 36세의 짧은 생애로 마감했지만, 그는 자신의 음악으로 인해 영원히 살아 있으며, 아무도 모차르트에게 감히 실패라는 단어를 사용할 수 없을 것이다. 그는 인간적으로나 가정적으로나 사회적으로 모두 실패한 것 같은 삶을 살았지만 문화와 인종, 시간과 공간의 경계를 넘어 그의 음악을 듣는 모든 이들에게 아름다운 생명을 경험케 하지 않는가!

에스터의 삶에서도 그리스도의 말씀의 보배가 빛나고 있다. 즉 에스터의 처절한 실패 같은 고독과 비참한 죽음의 삶을 통해서 그리스도의 선교가 이루어졌다고 확신한다. 그러기에 나는 서구 선교사들의 무디고 미련한 선교를 책망하면서 에스터가 걸어간 길을 높이 찬양한다. 파키스탄의 여교역자들은 언젠가 에스터의 결단의 삶과 순교의 사역을 이해하게 될 것이고, 또한 그녀를 목회의 모델로 기억하게 될 것이다.

에스터의 증언과 순교에서 또 볼 수 있는 것이 있다. 파키스탄의 가장 가난한 여성들인 바스띠 여성들의 존재가 선교적 의미를 갖는다는 점이다. 내가 도시 변두리에서 흙으로 엉성하게 지은 움막에 사는 그들을 처음 방문했을 때는, 구제를 필요로 하는 선교의 대상으로만 보았을 뿐이었다. 자기 이름도 쓸 줄 모르고, 간단한 숫자도 구별할 수 없는 가난한 문맹 여성들! 그들은 힌두교의 쭈르하 종족이기 때문에 무슬림 사회에서는 전도를 할 수 없는 이들이라고 보았다. 그런데 지금 돌이켜 보면 그들의 침묵하는 고난 속에서, 노동하는 그들의 고통 속에서 사랑의 하나님이 생명을 전달하셨던 것이다. 그들은 그 가난한 흙집에서 웃는 얼굴로 차를 대접했고 카레를 만들어 점심을 권했다. 그 어떤 부유한 교회 가정의 대접보다도 더욱 마음을 다독여 주는 대접이었다. 가장 낮은 자리에서 겸손히 삶을 긍정하고 이웃을 노동으로 섬기는 그들의 모습을 통해서 전달되는 메시지가 있다. 그들은 마치 이렇게 말하는 듯하다. "우리는 이해할 수 없으나 이 현실을 있는 그대로 받아들입니다. 그리고 하나님이 참 사랑이라는 것을 믿음으로써 순간순간을 살아가는 힘을 공급받는 것입니다."

이렇게 생각하면, 복음을 말로 선포하지 못하고 숨어서 침묵하며 주님을 따르는 북한의 성도들을 통하여 하나님의 놀라운 능력이 드러나고 있음을 또한 기억해야 한다. 결코 그들의 고난은 헛되지 않으며 그 어느 순간도 낭비일 수 없다. 선교는 흔히 성공적인 교회 성장을 통해서 이루어진다고 생각하지만, 오히려 실패한 것으로 보이는 고통하는 신앙인들의 침묵의 증언으로 더욱 활발히 이루어진다. 오히려 하나님의 능력이 이러한 인간적인 실패에서 더욱 높이 드러난다.

　이 점은 한국 교회 여성들에게도 적용된다. 여자이기 때문에 교회에서의 중요한 의사 결정에 참여하지 못하고, 여자이기 때문에 성숙한 신앙과 지도자로서의 경력과 주어진 은사가 있음에도 불구하고 강단의 순서에 참여하지 못하며, 여자이기 때문에 남성 지도자들의 명예욕과 이기적 목적에 희생되어야 하는 바로 그곳에 그리스도의 복음이 강하게 전달된다. 그 약한 모습, 외적으로 보아서 당하기만 하는 듯한 모습, 죽음이 작용하는 그 속에서 그리스도의 생명에 이르게 하는 능력이 드러난다. 그러한 교회 여성들이 있기 때문에 복음의 빛이 이 땅에 비치는 것이 아닐까?

　구약과 신약에서 이 점이 강하게 전달된다. 성경은 이스라엘 민족이 민족적 자존심과 영광, 논리를 갖추었던 때보다 오히려 민족적 역경 가운데 있었을 때 선교가 이루어졌음을 지적한다. 그러나 이스라엘 민족이 갖고 있던 선교 신앙은 이스라엘이 다른 모든 민족들 가운데 승리를 누릴 때에 하나님의 선교가 이루어진다는 것이었다. 그러나 실제로는 그들이 강력하고 든든해졌을 때 이스라엘의 존재 의미로서의 선교적 차원은 모호해지고 선교적 의도는 약화되었다.

　신약에서는 예수의 선교가 이 진리를 완벽하게 전달한다. 예수의 선교의 절정은 십자가의 고난과 죽음이었다. 가장 아프고 비참한 순간에 하나님의 영광이 드러나고 뜻이 이루어졌으며, 그의 죽음이 다른 이들에게는 생명이 되었던 것이다. 완전한 실패로 보였던 곳, 바로 그곳에서 하나님의 승리가 이루어졌다. 우리가 예수님을 따르고 닮아 가려는 것은 그가 보여 준 기적이나 그의 성공적 설교 때문이 아니라 많은 사람들을 위하여 자기 생명을 대신 내어 준 그의 고난과 죽음 때문인 것이다.

　그런 의미에서 파키스탄의 교회 여성, 가난한 교회 여성들 속에서 하나님의 사랑의 능력이 드러나며, 그런 곳에 찾아가 그들과 함께 고난을 받는 결단이 가능한 것이다. 가장 깨어지기 쉽고, 값싼 질그릇 같은 에스터와 같은 삶 속에서 보화는 영원히 빛나고 있다. 거기에서 말씀의 능력이 드러난다.

에스터의 순교 후 10여 년이 지난 1971년, 한 파키스탄 젊은 여성과의 만남으로 인해 나에게 또 다른 선교의 장이 열리게 되었다. 그녀의 이름은 화리다이다.

폐허 속에 핀 화리다의 사랑

화리다를 만난 해는 내가 세 번째 임기를 막 시작하였을 때였다. 1971년 늦가을에 나는 6년만에 이화여대에 돌아가 1년간의 안식년을 보냈고, 그 기간 동안 이대 기독교학과에 시간 강사로 있으면서 선교 보고 및 선교 집회에서 설교를 하기 위해 여러 교회에 다녔었다. 김활란 선생님이 세상을 떠난 직후였으므로 앞으로 선교지 활동을 후원할 사람이 없는 상태에서 다시 카라치로 돌아왔다. 1971년, 그러니까 내가 선교사로 파키스탄에 나간 지 10년이 되던 무렵, 나는 두 강력한 후원자들을 다 잃었다. 이화여대에서 선교의 열정을 불러일으켜 준 김활란 선생님은 주님께로 가셨고, 파키스탄에서 선교지 총무 및 고문 역할을 해 주었던 레이 주교는 싱가포르에 있는 학개 선교원의 책임자로 떠났던 것이다. 레이 주교의 꿈은 카라치 교구의 여성들을 위한 신학교를 세우는 것이었는데, 그것을 위해 나는 영국에서 열심히 신학을 수학했고 UBTC에서 행정 및 교육의 경험을 쌓았다.

신학교를 위해 지목되어 있던 '쎌빈 하우스' (뉴질랜드 사람인 쎌빈 주교가 지었다고 해서 그 집을 쎌빈 하우스라고 하였다)는 당시 여러 가지 목적으로 사용되고 있었다. 쎌빈 하우스는 건평 100여 평 되는 집으로 침실 4개와 세미나실 하나, 100여 명 앉을 수 있는 거실, 사무실 2개로 되어 있어서 20여 명의 교회 여성들을 목표로 신학교를 시작하기에는 아주 적합한 집이었다. 또한 카라치에서 가장 중심지에 있는 세인트 트리니티 교회 울타리 안에 있어 여교역자 훈련을 하기에 아주 좋은 위치에 있었다.

그런데 1년간의 안식년을 보내는 동안에 상황은 완전히 달라져 있었다. 노르웨이 목사인 루드빈 주교가 카라치의 주교가 되기 전의 상황은 여러 가지 정치적인 문제들로 인해 매우 복잡했고, 루드빈 주교는 여교역자 교육보다는 남자 신학교를 세우고 싶어했다.

내가 카라치에 도착하여 본격적으로 여전도사 신학 교육을 시작하려고 할 때 또 한 가지 큰 이변이 일어났다. 파키스탄과 인도 간에 전쟁이 터진 것이다. 12월 초의 일이었다. 내가 세 번째 임기를 맞아 되돌아간 것은 9월이었는데 떠나기 전에 이미 서울에서도 두 나라 간의 국경 긴장 소식이 자주 보도되고 있었고 전쟁의 위험이 예고되는 상황이었다. 그래서 나를 아끼던 선생님들은 돌아가는 것이 위험하다고 염려해 주셨다. 그러나 나는 발걸음을 그곳 씬드 사막으로 향했고 아무도 나의 결정을 바꿀 수는 없었다.

전쟁은 무서운 경험이다. 한국 전쟁의 기억이 아직 나의 뇌리에 남아 있었고, 희미하게나마 해방 직후의 피난민들을 떠올릴 수 있었다. 그런데 카라치는 파키스탄의 유일한 항구 도시이자 가장 오래된 도시로 폭격의 목표지였다. 파키스탄에 공급되는 모든 기름 탱크들이 카라치에 묻혀 있었기 때문이다. 전쟁이 터지자 인도의 비행기는 카라치의 기름 탱크들을 밤낮으로 폭격하여 시커먼 연기와 불길이 시내를 뒤덮었다. 인도는 당시 중공의 도움을 받고 있었기에 파키스탄 사람들은 중국 사람들을 미워했고 스파이로 여겼다. 길에서 동양인을 보면 "저기 중국인이 간다!"라고 소리치던 때였다. 시장은 문을 닫았고 음식물을 구하기조차 어려워졌다. 나도 다른 사람들이 하는 대로 불을 밝히기 위해 초를 마련했고 쌀과 밀가루를 사다 놓았다. 모든 학교는 문을 닫았고 거리는 텅 비어 있었다. 외국 선교사들은 대개 다른 이웃 나라 또는 본국으로 떠났고, 남은 선교사들은 몇 명 되지 않았다. 비어 있는 외국인 집들을 습격하여 먹을 것을 가져가는 도둑과, 외국인 차에 불을 지르는 테러범들이 있어서, 시내에 나간다는 것은 목숨을 거는 일이었고 집 안에 있어도 어떻게 변을 당할지 모르는 상황이었다. 가장 힘겨웠던 것은 밤이 되면 그 더위에도 불구하고 창문을 모두 다 잠근 채 촛불을 켜고 그 불빛이 밖으로 새어 나가지 않도록 담요를 커튼처럼 벽에 둘러야 했던 일이었다. 나는 어두움을 무서워하는데, 큰 선교관에 아물거리는 촛불 하나만 켜 놓고 더운 밤을 지냈던 것은 지금 생각해 보아도 잘 실감이 나지 않는다. 내가 있던 선교관에서 아래층은 내가 썼고 2층은 아들 둘, 딸 둘이 있는 미국 선교사 윌못 가족들이 살았는데 우리는 서로 왕래하며 친하게 지냈었다. 그런데 그들은 이미 본국으로 피난가고 없던 때였다.

나는 세 번째 임기의 문턱에서 앞으로의 선교를 계획하고 준비하며 큰 각오로 나갔었다. 그런데 막상 도착해 보니 사면초가가 되어 있었다. 이화여대에서의 기도의 후원이 매우 아쉬웠고 카라치에서는 레이 주교가 떠난 후로 여성신학교의 계획이 중단되었다. 전쟁이 터진 당시의 상황에서는 떠나느냐 아니면 남아서 죽을 때까지 버티느냐를 심각하게 고민해야 했다.

그런데 모든 교통 통신이 두절된 때에 이화여대 김옥길 총장님의 전보가 무사히 내 손에까지 들어왔다. 그 내용은 "염려되니 돌아오라"는 것이었다. 나는 그 전보를 들고 기도했다. 위험을 생각하면 떠나야 했다. 아무것도 할 수 없는 상황을 보면 이화여대로 돌아가는 것이 지혜로운 일이었다. 돌아가면 시간 강사와 박사 학위 과정 공부를 하는 것이 가능하지 않은가? 여성 신학교를 시작하려 해도 이제 후원자가 없으니 떠나는 것이 현명한 일이었다. 그런데 내 속에는 남아야 한다는 어떤 확신이 있었다. 그래서 나는 위험을 무릅쓰고 시내로 나가 전보국에 들어갔다. 그곳에는 남자들만이 사나운 모습으로 빽빽이 줄을 지어 서 있었고 여자는 한 사람도 보이지 않았다. 다들 자기 가족에게 절박한 메시지를 보내기 위해 줄을 서 있는 것이었다. 마치 캠퍼스에서 교과목 등록일에 학생들이 기를 쓰며 줄을 서서 자기 자리를 지키는 것처럼, 남자들 틈에 끼어 전보를 보내려고 하는 모양이 그들에게는 너무나 기막힌 모습이었을 것이다. 어떻게 해야 총장님께 회신을 보내나 하고 생각중이던 내게, 남자들은 맨 앞으로 가라고 나를 향해 손짓했다. 왠지 무섭게 느껴지는 그들이었지만, 작은 외국 여자가 혼자서 있는 것이 안쓰러웠던지 빨리 전보를 보내고 안전하게 돌아가게 해 주려는 것 같았다.

"계속 머물러 있겠습니다. 기도해 주세요." 그 전보가 그때에 제대로 발신이 되어 이화여대에 닿은 것은 기적이었다. 선생님은 두 번째 전보를 보내 주셨다. 그것은 한국 영사관에서 비행기표를 받아 급히 떠나라는 내용이었다. 내가 그 두 번째 전보를 읽고 있는데 파키스탄 주재 한국 영사관에서 연락이 왔다. 내일 마지막 JAL이 떠나는데 그 비행기의 자리를 얻는 것은 하늘의 별 따기와 같으나 나에게 한 자리를 얻어 줄 테니 내일 새벽 6시에 공항으로 나오라는 것이었다. 외국으로 나가려는 사람들은 외국인 아니면 부유한 파키스탄 사람들로서 돈이 얼마가 들던지 간에 비행기의 자리를 구하려고 콩나물 시루 같은 공항 대합실에서 매일 대기하고 있다는 것을 나는 잘 알고 있었다. 나는 그날 저녁에 그 전보를 놓고 새벽이 되도록 꼬박 의자에 앉아 기도했다. 나에게 있어 선교사란, 선교지의 사람들과 고난의 삶을 함께 하는 것이었다. 파키스탄 교우들이 그곳에 그대로 있는데 나 혼자만 떠나간다는 것은 아쉬울 때에 선교사의 역할을 버리는 것과 마찬가지라고 생각했다.

그리고 새벽에 공항에 나가 마지막으로 떠나는 영사에게 가지 않겠다고 말했다. 영사는 염려가 가득한 얼굴로 이렇게까지 설득했다. "만일 무슨 일이 생기면 아무도 선교사님을 잘했다고 말하지 않을 것입니다. 그렇게 되면 영사관에 책임이 넘어오니 떠나십시오." 나는 이렇게 대답했다. "편지를 써서 드리겠습니다. 그 편지에 한국 영사관은 내가 안전하게 떠날 수 있도록 최선을 다해 준비해 주었지만 떠나지 않기로 한 것은 오로지 나 개인의 선택이었다는 것을 밝히겠습니다." 나는 화란으로 떠나는 친구 선교사에게 이화여대 총장님 앞으로 보내는 전보문을 써 주면서 화란에 도착하거든 꼭 총장님께 전보를 쳐 달라고 당부하였다. 그때는 이미 모든 통신이 두절되어 있었기 때문이다. 그 전문에 나는 이렇게 썼다. "Staying on, Pray." 나는 영사관 직원들과 친구 선교사들이 떠나는 것을 보고 선교관으로 돌아왔다. 날은 이미 어둡고 구름은 회색으로 나를 덮었다. 나는 완전히 홀로였다.

아무 곳에도 다닐 수 없었고 쎌빈 하우스는 텅 비어 있었으며 이젠 아무런 교회 행사도 할 수 없게 되었다. 이때 성 요셉 가톨릭 여자대학을 막 졸업한 화리다라는 여학생이 나를 찾아왔다. 화리다는 생물학을 공부했고 의과에 입학할 계획으로 시험 준비를 하고 있다고 했다. 화리다의 집은 교통이 불편한 곳에 있었고, 형제들이 많아 집이 좁은 데다 대학 도서관이 닫혀서 공부할 곳이 마땅치 않다고 했다. 모든 대학생들이 휴강 때문에 그저 하루하루 지나는 때라 화리다의 알찬 계획에 감동을 받은 나는 자주 만나서 성경을 같이 읽고 기도하는 시간을 가졌다. 그것이 계기가 되어 화리다의 친구들도 같이 모이게 되었고 전쟁의 불꽃이 튀는 카라치의 쎌빈 하우스에서 매일 성경공부 모임을 갖게 되었다. 열대여섯 명의 여대생들과 졸업생들이 제자 훈련을 받으려고 모였고 모일 때는 같이 식사를 하고 예배실을 준비하는 등 공동체 의식을 갖기 시작했다. 그렇게 우리들의 모임이 시작되었다. 폐허처럼 삭막한 도시 한가운데서 우리의 성경공부반은 매일 수가 더해 갔다. 그것은 모두 화리다의 공헌이었다. 화리다는 아주 적극적이고 똑똑했으며 친구들 사이에서 인기가 좋았다. 화리다와의 만남으로 인해 썰렁했던 선교관이 가득하게 채워졌고, 우리는 매일 쎌빈 하우스에서 보람된 시간을 가졌다. 전쟁 때문에 모든 것이 흔들려 내일을 기약할 수 없는 때에 진실한 동역자를 만나게 된 것이다. 나에게 이것은 놀라운 하나님의 축복이었고 나의 기도에 대한 응답의 분명한 첫 신호였다.

1961년에 같이 선교사로 나갔던 동역자인 김은자와 조성자가 선교지를 떠난 후 나는 오랫동안 혼자서 선교 활동을 했다. 파키스탄 동역자를 찾으면서도 에스터 전도사의 고난의 길이 반복되어서는 결코 안 된다고 생각했기에, 막상 가까이 만나는 교사들 중에서도 같이 일하려고 하는 이들에 대해 좀처럼 동역자 의식을 갖지 못했다. 또 한 가지 이유는 그러한 동역이 미국 여선교사들과 파키스탄 여전도사들 간의 관계, 즉 교수와 조교 같은 관계가 될 것을 우려했기 때문이다. 나는 하나님의 때를 기다리고 있었다. 그리고 나는 이화 캠퍼스에 있을 때부터 동역자 두 사람을 허락해 달라는 기도를 꾸준히 해 왔었는데, 세 번째 임기에 들어서면서 이것에 대해 좀 더 구체적으로 기도하기 시작했었다. 그러나 안식년으로 본국에서 1년을 보내는 동안 앞으로 이화여대에서 선교사를 파키스탄에 파송하는 것이 어려울 것임을 나름대로 짐작했었다. 그렇게 동역자나 성경반을 생각조차 할 수 없는 그 전쟁통의 카라치에서, 살아 계신 주님은 사랑으로 그 모든 것을 허락하셨고 넘치는 은혜로 매 순간을 채워 주셨다. 나에게 있어서 전쟁은 변장된 축복이었다. 10년이 넘도록 파키스탄 교우들은 나에게 친절과 보살핌을 베풀어 주었지만, 교회의 지도자들, 목회자들과 여전도회의 임원들은 나를 아주 어린 교사로 대해 왔다. 그런데 전쟁 속에서 죽음의 계곡에 같이 선 그들은 나를 완전히 성숙한 한 사람의 동역자로 받아 주었고 자신들의 딸들이 내게 와서 성경을 공부하는 것을 격려해 주었으며 또 자기들의 문제를 상담하기를 원했던 것이다. 동양 선교사, 한국 선교사에 대한 이러한 태도는 전쟁이 없었더라면 가능치 않았을 것이다. 사회가 혼란하고 가치관이 흔들릴 때, 그리고 죽음 앞에 있을 때 우리는 참 이웃이 누구인가를 알 수 있다. 그들은 나를 함께 있어 주는 이웃, 아니 그들의 한 식구로 인정해 준 것이다. 나는 조용한 묵상 중에 주님이 죽음의 골짜기에서 막대기와 지팡이로 인도하시는 분이라는 것을 노래하였다.

무슬림 남성들

기독교인들은 공산주의의 도전과 영향력의 심각성 이상으로 이슬람의 힘이 강하다는 사실을 무시하고 있지만, 이러한 태도는 세계 선교에 전혀 관심이 없다고 스스로 고백하는 것과 같다. 또 세계의 정치적, 경제적 힘이 이슬람 세계와 얼마나 밀접한 관계를 가지고 있는지 모르고 있는 것이다. 중동의 기름은 온 세계의 시장을 조종하고 있다. 미국과 이라크의 전쟁이라든가 이스라엘과 팔레스타인 간의 전쟁은 이제 초등학교 어린이도 알고 있는 중요한 이슈이며, 이제 TV 뉴스에서도 이슬람과 중동은 빠지지 않는 소재가 되었다.

그런데 이러한 이슬람의 힘은 정치적, 경제적 측면에만 그치는 것이 아니다. 이제 이슬람교를 신봉하는 무슬림 신도들은 자기들의 신앙에 대해 자신감과 확신을 가지고 가까이에 있는 기독교인들에게 전도하고 있다. 그리고 중동과 아시아 몇몇 나라의 대다수의 무슬림이 거주하는 지역에 소수를 이루고 사는 약한 교회를 위협할 뿐만 아니라 이제는 막대한 국가의 원조 및 이슬람 연맹국들의 정치·경제적 후원을 받아 타문화권에 이슬람교 선교사들을 파송하게 된 것도 몇 년이 되어 가고 있다. 이슬람교는 지난 300여 년간 멈추었던 군사적 행진을 다시 기운차게 하기 시작했다. 서울의 이태원에도 이미 오래 전에 이슬람교 사원인 모스지드의 미나렛드가 세워졌다.

한국의 대기업들은 건축 사업과 수출을 위해 상당한 인력을 중동 세계로 보내고 있다. 리비아에 나가 있는 현대 그룹이 그 한 예이다. 그리고 파견을 받고 나가는 이들은 대부분 유능한 이십 대, 삼십 대의 대학 졸업자들이다. 이슬람교는 '다우와'(선교)라는 개념에 근거하여 이들 젊은이들을 선교의 대상으로 환영한다. 무슬림들은 이들을 만날 때 하나님에 대한 지식이나 구원에 이르는 개념이 이슬람교와 기독교 사이에 차이가 없다고 주장할 것이다. 뿐만 아니라 젊은이들 중 기독교 신앙을 가지고 있지 않은 경우에는 그들의 강한 공동체 의식에 매력을 느끼게 될지도 모른다.

그러므로 이제 이슬람교의 주역들인 무슬림 남자들에 대해 살펴봄으로써 그들의 인생관과 믿음을 생각해 보고자 한다.

한 가지 재미있는 것은 파키스탄 남자들에 관해 쓰려고 할 때마다 다음 번으로 미루고 싶어하는 나를 발견하게 된다는 점이다. 내가 왜 이럴까를 곰곰히 생각해 보았다. 돌이켜 보니 나는 남녀를 완전히 구별하는 문화 속에서 살았기 때문에 파키스탄의 무슬림 남자와 의미 있는 대화를 나눠 본 일이 거의 없었다. 거리에서 마주치거나, 상점에서 몇 마디를 나눈 적은 있었지만, 생활 속에서 가깝게 대화를 나눌 수는 없었다. 그러므로 파키스탄 여성들에 관해 쓸 때처럼 이름을 들어 소개하거나 나의 선교 사역에 미친 영향과, 또 나를 통해 그들에게 전달된 복음의 의미를 소개하기에는 무리가 있다. 그래서 내가 관찰한 파키스탄 남자들에 대해 그들의 중요한 센터인 모스지드를 중심으로 묘사함으로써 나의 이야기를 이끌어가야 하겠다.

알라신을 예배하는 남자들

모스지드는 이슬람교의 중심이다. 모스지드를 바라볼 때 제일 먼저 보이는 것이 미나렛드이다. 이 미나렛드는 무슬림 신앙의 상징이라고 말할 수 있다. 터번을 쓴 무슬림 남자들은 하루에도 수없이 최소한 다섯 번 정도는 높이 솟은 탑인 미나렛드를 바라보며 모인다. 이곳에 모이면서 그들은 무슨 생각을 할까? 왜 그 바쁜 일과 속에서도 이 미나렛드를 잊지 못하고 부지런히 집합하는 것일까? 전통적으로 성인 남자들만 들어가는 이슬람 사원의 심벌, 미나렛드는 그들의 흐트러지는 삶을 다시 질서와 조화로 향하게 하는 강한 부름이다. 알라를 높이 바라보라는 초청인 것이다. 여기서 그들은 자기들의 신앙을 재확인한다.

그들은 모여서 알라의 이름을 부른다. 알라 이외의 다른 신은 존재하지 않는다. 다른 신은 어떤 이름을 가지고 있어도 다 우상이라는 것이다. 알라만이 하나님이다. 그만이 우주의 창조주요 유일한 주관자이다. 알라신은 능력의 하나님으로서 아무도 그와 같을 수 없고 비교될 수 없다.

무함마드는 알라의 마지막 예언자로 이 세계에 보냄을 받은 사람이다. 무함마드는 아랍 사람들을 위해 보내심을 받고 말씀을 증거했지만, 또한 아랍 사람들을 통해서 세계에 하나님의 말씀을 증거하는 예언자이기도 하다. 그러므로 예수님은 무함마드 예언자보다 먼저 온 분이지만 성서의 여러 예언자들 중 한 분에 불과하다는 것이다. 종말 사상이 강한 그들의 세계관에 따르면 죽음 이후에 천국과 지옥이 기다리고 있으며 각 삶의 종말에는 엄격한 심판이 있다. 알라에게 순종하는 자는 천국의 약속을 받고 우상숭배자는 지옥의 벌을 받는다는 것을 경고하는 사명을 가진 자가 바로 무함마드이다. 알라의 뜻이란 무슬림이 따라야 하는 다섯 기둥의 신앙 생활 지침을 의미한다.

이 지침은 무슬림의 경전인 꾸란에 기록이 되어 있고, 꾸란은 알라 자신이 내린 계시의 말씀이라는 것이다. 그들은 하나님이 무함마드 예언자를 보내기 전에 몇 가지 말씀의 책을 주셨는데 모세의 율법서, 다윗의 시편, 예언자 이사(예수를 의미함)의 복음서 그리고 마지막으로 무함마드 예언자를 통해 내린 꾸란이 그것이라고 믿는다. 이 꾸란 말씀은 절대 계시의 말씀으로서 그 내용에 어떤 인간의 생각도 침투될 수 없었다고 주장한다. 그리고 무함마드는 오로지 그 말씀을 전하는 소리였을 뿐이라는 점을 강조한다. 알라신의 계시가 천사를 통해 무함마드에게 전달되었다고 보기 때문에 이들은 천사에 대해서도 강한 믿음을 가지고 있다.

'다섯 기둥'이라고 알려진 신앙 생활 지침은 무슬림에게 주어진 가장 큰 계명이다. 알라신의 뜻에 순종하는 무슬림의 신앙은 다음의 다섯 가지를 실천하는 데서 증거된다.

첫째는 신앙 고백이다. 무슬림들은 매일 수없이 이 신앙고백을 외운다. "알라신 이외에는 다른 신이 없고 무함마드는 보내심을 받은 예언자입니다." 둘째는 기도이다. 미나렛드의 부름은 곧 기도에로의 부름이다. 신실한 무슬림 남자는 매일 다섯 번 이 기도 시간을 지킨다. 금요일은 '주마'라고 하는 성일이다. 그날만은 하루 다섯 번 지키는 기도 시간 중 한 번을 모스지드에 가서 지켜야 한다. 다른 시간, 다른 날은 모스지드에 가지 않고 자기가 일하고 있는 곳 어디에서든 메카를 향해 기도를 한다. 기도를 할 때는 '라까'라고 하는 일곱 가지 동작으로 엮어진 의식을 지킨다. 모스지드는 특별한 방법으로 정결함을 지키고, 그곳에 들어가는 기도자는 반드시 건물 입구에서 흐르는 물로 몸을 씻는 의식을 갖는다. 손을 씻고, 얼굴을 씻고, 귀를 씻고, 발을 씻는다. 그리고 맨발로 사원에 들어가, 들어가는 순서대로 먼저 가 있는 자의 바로 옆에 줄을 긋듯 일렬로 질서 있게 선다. 그리고 머리에는 흰 수건을 얹는다. 꾸란을 펴서 읊는 모습, 귀를 기울여 알라에게 경청하는 동작 그리고 마지막으로는 땅에 코와 이마가 닿도록 절하는 동작이 특징적인데, 이러한 동작으로 무슬림 남자는 알라신에 대한 완전한 복종을 고백한다. 이들이 모스지드의 완벽한 건물 안에서 동시에 이러한 동작을 할 때는 전율을 느끼게 하는 힘이 발산된다.

이들은 매년 정해진 기간에 40일 동안 금식을 한다. '라마단'이라고 알려진 이 기간에 모든 무슬림 신도들은 새벽이 동틀 때부터 황혼이 져서 어두워질 때까지 아무것도 목구멍으로 넘어가게 해서는 안 된다고 믿는다. 황혼이 진 다음 부인들은 정성을 다해 향기로운 카레를 요리하고 새로 빻아 온 밀기울이 섞인 밀가루를 반죽하여 쫄깃한 차파띠와 각종 음식을 만드는데, 밤새 먹어도 좋다. 씬드 같은 열대 사막에서 이렇게 온종일 아무것도 마시지도 먹지도 않는다는 것은, 아무리 밤새 크게 잔치를 벌인다 해도 역시 큰 훈련과 단련이 아닐 수 없다. 내가 가르쳤던 학생들이 그렇게 금식하는 모습을 보면서 그들이 라마단을 통해 서로의 소속감을 강하게 하며 힘을 기르는 것 같다는 느낌을 받았다. 요즈음 같은 개인주의 흐름 속에 사는 도시인들에게는 이해하기 힘든 모습일 것이다.

구제 제도는 수입이 있는 무슬림 남자들이라면 반드시 지켜야 하는 계명이다. 가진 재산이 얼마냐에 따라 구제의 분량이 결정된다. 가난한 자에게 얼마나 주어야 하는지는 역사적 변천 과정을 통해서 계속 문제로 제기되고 있으나 이 제도 자체는 절대시되고 있다. 거리에 나가면 구걸하는 사람들을 흔히 볼 수 있는데, 이들은 구걸하며 아주 당당한 모습으로 말하기를 "알라께 남매 메헤르반 까르"라고 한다. "알라의 이름으로 청하니, 자비를 베풀라."라는 명령형의 문구가 특이하다. 무함마드 예언자 자신이 고아 시절을 보내서였는지 이슬람교에서는 가난한 자를 돕는 것이 상식이다. 거리를 지날 때 거지가 깡통을 내밀면 그냥 지나가지 않고 다들 얼마씩이라도 던져 주는 것이었다.

모든 무슬림 남자들은 성지 순례를 꼭 한 번은 다녀와야 한다. 명령이기 때문만이 아니라, 메카 성지 순례는 독실한 무슬림 남자들의 소중한 인생 목표인 것이다. 메카에 있는 흑석에 입을 맞추는 의식은 그들에게 평생 기념되는 황홀한 경험이며 종교 체험이다. 그러나 메카는 남자만이 들어갈 수 있는 성지이며, 여자에게는 닫혀 있다. 여자도 알라의 피조물이라고 말은 하면서 알라에게 바치는 예배에 남자와 같이 설 자리는 없단 말인가?

바깥 일을 하는 남자들

현대 도시인 카라치에서는 다른 아시아 나라에서 볼 수 있는 전형적인 대도시의 풍경을 곳곳에서 뚜렷하게 볼 수 있다. 큰 현대식 호텔, 교육 기관, 공공 기관을 드나드는 이들은 서울, 동경, 홍콩 등지에서 보는 사람들의 모습과 별로 다를 것이 없다. 그러나 내가 선교사로 있었던 1960년대와

1970년대에는 상당히 많은 남자들이 전통 의상을 즐겨 입었다. 기후가 열대 사막 기후이므로 몸에 꼭 맞는 양복 바지와 양복 윗도리에 넥타이를 매기보다는 그곳의 면 의복이 훨씬 편하고 시원하고 적합한 것 같다. 시장에서 상가를 지키는 상점 주인들, 택시와 럭쇼 기사들, 퉁거의 마부들, 인구의 80%에 이르는 농부들, 목축업을 하는 목자들, 이들 모두가 쌀와르와 꾸르따를 입고 터번을 쓴다.

쌀와르는 웃옷이다. 엉덩이 아래까지를 덮는 셔츠에 목 부위는 단추를 서너 개 달 수 있도록 되어 있다. 입기에 편하고 소매와 품이 넓은 옷으로서 요즘 말하는 프리 사이즈(free size)이다. 그곳의 면 옷감은 매우 발달되어 있어 면 옷을 입고 다니면 땀이 나도 태양열과 바람에 곧 마른다.

꾸르따와 도띠는 바지인데, 꾸르따는 바지 통이 상당히 넓고 단은 좁으며 대개는 재봉으로 고쟁이 단처럼 촘촘히 박아서 한복 바지를 댕기로 매어 놓은 것 같이 보인다. 허리는 1미터 폭으로 넓게 되어 있지만 면 끈이 있어서 자유롭게 조절할 수 있다. 터번은 열대에서 뜨거운 광선을 방지해 주는 역할을 하는데 두 마 정도 길이의 면을 머리에 또아리처럼 둘러 올린 다음에 두 끝을 뒤로 조금 늘어뜨린다.

파키스탄 남자들은 거의 다 '八' 자 모양의 콧수염을 기르고 상당히 많은 이들이 턱수염을 기르는데 전통 의상과 아주 잘 어울린다. 젊은 대학생들도 콧수염을 길러서 나이가 들어 보이기도 한다. 그런데 대학생들은 대부분 양복을 입는다. 그 당시에는 청바지가 없어 유행따라 날씬한 양복을 입고 다녔는데 사실 책상에서 오래 공부하기에는 쌀와르와 꾸르따가 더 편할 것이다. 집에 오면 그들은 곧바로 그 시원한 옷으로 갈아입는다.

파키스탄 남자들은 어느 지방 사람이냐에 따라 외모가 다르다. 나는 그들의 외모로도 고향을 짐작할 수 있었는데, 기독교인이 가장 많이 분포되어 있는 펀잡 지역 사람들은 대개 피부가 거무스름하고 머리가 약간 곱슬이며 그리 잘생긴 얼굴은 아니다. 눈은 부릅뜬 것 같고 코는 오똑하지만 왠지 촌티가 나는 얼굴이다. 대개 파키스탄 교회의 목회자들은 펀잡 사람으로 잘생겼다고 생각할 만한 분은 보지 못하였다. 펀잡 남자들은 주로 농업에 종사하는 이들이 많은데, 그것은 펀잡이 씬드 사막 북쪽 아열대 지대이므로 과일, 야채, 목화, 밀 등을 주로 생산하기 때문이다. 사실 파키스탄 사람들은 그들의 생계가 이 비옥한 지역에 달려 있다는 것을 잘 안다. 그래서 펀잡 사람들이 인구의 큰 비중을 차지한다.

가난한 농부와 목자들, 그리고 아주 지식층에 속하는 소수의 엘리트 이외의 중산층 남자들은 대부분 배가 많이 나왔다. 식량 걱정이 없는 데다 기름진 카레 음식과 운동 부족 때문에 뚱뚱한 사람이 많다. 얼굴을 보아서는 잘 모르지만 쌀와르 윗도리로 가려진 배를 보면 상당히 표가 난다. 교회 목사님들, 전도사님들의 배도 많이 나왔고, 아무도 그것을 흉하다고 생각하지는 않는 것 같았다. 아마 심방하는 동안 대접을 잘 받아서 그렇게 되는 것 같았다.

파키스탄 남자들은 여자들 못지 않게 눈에 신경을 쓴다. 어려서부터 눈에 '가절' 이라는 까만 화장을 한다. 요즈음의 한국 여자들이 아이라인을 그리는 것도 아마 서구를 거쳐 들어온 인도나 파키스탄의 관습일 것이다. 이 화장법이 보편화되어 있는 이유는, 이것이 눈에 먼지가 들어가는 것을 막아 주고 눈을 좋게 해 준다고 믿기 때문이다. 학생들이 내게도 권하곤 했지만 내게는 어울리는 것 같지 않아 하지 않기로 했다. 부릅뜬 것같이 부리부리한 눈에 눈가 아래 위를 까맣게 칠하였으니 얼마나 커 보이겠는가? 내가 파키스탄으로 떠나기 전 김활란 선생님이 파키스탄에서 만난 학생들 얘기를 해 주시면서 두 눈만 크게 보이더라고 말씀하셨던 기억이 난다. 내 눈이 한국 여자로서는 큰 편이지만, 파키스탄 사람들이 나에게 '가절' 을 하라고 한 것은 이해할 수 있는 부분이다.

그들은 장신구를 즐겨 착용한다. 남자들이 결혼 반지 아닌 보석 반지를 끼는 것은 매우 자연스러운 일이다. 아름다운 자연석이 유명한 곳이므로 시장에는 예쁜 반지들이 많이 팔리고 있다. 어떤 남자들은 다섯 손가락 중 세 손가락에 반지를 낀다. 엄지 손가락에도 낀다. 그뿐 아니라 팔찌도 한다. 팔찌는 물론 목걸이도 다양하다. 항상 맨발에 샌들을 신는 그들이 발목에 은이나 돌로 만든 발찌를 끼는 것도 인상적인 분위기를 자아낸다. 나는 그곳 샌들을 좋아한다. 예수님 시대의 샌들도 그랬을 것이다. 유행에 따라 다채로운 끈이 나오고, 발가락에 끼는 샌들에서부터 화려하게 수를 놓은 샌들에 이르기까지 여간 다양한 것이 아니다. 그곳에서 10여 년 지내며 발을 아주 자유롭게 내놓고 편한 샌들만 신다가 한국에 돌아와서 스타킹에 굽이 있는 구두를 신으려니 발가락 사이에 티눈이 생겨 고생을 했다. 티눈은 여름이 되면 없어지는데, 여름에 샌들을 신기 때문인 듯하다.

파키스탄 남자들이 쓰는 장신구에는 무시무시한 것도 있다. 아프카니스탄을 경계지로 이루고 있는 서북부 지역인 뼈탄의 남자들은 단도를 차고 다닌다. 그리고 총과 함께 탄창도 메고 다닌다. 뼈탄은 경찰도 힘을 쓰지 못하는 지역으로, 그쪽 지역 남자들만 보아도 강하고 힘이 센 사람만이 살아남는다는 말을 실감할 수 있다. 자존심이 강할 뿐 아니라 독립심과 자유를 위해 무한히 투쟁하고 사는 이들 같았다. 이들은 한번 원수가 되면 대를 이어 복수를 한다고 한다. 그들의 문학 작품에서 흔히 다루는 이야기는 딸 또는 누이 동생이 치욕을 당했을 경우 가해자와 피해자의 가문이 영원한 원수가 되어 대대로 서로를 살해하며 복수한다는 내용이다. 눈에는 눈, 이에는 이라는 원칙이 철저히 적용되는 것이다.

이들은 말을 할 때에 매우 심각해 보인다. 나라마다 몸짓이 다른데, 파키스탄에서는 "예"라고 긍정을 할 때 머리를 오른쪽에서 왼쪽으로 약간 끌면서 젖히는 동작을 한다. 마치 우리가 볼 때는 불만을 표현하는 모습처럼 느껴질 것이다. 한국에 돌아와서도 한참 동안 그 동작을 자연스럽게 하고 있는 나를 발견하고 혼자 재미있어 했다. "뭐라고?" 또는 "어처구니 없다"라는 표현은 쉽게 알 수 있다. 손을 들어 손가락을 다 벌린 채로 조금 틀면서 의문을 표현한다. 몸의 언어(body language)를 알아 들을 때 그 문화를 제대로 이해할 수 있는 것이다. 나는 한국에 돌아와서 이 몸의 언어를 알아차리지 못해 아주 오랫동안 어려움을 당했다. 어린 나이에 외국에 나갔다가 나이가 들어 귀국했으니 한국 사회에 대한 이해는 대학생 수준에 불과했고 그것도 17년의 세월이 흐른 후였기 때문에, 지금 대학생이 아는 것의 반도 몰랐었다고 해야 할 것이다. 씬드라는 사막에서 그곳 사람들의 몸의 언어를 배우면서 그들의 기쁨과 슬픔, 노여움과 위로, 그들의 갈망과 몸의 여러 신호에는 익숙해졌지만, 한국의 학생들과 어른들과는 사인(sign)이 좀처럼 통하지 않았다. 나의 식구들은 그래도 솔직하게 혈육의 정으로 내가 눈치가 없다는 것을 얘기해 주었다. 그런데 이제는 조금 눈치가 생기는 것 같다. 그리고 여기 생활이 즐거워진다. 사막의 물고기로는 살아남을 수 없지 않은가? 물고기에게 물이 필요하듯이 한국인은 한국의 문화 속에서 살아가야 할 것이다. 그렇지만 나는 사막을 좋아한다. 사막은 살아남기는 어려워도 깨끗한 곳이다. 먹을 것은 없어도 맑은 하늘을 볼 수 있고 낮에는 더워도 밤에는 몸과 정신을 식혀 주는 시원한 바람이 불며 반짝이는 별들을 볼 수 있는 곳이다. 사막은 인간으로 하여금 창조주의 신비한 능력 앞에서 겸손해지게 하는 힘을 갖고 있다.

시장의 주인은 모두 남자들이다. 1960년대에는 싸카와 하이드라바드, 그리고 카라치 시장의 상점 주인들 모두가 다 남자였다. 아내가 같이 나와 옆에 있어 주는 것도 볼 수 없다. 자기 집사람을 그렇게 온 시장 사람들이 드나드는 상점에 나와 앉아 있게 하는 것은 자신과 아내에 대한 욕이라고 생각하는 것이다. 자기 아내는 베일 속에 있어야 하고 집에 있어야 한다.

파키스탄 시장에서도 홍정을 할 수 있는데, 싸게 살 수도 있고 비싸게 살 수도 있다. 남자들이 길에 앉아서 수를 놓는 모습도 인상적이다. 캐쉬미어 수예라고 하면 다 알아 주는데 그런 수를 놓아 파는 사람들도 남자들이다. 그들의 솜씨는 놀랍다. 시간에 쫓기지 않으면서 느긋하게 자기가 표현하고 싶은 것을 여러 가지 색깔과 모양으로 만들어 낸다. 콧수염이 희끗한 늙은이가 따가운 햇볕 아래에서 여유있게 수를 놓는 것, 이 얼마나 철학적인 모습인가?

내가 처음 장을 보러 다녔을 때는 상점 주인들이 매우 친절하게 대해 주었다. 푸줏간에는 양과 소가 통채로 걸려 있어서 그곳에 가기가 몹시 무서웠다. 게다가 상점 주인들은 거의 다 웃통을 벗고 있었고 시퍼런 큰 칼과 도끼로 고기를 잘라 팔았는데, 나는 그 푸줏간 상가를 빠져나올 때마다 '휴우' 하고 한시름을 놓곤 했다. 그들은 나에게 기름기 없는 부드러운 고기를 팔았고 덤도 얹어 주었다. 거기서는 양고기가 여기 쇠고기처럼 가장 비싸고, 쇠고기는 그 반값이다. 양고기 다음은 닭고기, 닭고기 다음은 생선(바다 생선이 귀하여 인더스 강에서 잡은 민물고기), 그 다음이 쇠고기이다. 돼지는 기를 수도 팔 수도 없다. 열대에서 돼지 고기를 잘못 먹으면 식중독에 걸릴까 봐 생겨난 풍습인데 이것은 종교적 터부이기도 하다. 여기 노점상처럼 그곳 남자들도 길에서 주스를 만들어 판다. 오렌지 주스, 사탕수수 주스가 가장 흔하고, 우유를 시큼털털한 요구르트같이 만든 음료가 잘 팔린다. 생각해 보면 다 건강 식품들이다. 아! 그리고 길에서 맛있는 홍차를 판다. 큰 냄비에 물소 우유를 끓이는데, 물소 우유는 향기가 강하고 기름지다. 거기에 실론에서 재배되는 홍차잎을 넣어 뽀얀 갈색이 되게 우려낸 다음 설탕과 소금을 약간 넣어서 두툼한 홍차잔에 따라 준다. 기차 여행을 할 때, 한국의 기차역에서 사 먹는 가락 국수처럼 파키스탄의 홍차는 맛있고 피로 회복에 좋다. 시장을 돌아다니다가 발이 아프고 힘들 때 홍차를 한 잔 마시면서 주인에게 맛이 좋다고 말하는 동안 어느덧 모든 피곤이 풀리는 것이다. 삶의 위로와 기쁨은 흔히 사소한 것에서 발견된다. 삶에 필요한 것은 매우 작은 것들이다.

파키스탄에서는 남자들이 대개 시장을 보아 아내에게 가져다준다. 부인을 보호하기 때문이다. 무거운 것은 남자가 든다. 아내가 여행을 할 때나 친정에 가야 할 때는 꼭 남편이 동행을 하며, 남편이 못 가면 아들이, 아들이 못 가거나 없으면 친척 중 어느 남자든 동행해 주어야 한다. 기차를 탈 때에 남녀 구별하여 여자는 여자칸에 타지만, 기차가 멎는 정거장마다 남자가 찾아와서 필요한 게 있는가를 물어보고 과일(주로 오렌지와 바나나)을 사들여 보내거나 홍차를 사 준다. 그들의 그러한 모습은 나로 하여금 홀로 기차 여행 다니는 것을 쓸쓸하게 느껴지게 했다. 남자들이 하는 바깥일을 내가 다 해야 했기 때문이다.

  나는 그들이 공원이나 길에 다닐 때, 남자들이 아이들을 안고 다니거나 아이들의 손을 잡고 다니는 것을 보았다. 여자들은 한 걸음 뒤에, 부인이 둘셋일 경우에는 여자들끼리 모여서 아버지와 아이들의 뒤를 따라간다. 어머니보다는 아버지가 아이들에게 끼치는 영향이 더 큰 것 같았다. 무슬림들은 강한 가부장 제도를 따르고 있는데 그것을 뒷받침하는 것은 능력 있고 자비로운 알라신에 대한 신앙이다. 무슬림 남자들의 이상형은 무함마드 예언자이다. 그는 여러 여자들을 거느렸고, 가난한 이들을 돌보았으며, 정치적으로 경제적으로 능력 있는 남자로서 자녀들을 많이 두는 대가족 제도를 따랐다. 그들은 무함마드를 존경하고 본받으려고 노력한다. 무함마드는 그들의 스승이며 지도자요 선구자이며 강한 삶의 모델이다. 그에게는 연약함이 어울리지 않는다. 무함마드는 예레미야나 호세아 선지자와 같이 눈물을 흘릴 수 없으며 무한히 참으며 용서하는 것을 받아들일 수 없다. 그는 능력과 다스림, 풍요로움으로 다른 사람을 구제하고 돌보아 준다. 삶의 의미는 알라의 축복을 받는 데 있고 그 축복은 처절한 실패, 지배를 당하는 모습, 끌려다니며 타의적으로 사는 삶에는 없다는 것이다.

  무슬림 남자들은 자신들이 현대에 이르러 움츠렸던 어깨를 펴고 이슬람 본래의 길을 다시 활발하게 걷기 시작했다고 믿는다. 그들은 8억이라는 큰 공동체와 석유로 무장한 경제력, 공산주의와 맞설 수 있는 능력과 패기, 기독교에 대해 끊임없이 도전하는 끈질긴 투쟁 정신, 자본주의에 대항할 만한 강한 공동체 의식을 바탕으로 한 자신감과 확신으로 미나렛드의 부름에 응하고 복종하는 모습으로 살아가고 있다.

제 3 부
꿈을 이루는 사람

너희를 부르시는 이는 미쁘시니
그가 또한 이루시리라
(살전 5:24)

이루어진 약속

사막에 피는 꽃은 매우 귀하다. 나의 선교사로서의 마지막 임기를 이 사막에 피는 꽃에 비유하고 싶다. 그토록 기다렸던 이 꽃은 10년만에 피어났다. 주님이 결국 내 마음에 새겨 주신 약속을 지키셨던 것이다. 그것은 바로 청년들을 위한 평신도신학원을 시작하는 일이었다.

내가 두 번째 임기의 중간인 1966년에 받았던 큰 선물에 대해서는 이미 기록한 바 있다. 런던에 가서 신학 수업을 할 수 있는 길이 마련되었던 그 기회는 내게 축복과 은혜였다. 내가 선교지를 떠나 잠시 영국에서 신학을 할 수 있었던 것은 하나님의 넘치는 은혜였고, 다시 카라치에 돌아온 이후의 선교를 위함이었을 것이다. 가까이 있던 카라치 교구(이것은 파키스탄 연합교회에 속한다)는 가장 큰 교구로서, 그때는 전국이 네 교구로 구분되어 있었다. 내가 떠나게 되자 카라치 교구(이 교구는 한국만 한 크기의 지역)의 레이 주교는 특별한 계획과 비전을 이야기해 주었다. 그것은 내가 돌아오게 되면 그 교구의 중심 도시인 카라치에 여자신학교를 시작하자는 것이었다. 파키스탄 교회가 뒷받침을 할 것이고 행정적인 지원을 다 할 터이니, 여성들을 위한 선교 교육 프로그램을 맡아 달라고 했다. 레이 주교는 1967년에 이 기관의 책임자로 나를 지명하였는데, 이것이 카라치 교구의 총회에서 통과된 사항임을 알려 왔다.

최근에 나는 묵혀 두었던 편지들을 오랜만에 들추어 보았는데 그때의 편지들 중에는 레이 주교가 나에게 보낸 편지와 고 김활란 선생님께 보낸 편지가 있었다. 당시의 계획을 엿보는 의미에서 그중 한 토막을 인용해 본다. 다음은 런던성서신학교(London Bible College)로 보내 온 편지의 내용이다.

"어제 총회 임원회에 참석한 우리 모두는 전재옥 선교사에 관한 것을 의논했고, 총회 임원회는 당신이 내년에 돌아오면 곧바로 여성 성서교육원 사역을 맡아 주도록 요청하라고 나에게 요구했습니다. 총회 임원회는 전 선교사가 돌아오는 대로 주택과 그 사역에 대한 모든 뒷받침을 해 주기로 하였습니다.…"

또 1968년 나의 영국 신학 수업이 거의 끝나갈 무렵—사실은 1969년 11월에야 돌아갔다—레이 주교는 그해 12월 19일자 서신에 김활란 선생님께 다음과 같은 글을 보냈다. 그는 한국에서, 특히 이화여자대학교에서 여선교사들을 더 보내 주기를 요청하면서 내가 파키스탄으로 돌아오는 즉시 카라치에서 여성을 위한 성서교육원을 시작할 것이라고 전했다. 여기 그 편지의 일부를 소개한다.

"존경하는 김활란 박사님,

… 지난 12월 12~13일 양일간에 열렸던 우리 교구 총회는 여러 가지를 논의하였고 김활란 박사님을 통하여 이화여자대학교에 이제 요청하는 바입니다. 그것은, 김옥희 교사(이대 동창)를 싸카에 있는 성 싸카 학교의 교사로 파키스탄에 파송해 주십사 하는 것입니다. 총회에 참석한 우리 모두는 김 교사가 속히 도착할 수 있기를 기다리며 1969년 2월 그 신학교에서 졸업하는 대로 도착하면 크게 환영할 것이며 또 감사하겠습니다.
또 교구 총회는 그외 한국 교사 두 명을 더 파송해 주시기를 요청

드립니다. 파키스탄에서 봉사할 분들이 선교 헌신을 한다면 더없이 환영할 것입니다.
교구 총회는 또한 그들의 숙소, 의료 혜택 그리고 휴가에 필요한 모든 것을 뒷받침하기로 결정하였습니다.
교구 총회는 전재옥 선교사의 선교 활동에 대해서 깊은 감사를 표현하였습니다. 그리고 총회가 바라는 것은 내년 전재옥 선교사가 돌아와서 카라치에서 여성성서교육원을 시작해 달라는 것입니다.…"

카라치 주교 찬두 레이

그 이외에도 레이 주교는 여러 편지를 통해 파키스탄 여성들이 얼마나 신학 교육을 필요로 하는가를 지적하면서 나에게 비전을 이야기했다. 단순한 신앙과 낮은 지적 수준에 머물고 있는 교회의 여성들, 아니 교회의 지도적 위치에 있는 여성들만이라도 전도사가 되게 하기 위해서는 신학원이 얼마나 시급한가를 적어 보냈다. 또 직업 여성이나 가정을 가진 도시의 교회 여성들에게 이러한 신학원이 절실히 요구된다고 하였다. 나는 레이 주교의 비전 때문만이 아니라, 파키스탄에 나갈 때부터 이러한 교육 선교를 꿈꾸고 있었다.

전에 소개한 바 있는 UBTC와 같은 기관이 있지만, 그곳은 카라치에서 기차로 20시간 가는 거리에 있다. 북쪽 펀잡 지역인 구즈란왈라에 있기 때문에 남쪽 카라치 지역, 씬드 지역 교회 여성들에게는 별로 도움이 될 수가 없었다.

카라치 신학원

1971년 1년간의 안식년을 보내고 돌아와서 다시 카라치에 자리를 잡았다. 카라치 교구의 새 주교인 루드빈 주교는 교회 여성을 위한 신학원에는 별 관심을 보이지 않았다. 그런데 화리다 조지와 내가 전쟁의 와중에 쎌빈 하우스에서 지도했던 대학생 성경반은 계속 여자들의 수가 많아졌다. 거기에다 세인트 트리니티 교회에서 지도력을 가진 따아라 제임스가 뒤에서 물심양면으로 도와주었다.

그때 따아라는 그 교구에서 운영하는 감리교 선교사들이 세운 역사 깊은 세인트 트리니티 여자고등학교의 교장이었다. 여기로 말하면 이화여고, 정신여고 같은 학교이다. 따아라와의 우정은 나의 마지막 임기에 주신 하나님의 사랑의 선물이다. 따아라는 그때 42세로 아들과 딸, 그리고 걸프 석유 회사의 요직에 있는 남편이 있는 유복한 여자였다. 그녀는 명문 여고의 교장으로서 교인들 가운데서 존경을 받았고, 그 학교는 영어로 교육을 했기 때문에 대개 부유한 집안의 여학생들이 몰려왔다. 따아라는 아름다운 용모를 가졌고 싸리를 입는 은근한 멋쟁이었다.

우리는 세인트 트리니티 교회에서 만났고, 만나서 이야기하는 가운데 서로 잘 통한다는 것을 곧바로 알았다. 왜 진작 따아라를 만나지 못했는지 안타깝기 그지없었다. 10년이 지나서야 만나다니…. 그러나 나는 모처럼 그릇이 크고 아름다운 파키스탄 교회 여성을 만난 것을 하나님께 감사했다.

따아라는 교사로서의 경험이 많았고 교육 기관을 운영하는 행정력까지 갖추고 있어서 나에게는 더할 나위 없는 상담자였다. 우리는 여성을 위한 평신도 신학원의 꿈을 같이 꾸며 이야기를 나누었다.

따아라 제임스는 세인트 트리니티 교회의 실행위원이었으므로 새로 오신 루드빈 주교에게 셀빈 하우스를 여성 교육을 위한 장소로 허락해 줄 것을 정식으로 요청하였다. 그런데 루드빈 주교는 여성만을 위한 신학교는 오히려 범위를 제한시키는 것이므로 남녀 청년들을 대상으로 하자고 했고, 신학원의 설립을 도와주었다. 1967년에 이미 교구의 총회 임원회가 여신학교 설립을 결정했었지만, 새로운 주교가 취임하면서 변화가 일어난 것이다.

따아라와 나는 곧 구체적인 계획에 들어갔고 정규 신학원에 필요한 규정들을 준비했다. 화리다와 같이 참여하던 성경반 학생들은 이제 단순한 써클 활동에서 한 단계 올라가 신학원의 신학도가 되었다. 우리들은 야간 신학원을 운영하였다. 주간에 올 수 있는 이들은 극히 소수였기 때문이다. 정성균 선교사가 잠시 사역했던 연합신학교는 구즈란왈라에 세워진 지 오래되었지만 50명 정도의 학생들만이 다니고 있었던 것으로 미루어 보아 파키스탄에서 신학을 하려는 젊은이들이 얼마나 적은가를 상상할 수 있을 것이다. 카라치는 지역적으로 구즈란왈라와는 떨어져 있는 큰 도시이고 이곳에 큰 교회도 몇 있었기 때문에 우리는 기대를 가지고 이 프로그램을 시작했다.

과목은 우르두어와 영어로 나누어야 했다. 대학생들 및 젊은 직업 청년들을 위해 과목을 개설했으나 영어로 가르치는 학교에서 교육을 받은 이들은 우르두어를 알아듣기는 해도 읽고 쓰지는 못했기 때문이다. 우르두어가 파키스탄의 국어이기는 하지만 대학 과정까지 영국계 영어 학교에만 다닌 학생들이 적지 않았다. 대개는 지성인들의 자녀들이 그런 그룹에 속하였다. 그들은 유창한 영국 영어, 영국-파키스탄 영어를 했다. 그래서 이런 대상을 위해서는 영어로 가르치는 과목이 필요했다.

우리는 30여 명의 첫 등록생들과 함께 수업을 시작하였다. 이것은 지금 생각해도 너무나 감격스러운 일이었다. 전쟁의 위험 중에 있을 때, 레이 주교의 직접적 도움이 없을 때—그분은 이미 1969년에 싱가포르에 있는 학개연구원에서 가르치기 위해 온 가족을 데리고 이민을 간 후였다—그리고 김활란 선생님의 목회 편지를 받을 수도 없게 되었을 때에 이러한 일들이 일어난 것이다. 만일 따아라가 없었다면 이런 일들은 실제 시작하기 어려웠을 것이다. 하나님은 항상 채워 주시는 분이다. 한 사람이 떠나면 또 누군가를 보내 주신다. 따아라는 레이 주교의 자리를 대신해 주었다. 나는 런던 성서신학교(London Bible College)에서 배운 것을 기초로 하여 정성을 쏟아 성서연구반을 지도했다. 그리고 카라치에서 목회하고 있는 목사님을 강사로 모셨다. 저녁에도 대학생반과 직업인반으로 나누어 운영했고, 어떤 날은 과목에 따라 합반을 하였다.

낮에는 교회 여성을 위한 모임을 마련하였다. 그들은 성서를 연구한다는 것에 대해서는 전혀 생각하지 못했던 사람들이었다. 교회의 예배 의식에 참여하는 것을 가장 중요한 일로 생각하였고, 그들의 의식 속에는 말씀을 연구한다는 개념이 없었다. 따아라, 화리다 그리고 나는 그들이 낮에 모일 수 있게끔 하는 참신한 주제와 내용을 준비하느라 매우 분주했다. 그들은 다과회를 아주 즐겼고 가끔은 어딘가 함께 나가기를 기다렸다. 사실 그곳 교회 여성들이 다닐 수 있는 곳은 극히 제한되어 있기에, 쎌빈 하우스에서의 신학원 특수 프로그램에 모이는 것을 좋아했다. 그러나 영어로 진행하는 반과 우르두어로 지도하는 반으로 분반을 했기 때문에 서로 교류가 없는 교인들이 많았다. 대개는 교육 수준과 언어 사용에서 두드러지게 차이가 났다.

우리는 교회에서 어린이 주일학교를 맡은 교사들, 여전도회 임원들을 중심으로 성서 교재를 선택하여 한 걸음 한 걸음 나아갔다. 건물은 카라치 교구에서 무상으로 준 것이었는데 세인트 트리니티 교회 내의 정원 한 구석에 있는 집이어서 교통이 편리했다. 주변에는 대형 호텔인 인터콘티넨탈 호텔이 있었고 그 다른 쪽에는 정부 건물이 있었다. 여기로 말하면 시청 주변과 같은 지역이다. 모두들 이 집을 좋아했다. 이 집은 현대식으로 지은 방갈로로 50명 정도가 모여서 수강하기에 적절하였다. 부엌과 욕실이 있었고, 침실이 4개 있었고, 교실용 방(큰 것 하나, 작은 것 하나)이 2개, 사무실용 작은 방이 2개가 있었다. 학생들의 등록금은 교재와 사무비로 썼고 강사료는 거의 없다시피 했다. 물론 나와 따아라를 위해서는 직원 예산을 세워야 했다. 우리 셋은 한 팀이 되어서 같은 배를 타고 가는 즐거움과 수고를 같이 하였다. 나에게는 이 팀이 너무나 소중하게 느껴졌다. 왜냐하면 동역자인 김은자와 조성자가 선교지를 떠나고 나서 이화여대로부터 선교사 동역자를 기다렸지만, 김활란 선생님이 떠나신 후에는 그 희망을 더 이상 가질 수 없었기 때문이다. 그래서 나는 파키스탄 여성이 동역자로 함께 선교할 수 있기를 기도해 왔던 것이다. 만일 이화여대에서 선교사들을 파송했더라면 나는 모교에 돌아오지 않고 씬드 사막에 뼈를 묻을 때까지 그곳에 있었을지도 모른다.

하나님의 인도하심은 나의 생각보다 높고 신비해서 다 헤아릴 수 없지만 때가 이르면 구체적으로 기도에 응답해 주신다. 따아라 제임스와 화리다 조지는 나의 마지막 임기에 하나님께서 보내 주신 축복의 선물이었다. 마음이 통하고 좋은 아이디어를 떠오르게 하는 선교팀이 있다는 것은 선교사에게 매우 중요하다. 광활한 바다에 작은 배를 타고 나 혼자 노를 저어 가던 중에 두 사람이 찾아와 앞뒤로 앉아서 같이 노를 젓는 느낌이었다. 그래서 나는 배를 저어 가는 것이 힘들거나 외롭지 않았다. 어느새 배가 정박해야 할 곳에 가 있는 듯하였다. 주님이 함께하신다는 것 또한 그렇게 비유할 수 있을 것이다.

우리는 아침에 모이면 예배로 시작했고, 점심 식사를 같이 하였다. 점심 식사 시간에는 매일 손님들이 모였다. 함께 식탁에 앉아서 한두 분씩 손님을 맞아 그들의 삶과 경험을 듣는 것은 은혜로운 일이었다. 나는 식사 시간을 최소한 한 시간 이상 가지는 것을 매우 좋아한다. 서로 눈을 바라보며 아껴 주는 마음이 전달되는 가운데 양식을 나누는 애찬, 그 얼마나 풍요로운 시간인가! 경쟁 사회를 의식하지 않고 생활하는 우리들은 같이 앉아서 간단한 카레와 차파띠 그리고 무와 당근으로 만든 샐러드를 먹으며 오래도록 홍차를 마셨다.

우리는 일을 가리지 않았다. 나는 꽃을 좋아해서 별로 크지도 않은 마당에 여러 가지 꽃을 심었다. 정원을 가꿨던 경험은 없었지만, 식물도 사랑해 주면 잘 자란다는 말이 맞는 듯했다. 카네이션, 베고니아 그리고 팬지를 가꾸었고, 상추와 샐러드용 작은 홍당무도 심었다. 그래서 우리의 식탁은 상추와 홍당무가 늘 곁들여져 색깔이 예뻤다. 그리고 그 작은 꽃밭에서 꺾어 온 한두 송이 꽃이 항상 식탁에 꽂혀 있었다.

그때의 난 누구를 만나게 되어도 "같이 점심을 드십시다"라고 정말 말하고 싶었다. 사람들을 대접하는 것이 즐거웠기 때문이다. 지금도 같은 심정이기는 하지만, 여기에서는 아무래도 격식을 갖추어야 하니 조심스러운 생각이 들어서 그런 시간을 잘 갖지 않게 된다. 이제는 캠퍼스에 있는 진관 또는 미관에서 손님을 맞는 것이 고작이어서 가끔 서글프기도 하다.

나는 무슬림 여학생들을 위한 면담 시간을 마련하였다. 그들은 개인적으로 찾아왔고, 대개는 성서를 읽는 것을 거부하지 않았다. 우리는 만나 대화하고, 좋은 책을 소개해 주고, 짧은 시간 동안 성경공부를 했다. 그들은 성서를 말씀으로 인정하기 때문에 자기들의 꾸란과 비교하는 질문을 자주 하였다. 그들 앞에서는 성경책을 만지거나 둘 때 신경을 써야 했다. 왜냐하면 무슬림의 젊은이들은 말씀에 대한 절대적인 경외심을 갖고 있기 때문이다. 예를 들어 성서를 발 가까이 두는 것과 같은 행동은 절대 금기이다. 나는 그들이 꾸란경을 가슴에 대고 입맞추는 것을 자주 볼 수 있었다. 그래서 나는 성경책을 왼손으로 들지 않고 꼭 오른손을 사용했으며―그들은 왼손은 더러운 것을 만지는 데 썼는데 왼손에는 매니큐어를 바르지 않는 여자들도 있다―경건한 자세로 성경을 펴 읽었다.

성경과 꾸란에 대한 질문은 나에게 도전이 되었고 이슬람을 공부하게 하는 계기가 되었다. 윈터 교수가 말하기를 이슬람은 복음 선교에 있어서는 가정 교사의 역할을 한다고 했는데, 사실 기독교를 이해하는 데 필요한 예비 지식을 많이 전하는 종교이다. 그들은 무슬림 가정에서 태어나면 무슬림 신조를 받아들여야 하고, 그 문화 속에 살고 있는 한 무슬림 신앙 생활을 해야 한다고 믿는다. 나는 무슬림 학생들과 만나 대화를 하면서 이들이 복음을 이해하고 그리스도를 믿게 되더라도 자기들의 무슬림 공동체 속에 있어야 한다고 생각했다. 그렇지 않으면 그 사회에 설 자리가 없기 때문이며, 잘못하면 교회가 그들을 보살피며 보호하는 감옥이 될 수도 있기 때문이었다.

카라치 신학원에서 우리는 낮에 모이는 여성들을 위해 그곳의 유일한 해변에서 수양회를 가졌다. 카라치는 항구 도시인데, 지도를 보면 알 수 있듯이 도시로서 해변에 접한 곳은 파키스탄에서 카라치밖에 없다. 대신 그 지역에는 산이 전혀 없다. 언덕 같은 낮은 산도 없다. 넓은 모래사장, 넓은 사막에 접한 해변만이 있을 뿐이다. 나는 아주 낡은 차를 몰고 다녔는데 딱정벌레 같은 모양의 폭스바겐이었다. 한 대로는 되지 않아서 차편을 마련하여 바닷가에 나가 예배를 드리고, 점심을 먹고, 그리고 바닷물에 발을 적시며 걸었다. 아무도 수영복을 입지 않았다. 그곳 여자들은 쌀와르와 꺼미즈를 입고 물 속에서 풍덩거리는 것으로 물놀이를 대신한다. 얇은 면 소재이기 때문에 옷이 젖으면 몸매가 다 드러났지만, 정식 수영복만은 입어서는 안 된다고 생각한다. 수영을 할 수는 없었지만 우리는 그곳에서 하루를 보내고 때로는 하룻밤을 묵고 돌아왔다.

특히 우리가 보름달이 뜨는 때를 기다려 찾아가는 이유는 바다 거북이의 산란을 볼 수 있기 때문이었다. 거북이는 가로 80센티미터 정도, 길이는 1미터가량 되는 것 같은데 꼭 보름달이 높이 뜰 때 모래사장으로 올라와서 깊이 웅덩이를 판다. 몸통이 푹 잠길 만큼 깊이 파고 나면 그곳에 수백 개 정도의 알을 낳는다. 우리가 옆에서 지켜보아도, 필사적으로 알을 낳는다. 그리고 모래로 그 알들을 다 덮고는 지치고 지쳐서 아주 천천히 바다 속으로 들어간다. 생명을 탄생시키는 작업이 그 거북이에게는 죽음과 같은 수고인 듯했다. 무언가를 탄생시키기 위해서는 그렇게 진통을 겪어야 하는 것인가 보다.

나의 동역자, 따아라

나는 여기서 잠시 이야기를 돌려 어떻게 따아라가 교장직을 사임하고 완전히 주님께 헌신을 하여 선교일에만 집중하게 되었는지, 그리고 어떻게 나에게 큰 위로와 힘을 주는 동역자가 되었는지를 소개하고 싶다. 선교사들은 여름 특히 5~8월까지는 대개 머어리라고 하는 히말라야 고원 지대에 가서 퇴수(retreat)를 한다. 사막의 여름이 너무 뜨겁기 때문이다. 9개월간은 항상 덥고 3개월(12월, 1~2월)은 꽤 상쾌한 날씨가 계속된다. 그래도 대낮에는 볕이 따갑다. 하여간 여유 있는 사람들은 여름에 고원 지대로 피서를 간다. 이때를 이용하여 카라치 신학원에서는 머어리에서 2주간 여름 수양회를 갖곤 했다. 1973년의 여름이다. 그때까지 따아라는 교장으로 있으면서 고문으로서 신학원 일을 도와주었다. 그해 여름에 우리들은 60여 명의 남녀 기독 학생들을 대상으로 하는 수양회를 열기 위해 30시간 걸리는 여행길에 나섰다. 청년 지도력을 집중적으로 양성하기 위한 목적으로 기획된 수양회였다.

기차에서 먹을 음식, 음료수 그리고 침구를 가지고 가야 했기 때문에 그곳 기차 여행에는 항상 짐이 많았다. 가는 기차 시간만 1박 2일이 걸리는 여정이었다. 또 스웨터, 양말 등 따뜻한 옷도 가져가야 했다. 화리다, 따아라 그리고 존 레이가 함께했다. 존 레이는 레이 주교의 아들로 고등학교 교사로서 수양회를 위해 봉사하기로 했었다. 그것은 파키스탄에 간 지 만 12년이 되던 해였다. 그때까지 하나님은 나에게 건강을 주셨었다. 누워서 하루라도 앓거나, 병원에 가서 치료받는 일, 약을 필요로 하는 일도 없이 건강하게 지냈다. 그래서 건강이라는 것을 염두에 두지 않았었다. 몸을 아끼지도 않았지만 무엇을 먹어도 탈 없이, 그 흔한 말라리아에도 걸린 적 없이 정말 용케 잘 지냈던 것이다. 선교사로서 12년간 의료비를 한 푼도 안 들인 셈이다.

그런데 학생들과 머어리 캠프장에 도착하여 매일 계획된 과정을 진행하면서 나는 처음으로 기운이 빠지는 탈진 상태에 이르는 것을 느꼈다. 학생들과 밤 늦게까지 숲 속을 거닐거나 캠프장 뜰에 앉아서 많은 얘기를 주고받으며 즐기고 있었지만, 점점 어딘가에 구멍이 생겨서 기운이 빠져 나가는 듯했다. 글씨를 쓰기 위해 펜을 들 기운도 없었다. 그러던 중 거기에서 맞은 첫 주일의 점심 식탁에서, 음식을 제대로 먹지도 못한 채 실례하겠다고 말하며 일어나다가 쓰러지고 말았다. 머어리는 선교사들이 많이 모이는 곳이어서 곧 영국 여의사 피터 부인이 나를 보살펴 주었다. 그녀가 나에게 이렇게 말했다.

"당신은 당신 몸을 너무 호되게 썼어요. 마치 고무줄이 늘어날 대로 다 늘어나 끊어지기 직전인 것 같군요. 여기서 더 무리하면 끝장입니다. 그러니 앞으로는 절대 휴식을 취해야 합니다."

나는 그녀가 가르쳐 준 대로 식이요법도 했고 친절한 치료도 받았다. 수양회에 참석한 학생들은 모두 카라치로 다시 내려갔지만, 나는 움직이면 안 된다고 해서 9월까지 만 3개월 동안 머리에서 강제 퇴수 기간을 가졌다. 몸무게는 108파운드까지 내려갔고, 바나나 등으로 보충을 했다. 이때에 나는 선교사들이 지내는 집에서 간호를 받았는데 미첼 부인이 매우 정성스럽게 돌보아 주었다. 나는 큰 잣나무들이 우거진 숲 속에 있는 집에서 창 밖을 내다보며 누워 있었다. 그런데 이 병이 나에게 어떤 새로운 비전을 가져다주었다. 나는 사람들의 병문안을 잘 받을 수 없었고 꽤 많은 시간을 누워 보냈는데, 그때에 따아라는 카라치로 돌아간 후 다시 교장일에 열중하면서 거의 하루 건너 편지를 보내 왔다. 나는 그녀의 편지 중에 이런 내용이 있었던 것을 기억한다.

"당신은 당신과 아무 상관도 없는 우리 나라에 오로지 그리스도의 복음 때문에 와서 청춘을 다 보내고 있습니다. 그리고 있는 모든 힘을 다 쏟다가 이제 완전히 소진했습니다. 당신을 생각할 때마다, 내 속에 조용한 책망소리가 들립니다. '남의 나라, 그것도 아주 작은 한국에서 주님의 복음을 위해 온 여자가 있는데, 너 따아라, 너는 이 교장직에서 존경받고 편안히 있지 않느냐? 그 교장직은 교사들 중에서 원하는 이가 많이 있고 또 능력 있는 여교사도 있지 않느냐? 그러나 파키스탄 여자 중에서 그 누가 복음을 위해 전적으로 헌신하려고 하느냐? 너는 이 소리를 듣고 있느냐? 저 작은 한국에서 온 이를 생각해 보아라. 파키스탄의 교회 여성 중에서 특히 직업인 중에서 누군가 헌신해야 하지 않느냐?'"

따아라 제임스는 내가 3개월 누워 있는 동안 교장직 사표를 냈다. 루드빈 주교는 이해하지 못했다. 안정된 직장, 파키스탄 교회 여성으로는 가장 높은 보수를 주는 교장직, 명문 학교에 몰려오는 여학생들을 두고 아무런 보장도 없이 이제 개척 단계인 20~30명 모이는 신학원에서 선교하겠다고 사표를 낸 따아라를 이해하는 사람은 없었다. 그의 남편도 처음에는 강하게 반대했으나 지금은 훌륭한 외조를 해 준다. 그래서 카라치 신학원은 내가 병석에서 일어나지 못하고 있는 3개월간 따아라의 놀라운 지도력으로 발전하게 되었다.

하나님은 그 누구라도 하나님의 때에 부르신다. 또 자기 아니면 일이 되지 않는다는 생각을 우습게 만드신다. 나는 가장 약할 때, 움직일 수도 없을 때 하나님의 놀라운 역사에 찬미를 드리는 것을 배웠다. 그리고 그 3개월의 활동 정지와 치유 기간에 내가 파키스탄의 씬드, 카라치 그리고 신학원을 떠나 한국으로 돌아와 앞으로 선교하고자 하는 젊은이들을 위해 가르치는 사역을 해야 한다는 생각을 많이 주셨다. 그리고 모교에서 아시아 복음화를 위해 헌신하는 이들을 만나 함께 기도하면서 주님이 주신 교훈과 경험을 나누어야 한다는 꿈을 주셨다. 나는 23세 되는 날 파키스탄으로 갔고 33세에 오래 기다렸던 신학원—비록 여성만을 위한 신학원이 아닌 기관으로 발전했지만—을 시작했다. 그리고 3년 후인 36세에는 떠나야 한다고 생각했고, 늦어도 40세에는 모교에 돌아가야 한다는 꿈을 꾸게 되었다. 무엇인가를 탄생시키기기 위해서는 사력을 다하는 열정과 힘이 필요하다. 나는 작은 일이지만 그 신학원을 위해서 따아라와 화리다를 만나게 되기까지 나에게 주신 젊음과 정성, 그리고 열정을 그 사막에 쏟아 부었다. 그것은 희생이 아니라 특혜였다. 그리고 기운을 다 거기에 쏟고 나니, 재충전을 위해 하나님은 아름다운 길을 예비하셨고 그리고 40세에 모교로 인도해 주셨다.

선교는 선교하는 자가 힘 있고 능력 있고 높이 세워질 때만 이루어지는 것이 아니라 오히려 가장 약할 때, 아무것도 할 수 없을때 가장 힘있게 이루어질 수 있는 것이다. 이것이야말로 하나님이 영광을 받으시는 길이 아닌가!

한 마디의 말도 없이
나의 하던 일을 멈춰야 했습니다.
원치도 않은 쉬는 시간이 되고 말았습니다.
주님이 잠시 쉬라고 부르신 것입니다.
"오직 예수님과만 있으라"고 메아리치는 것을 듣습니다.

주님의 손길로 보내신 휴식과 고요함입니다.
주신 이 질병이 하나님이 계획하셨던 것임을 느낍니다.
활동하고픈 마음뿐이지만,
말씀하시기를 "쉬어야지" 하십니다.
우리의 길은 어둡고 빗나가지만
주님의 길은 최선입니다.

주님 스스로 시작하신 일, 그가 이루시겠지요.
부르튼 발이 쉬도록, 다른 일을 준비하십니다.
손이 쉬도록, 다른 일을 계획하십니다.
지금은 주님의 명령에 순종할 뿐입니다.

아무것도 할 수 없는 병석에,
오직 주님이 뜻하시는 대로 우리를 새로 빚어 주시는 가운데에,
휴식의 축복이 있습니다.
주님의 일은 완성되어야 합니다.
잊지 맙시다.
주님의 가르치심은 분명합니다.
주님이 언제나 한 걸음 앞서 가는 일꾼이심을.
우리가 훈련받아야 하는 것은 '일만'은 아닙니다.
예수님도 주어진 고난을 통하여 순종을 배우지 않았습니까?
우리에게 그의 멍에는 쉽고, 그의 짐은 가볍습니다.
가장 필요한 것은 그가 주시는 훈련,

그러면 모든 것이 되는 것입니다.

우리는 견습생일 따름,
우리가 쓸 쟁기가 '이것일까, 저것일까' 선택할 것 없습니다.
일이건, 기다림이건, 우리의 뜻 아닌 오직
주님의 뜻만이 이루어지소서.
-작자 미상 (필자 번역)-

하나님은 일할 곳만을 준비하시는 것이 아니라 쉬어야 할 곳도 마련하신다.

파키스탄 교회

내가 선교지에서 떠나 귀국하였을 때 받았던 첫인상은 한국에는 중산층만 있는 것 같다는 점이었다. 왜 그랬을까? 왜 사실과는 다른 그런 평가를 했었을까? 그것은 파키스탄의 빈부의 차이가 너무나도 극심하였기 때문이었을 것이다. 한 무대에서 빈부의 차이가 극적으로 연출되는 연극처럼 잠시 거리에만 나가도 그 두드러진 빈부 격차가 한눈에 들어와 충격을 받을 수밖에 없다.

1974년에 세계 복음화를 위한 로잔 위원회(Lausanne Committee for World Evangelization)가 발표한 자료에 따르면 당시 파키스탄의 GNP는 미화 100불이었는데, 지주들과 기업인들은 벤츠를 타고 다녔다. 차에서 내리는 여인들은 날아갈 듯한 실크 싸리를 입고, 황금으로 번쩍거리는 팔찌, 귀고리, 코걸이, 발찌로 단장하고, 살찐 배를 내놓으며 거만스럽게 천천히 걸었다. 그녀들의 핸드백은 시중드는 남자 아이가 들고 다녔다. 뒤이어 자녀인 듯한 살찐 아이들이 차에서 몇 명쯤 내리고 나면 함께 공원과 호텔 주위를 천천히 돌아다니는 것이었다.

그런가 하면 같은 도시의 거리에는 짐을 부리는 노무자들, 땡볕에 앉아서 벌이도 되지 않을 것 같은 물건을 조금 차려 놓고 파는 떠돌이 상인들, 수없이 많은 손수레꾼들, 마부들 그리고 많은 거지들이 있었다. 저녁 9시경이 되어 거리에 사람들의 발걸음이 뜸해지면 많은 노무자들과 행상들은 돌돌 말아 나무 그늘에 두었던 얇은 요(요라고는 하지만 땅의 습기가 다 배어 버릴 수밖에 없는 두꺼운 마직이라고 기억된다)를 거리에 펴서 잠자리를 마련하고 보도를 임시 여관방으로 삼았다. 물론 남자들만이 모이는 곳이다. 이들은 농촌에서, 그리고 북쪽 고원 지대 히말라야에서 돈벌이를 위해 도시로 몰려온 이들이다. 물론 가족은 다 고향에 있고 가장만 혼자 나와 있는데, 그 이유는 하루하루 벌이로는 도저히 값싼 하숙도, 여관도, 셋방도 얻을 수 없기 때문이다. 이들은 변두리에조차 움막을 짓도록 허락을 받을 수 없었을 뿐 아니라, 돈이 없는 사람들이기에 모두 다 비쩍 마르고 영양실조에 걸려 있었으며, 씻을 수조차 없어서 먼지와 균 때문에 많은 이들이 안질과 폐병을 앓았다.

선교학자 데이빗 배럿트에 의하면 지금도 세계 인구의 7억 8천 명이 극빈과 기아 상태에 있다고 한다. 이런 통계 숫자가 얼마나 정확한지는 모르지만, 적어도 5억 명은 아사 상태에 있다는 것이다. 이런 통계를 읽을 때면 내 눈 앞에 번득 그 거리의 노무자들이 클로즈업 된다. 그리고 빈부의 차가 얼마나 무서운 것인가를 생각하게 된다.

빈부의 격차 이야기를 꺼내니, 한 가지 생각나는 것이 있다. 나의 첫 임기에 만난 한 학생의 이야기이다. 싸카에 있는 세인트 세이비어 고등학교에 16세 된 지주가 있었다. 부모가 일찍 세상을 떠났기 때문에 상속자가 되었고, 고모가 실제 관리를 다 해 준다고 했다. 지금 그 학생 이름은 기억나지 않지만 그 훤한 얼굴은 눈에 선하다. 그 지역에 간 지 얼마 되지 않았을 때였는데, 그 학생은 자기 마을에 나를 초대하고 싶다고 했다. 그래서 날을 정해 나와 그 학교 교장 루이스 부인 외의 몇 명이 그가 보낸 벤츠 자가용과 또 다른 차에 타고 시골의 광야로 향했다.

길 양편은 다 사막과 황무지였다. 아무것도 심을 수 없는 소금땅이라고 했다. 군데군데 가시덤불이 자라고 있었고 선인장이 사람처럼 여기저기 우뚝 서 있었다. 일행은 뜨거운 태양을 피해 아침을 먹은 후 바로 나섰지만 밖의 온도는 이미 상당한 열기를 내뿜고 있었다. 무한히 넓은 광야를 한 시간쯤 달리고 나니 앞에 마을이 보이기 시작했다. 이윽고 비포장도로에 진입하게 되었다. 보이는 그 마을을 향해 얼마 동안 먼지를 뿜으며 달리니 운하가 나타났다. 이것은 농사를 지을 수 있는 곳이라는 표시이다. 인더스 강은 빨간 흙탕물이 흐르는 강으로서 전혀 맑다고는 할 수 없지만, 물이 귀한 사막에서는 참으로 반갑고 시원한 풍경의 일부이다. 그리고 운하 양쪽으로 굵고 큰 야자수가 마치 웅장한 희랍 신전의 기둥처럼 하늘을 향해 서 있었다.

나는 곧 일꾼들이 운하에서 서로 일정한 거리를 두고 물을 긷고 있는 것을 보았다. 그 길에는 짚과 야자수잎이 깔려 있었고 거기에서 일꾼들은 가죽 물주머니로 물을 뿌리고 있었다. 그것은 우리가 그 주인집에 도착할 때까지 먼지가 일지 않도록 하기 위한 것이었고 또한 대접의 표시라고 했다. 그 뜨거운 볕 때문에 5분도 못 되어 다시 말라 버릴 땅을, 손님을 위해 열댓 명이 흩어져서 물을 축이고 있는 것이었다.

도착하여 우리는 그 집 안으로 안내되었는데 밖의 볕이 너무 강렬해서인지 마치 동굴 속으로 들어가는 느낌이었다. 열대 지방에서는 아침 일찍부터 창과 두꺼운 덧문을 닫거나, 안감을 댄 커튼을 쳐서 빛을 막는다. 그리고 밤에는 다시 창문을 열어서 광야의 시원한 밤 공기를 즐길 수 있게 한다. 그 집에는 덧문이 다 닫혀 있었다. 그래서 지붕 밑의 '로쉰단'(조그만 창으로 방을 조금 환하게 해 주는 역할을 한다)을 통해 밖이 낮임을 보여 줄 뿐이었다.

대나무 껍질로 엮은 고급 의자에 앉으니 어디서인지 바람이 들어왔다. 그곳에는 전기가 들어가지 않는다는 사실을 나중에야 알았지만, 선풍기를 켠 줄로 착각할 정도였다. 어두운 방에 익숙해지자 그 바람이 어디서 불어오는지 확인할 수 있었다. 높은 천정에 커다란 부채가 달려 있는데 한 남자 아이가 마치 시골 교회 종을 치듯이 매달려 오르락 내리락 하면서 그 부채로 부채질을 하고 있었다. 지금은 이렇게 그때의 기억을 담담히 쓰고 있지만 그날 나는 대단한 충격을 받았다. 비록 그 충격은 내 느낌에만 영향을 주는 것이었지만, 문화 충격이라고 하는 것에 아마 이런 것도 포함되지 않을까?

그리고 우리는 새로 만든 '랏씨'(시큼털털한 우유)잔을 받았다. 대접은 하루 종일 계속되었는데 여기서는 몇 가지만 소개할 생각이다. 그 지주 학생은 우리 일행을 데리고 집을 구경시켜 주었다. 방마다 큰 소총이 걸려 있는 것을 볼 수 있었다. 그 마을에 있는 509여 호의 농가가 다 그 집에 속해 있었고, 거기서는 그 학생이 왕과도 같은 존재였다. 오라면 오고, 가라면 가는 것 같았다. 밖에는 큰 솥이 걸려 있었고 향기로운 카레 양념을 끓이고 있었다. 우리 일행을 위해 살진 양을 한 마리 잡았다고 했다. 얼마가 걸렸는지 모르지만 음식이 다 준비되어 양고기 카레를 배부르게 먹고 나니, 바나나, 파파야, 망고 등 화려한 열대 과일이 나왔다.

그렇게 후식까지 다 먹은 후에 하인이 손을 씻을 물주전자(이것은 뚜껑이 없는 주전자로서 아주 멋지게 손으로 다듬어 만든 놋주전자이다)와 손 씻은 물을 담을 대야를 들고 우리를 시중했다. 그들은 반드시 흐르는 물에 손을 씻는데, 시중드는 하인은 깨끗한 물이 담긴 주전자를 오른손에, 손을 씻어내린 물을 받는 대야를 왼손에 든다. 만약 왼손으로 주전자를 들면 큰 야단이 난다. 이 의식은 음식을 먹기 전에도 거행이 된다. 그런 후에 주인은 우리에게 낮잠을 권했고, 우리도 그것을 당연한 것처럼 생각했다. 더운 지방에서는 점심을 많이 먹고는 4시까지 낮잠과 휴식을 취한다. 이것은 시간에 쫓겨 사는 서울 사람들에게는 꽤나 게으르게 들릴 것이다. 사실 그곳 생활은 느리다. 바쁠 게 없다.

우리는 늘어지게 자고 나서 시장 구경을 나갔다. 장이 서는 날이었다. 주변 마을에서 다 모인 모양이었다. 과일, 곡식, 채소, 닭, 계란 등등 흥미로운 것들을 팔고 있었는데 그곳에서는 여자들도 나와 장사를 했다. 우리가 지나가니까 주인의 손님이어서 그런지, 아니면 이미 그렇게 명령을 받았는지, 조금만 관심 있게 보거나 만지기만 해도 그냥 가져가라고 했다. 정말 무슨 동화 나라에 들어온 것 같았다.

그들은 아무것도 가진 것 없이 대개는 하루 두 끼로 생활했지만 삶의 냄새는 짙었다. 아이들에게 학교 구경도 못 시켜 주고, 소금 땅을 갈아 농사를 지으며 사는 이들. 그 마을에서는 오직 지주만이 가진 자이다. 자신들의 삶을 그들은 어떻게 받아들이고 있는 걸까? 지주들은 농부들의 마음을 이해할 수가 있을까? 나는 온종일 대접받고 그 마을에서 생산되는 특산물을 잔뜩 받아가지고 돌아오면서 가진 자와 없는 자를 생각했다. 그리고 교회도 그와 다를 것이 없다는 것을 느꼈다. 교회도 그 사회의 축소판일 따름이기 때문이다. 기독교 교회라는 이름만 있을 뿐 그 역시 이슬람 사회가 안고 있는 극심한 빈부의 차이를 그대로 드러내고 있었다. 이번 글에서 나는 그곳 파키스탄 교회를 알리고 싶다. 비록 제한된 단면만을 보여 주게 될지 몰라도 내가 본 그대로를 말하려고 한다.

세인트 트리니티 교회

이 교회는 카라치 교구에서 제일 크며 부유층이 모이는 곳으로 카라치 주교가 설교를 하는 교회이다. 카라치는 파키스탄에서는 제일 먼저 발달된 항구 도시로서 이슬라마바드 이전의 옛 수도이자 무역 도시이다. 영국의 식민 통치를 받을 때 영국인들이 콜로니(colony)를 형성하여 백인들이 많이 거주했던 지역이며 지금도 국제 도시의 면모를 가장 강하게 풍긴다.

백인들이 사는 지역은 길이 넓고, 흰 칠을 한 큰 집들이 커다란 정원으로 둘러싸여 있다. 이런 지역에 있는 집들은 건평 200평은 보통이고 정원도 500평 내지 1,000평 정도로 온갖 넝쿨꽃과 야자수, 바나나나무, 잔디로 덮혀 있어 마치 공원같이 보기 좋은 전경을 이루고 있다. 그런데 대다수 기독교인 백인들은 거의 다 세인트 트리니티 교회에서 예배를 드린다. 또한 모국에서는 교회에 안 다녔어도 같은 백인들을 만나기 위해 교회에 나오기도 했다. 비록 정기적으로 예배에 참석하지는 않는다 해도 성탄절과 부활절에는 꼭 출석하는 것 같았다. 아니면 새벽에, 그래야 7시이지만 성례를 집행하는 예배에는 자주 오는 듯했다. 이 교회의 영어 예배에는 500명 정도의 신도들이 모였는데, 외교관이나 무역상들인 관계로 회중이 자주 바뀌었다. 그들이 정해진 임기를 마치고 떠나면 또 새로운 사람들이 부임하기 때문이다.

또 이 교회에 출석하는 파키스탄 교인들은 대개 다 영어로 교육을 받아 집에서도 국어인 우르두어는 쓰지 않고 영어를 모국어처럼 쓰는 사람들이다. 비록 경제적으로 큰 부자라고 할 수는 없지만 좋은 직장을 갖고 있고, 친지들이 영국, 호주 또는 캐나다로 이민하여 살고 있는 경우가 많아 외국 여행도 자주 한다. 이들은 자기들이 영어교육을 받았다는 것을 자랑스럽게 생각하며 영국인들과 같은 생활 양식을 따른다. 아침에 삶은 계란을 계란 컵에 담아 조그만 티스푼으로 소금을 조금씩 뿌려 가며 먹는다든가, 토스트를 만들어서 마멀레이드를 발라 먹는다. 또한 홍차도 영국식으로 만들어 마신다. 뜨거운 물로 차 주전자를 덥힌 후에 그 물을 따라 버리고 홍차잎을 몇 수저 넣은 후 다시 끓는 물을 부어 우러나도록 잠시 놓아 둔다. 그리고 찻잔에 먼저 우유를 조금 따르고 홍차잎을 거르는 조그만 망그릇을 받쳐서 홍차잎이 찻잔에 뜨지 않게 한다. 그리고는 두 번째, 세 번째 잔을 즐기기 위해 식지 않도록 차 주전자를 덥히는 솜덮개를 씌운다. 이 방식은 식민지 시대에 영국인들이 했던 그대로를 따른 것이다. 지금은 티 백(tea bag) 홍차가 있지만, 그들은 이 옛 방법을 즐긴다. 또 어떤 교인은 옷을 드레스로 입는다. 그리고 여름 모자를 쓰며 옷에 딸린 장갑도 낀다.

교회에서 한 시간 예배드리는 것 이외에 교회를 위해 보내는 시간은 없는 것 같았다. 속회 또는 구역 예배에 해당되는 모임이 있어 저녁에 만찬을 준비하여 정기적으로 집집마다 돌아가면서 서로를 대접하고 교구 목사를 모시기는 하지만, 그 시간에는 주로 먹거나 대화를 할 뿐이고 떠날 무렵 목사가 성경을 한 구절 읽고 나서 기도와 축도로 끝낸다. 그러므로 그런 자리에서 다른 관심, 즉 파키스탄 교회, 농촌 교회, 변두리 교회, 길에서 자는 사람들, 노무자들 또는 나라의 어려움을 화제로 내놓는 사람은 아무도 없다. 그리고 그곳에 모이는 이들은 거의 경제적으로, 사회적으로 비슷한 수준의 백인들이었고 파키스탄 교인들이 소수 있었는데, 파키스탄 교인들은 이런 모임에 끼는 것을 자랑스럽게 여기는 듯하였다. 물론 이들은 다 좋은 사람들이었다. 부지런히 일하고 자기 가족에게 충실하며 항상 예의 바른 이들이었다.

이 세인트 트리니티 교회는 '파키스탄 교회'라고 불리는 가장 큰 교세를 가지고 있는 교단의 가장 큰 교회였다. '파키스탄 교회'는 감리교, 성공회, 스코틀랜드 교회 그리고 루터교단이 연합하여 한 교단을 이룬 교회로서 전국적으로 5개의 교구로 나뉘어져 있었고 5명의 주교가 있었다. 이 교단은 파키스탄 전체 개신교 교세의 반에 조금 못 미치는 수를 차지하고 있었다. 지금은 수가 달라졌는지 모르지만 90만 기독교인들 중 개신교가 54만 명이었고 나머지는 가톨릭 교도였는데, 이 개신교 교인의 21만 6천 명이 이 교단에 속했고 그중 세인트 트리니티 교회가 가장 오래된 교회로서 교인수도 그 교구에서는 제일 많았다.

교회 건물은 고딕 양식의 석조 건물로서 유럽 옛 성당의 양식을 그대로 보여 주었다. 혼자 열기에는 무겁게 느껴지는 큰 문을 밀고 안쪽에 들어서면 저 멀리 앞에 강단이 있고 스테인드글라스를 통해 햇빛이 조금 들어온다. 그리고 하몬드 오르간 소리가 크게 들린다. 천정은 한참 올려다보아야 보일 정도로 높다. 나의 마지막 임기에 나를 그 교회 실행위원으로 넣어 주어서 교회 재정과 내부 문제, 행정과 정책 문제 등에 참여하게 되었는데, 헌금만으로는 지붕 수리 비용을 다 충당할 수 없다고 고민하고 있었다. 흰개미가 조금씩 기둥을 파들어가 지붕의 썩은 부분을 수리하는 데에 엄청난 비용이 필요했던 것이다. 열띤 토론을 했던 내용 중 그 수리 비용 문제 이외에 전도나, 개척 교회, 선교에 관한 언급은 거의 없었다. 물론 월급을 받는 전도사(거기서는 Deacon이라고 불렀다)가 있어서 그런 일은 모두 전도사의 사역으로 생각했다. 그 실행위원회에 모인 이들은 대개 믿지 않는 이들이므로, 이웃을 전도해서 교회로 인도하는 것에는 관심조차 없었다.

그들에게는 익숙한 사람들끼리 모여 친교하는 것, 남에게 해를 끼치지 않고 사는 것, 정기적으로 성만찬 의식에 참여하는 것 그리고 건강하게 지내는 것 등이 중요했다.

변두리 교회

거기에 바스띠 교회라고 하는 노동자 교인들이 모이는 교회가 있었다. 이들은 대개 편잡인들로서 그들의 조상은 힌두교 계층 밖의 사람들, 소위 빤자만들이라고 하는 계층에 속했다. 이들의 대부분은 장로교인들로서 U.P.라고 하는 미국 장로교단을 배경으로 하고 있었다. '파키스탄 교회' 교단 다음으로 큰 교세를 가지고 있었는데, 1855년에 북쪽 씨알꼬드에서 북미 선교사들이 선교를 시작한 이래 1930년대까지 이들이 집단 개종을 하면서 그 교세가 상당히 커진 것이다.

무슬림 문화권에서 기독교로 개종하려면 죽음을 각오해야 한다고 앞서 말했는데, 그렇듯 집단 개종이 가능했던 것은 그들이 힌두교인들이었기 때문이고 인도와 파키스탄이 분리되기 이전에 복음 운동이 있었기 때문이다. 이렇게 개종한 이들은 거의 다 쭈르하라고 불리는 한 계층에 속했었다고 한다. 내 기억이 맞는다면 우르두어에서 '쭈르하'라는 단어는 '쥐'라는 뜻인데, 이들을 개보다도 못한 쥐로 여겨 그런 이름을 붙인 것이 아닌가 한다. 그외에는 '멕'이라는 힌두교 하류 계층에서 개종한 소수의 사람들이 있었고, 아주 극소수만이 힌두교의 브라만 계층과 무슬림 가정에서 개종한 이들이었다.

그런데 이 변두리 교회에는 다 이 쭈르하 계층에 속했던 사람들이 참석했다. 변두리는 도시의 변두리 지역을 의미하는데 이곳에 사는 사람들은 대개 청소부, 특히 거리를 쓸거나 남의 집에서 일하는 이들로 물 긷는 일, 정원 일, 장 보는 일, 경비 등을 하는 노동자들이었다. 이들은 파키스탄 전체 교인의 90%를 차지하고 있다. 그리고 문맹률이 높다. 아직도 80%가 문맹으로 알려진 파키스탄에서도 이들 중에 특히 문맹이 많았다. 내가 떠날 때까지만 해도 초등학교 교육은 의무 교육이 아니었다. 지금은 많이 달라졌기를 바라지만, 교육이라는 것이 어디 하루 아침에 이루어지는 것인가?

이들 중에는 서양 선교사의 집에서 청소부로 일하는 이들도 있었는데, 이들은 자기 물컵을 바깥의 수도꼭지에 걸어 두고 그것으로 그 미지근한 물을, 때로는 뜨겁기까지 한 물을 마셨다. 냉장고에 시원한 물이 많아도 전통에 매여 있어서 감히 그런 물을 마시러 안에 들어오지 못했다. 오지 물항아리를 나무 그늘에 두어 비교적 시원한 물을 마시는 것은 그래도 좀 나은 편이었다.

이러한 바스띠 교인들에게 있어서 도시의 영어 교회는 자기들과는 아주 다른 사람들의 신앙 공동체였다. 이들은 자기네 주인들을 존칭어인 '사헵'이라고 불렀고 주인은 이들에게 "~해라"라는 식의 명령형을 썼다. 이것은 그 학생 지주가 자기 소작인들에게 쓰는 언어와 같은 것이다. 상황이 이렇다면 그리스도 안에서 한몸인 교회라는 것이 그들에게 무슨 의미가 있겠는가?

내가 있을 때는 씬드 사막 지역과 편잡 지역에 흩어져 사는 30여 종류가 넘는 계층의 힌두교인들이 사회적, 경제적 이유로 한꺼번에 세례를 받은 일이 있었다. 이들은 다신교, 또는 범신교도들로서 이제 우상 숭배를 버리고 하나님께 예배를 드리기 위해 모여들었다. 이들에게 참 교회의 의미를 알려 주고 그리스도 안에서는 인종, 언어를 다 초월하여 모두가 하나라는 것을 경험하게 할 수 있다면!

1970년 초에 그곳 파키스탄에 파송되어 있던 개신교 선교사들은 약 400여 명에 달했지만, 이들 속으로 들어가서 성육적(成肉的) 선교사로서 일하는 이들은 15명에 불과하다고 했다. 그 많은 선교사들은 다 어디에 있었는가? 살기 좋은 지역, 도시의 상류층 지역으로만 가는 것인가?

가톨릭 교회는 개신교 교회보다 교세는 조금 약하지만, 이러한 배경 곧 쭈르하 계층에서 온 교인들을 교육시키는 학교, 병원, 대학을 설립하여 이들 중에서 지도자들을 찾아 기르는 데 많은 공헌을 하였다. 그들은 이런 교육 기관을 잘 운영하여 명문 학교로 발전시켰고 따라서 부유층에서도 이런 학교에 자녀들을 보내게 함으로써 가진 자와 갖지 못한 자의 자녀들이 함께 공부하는 길을 열어 주었다.

그러나 1972년에는 파키스탄 정부가 모든 기독교 교육 기관을 국유화함으로써 교육을 통한 선교의 길이 막히게 되었다. 근래에 다시 제도를 바꾸어 이러한 기관들을 사립으로 운영하도록 했다는 소식을 들었다. 가톨릭 선교에 있어서도 교회를 개척하고 곳곳에 공동체를 이루는 사역이 진행되고 있지만, 일반적 평가에 의하면 가톨릭은 교회 개척보다 의료, 교육 기관을 통한 선교를 집중적으로 하기 때문에 그 지역의 무슬림들까지도 이런 사역을 존중하고 있다. 개신교도 교육을 중요시하였지만, 쭈르하 종족이 전원 개종한 것을 배경으로 변두리 교회 개척이 더 활발하였던 것 같다. 개신교 역시 목회자, 교사, 의사 등 훌륭한 일꾼들을 양성했지만, 서구 문화를 전승한 도시 교회와 집단 개종에 의해 세워진 변두리 교회(그때는 그것도 큰 변화요, 대접이었겠지만)의 전통은 변화하는 오늘날의 파키스탄 사회에 걸맞지 않는 서구 선교의 아류적 현상을 보여 주고 있다.

농촌 교회

우리는 가끔 학생들과 그룹을 짜서 함께 시골 교회를 방문하였는데, 그런 길을 열어 준 분은 레이 주교였다. 씬드 지역은 거의 다 운하가 개통된 사막 지역으로 인더스 강 줄기 옆에 마을을 이루고 있었으며 목축업과 밀 농사를 했다. 채소는 농촌에서 더 귀했다. 양파, 감자가 있었고 당근은 혼했다. 마을이 워낙 외딴 곳에 있어서, 상당히 큰 지역인데도 병원과 학교가 없는 곳이 많았다.

이들은 진흙으로 집을 지었고 대개 한 칸에서 밥도 짓고 잠도 잤다. 바닥은 흙바닥이고 벽에도 도배지를 붙이는 법이 없었다. 벽 한쪽에는 유리 없는 통풍 구멍이 에어컨 크기만 하게 뚫려 있고 들어가는 입구에는 문짝이 없었다. 그 안에는 밧줄로 엮은 침대가 두서너 개가 있고 침구를 침대 한쪽에 둘둘 말아 놓았다. 예배를 드릴 때는 대개 제일 크고 잘 청소된 집 뜰에서 모인다. 이들에게는 정확한 시간 관념이 없으며 시계가 있는 집도 별로 많지 않다. 또한 그들은 다 맨발로 다닌다. 밭에서 일하는 남자나 집에서 밀을 빻아 차파띠를 굽는 여자나 모두 맨발이다. 그리고 아이들은 아랫도리를 내놓은 채 논다. 가끔 뱀에게 물렸다는 아이들에 대한 얘기를 듣곤 하는데, 뜨거운 지방이라서 뱀이 많아 아무것도 모르는 아이들이 자주 물린다고 한다.

그곳 교인들은 성경책이나 찬송가를 갖고 있지 않았다. 우선 국어인 우르두어를 모르기 때문에 우르두어 성경을 주어도 읽지 못하고, 또 자기들의 방언으로는 성경이 번역되어 있지 않다. 그러나 그들은 순회하는 목회자가 도착하면 새로 빵을 굽고 닭을 잡아 카레를 만들어 대접한다. 저녁 8시쯤 되면 양떼를 몰고 돌아온 남편에게 저녁을 차려 주고, 끝나면 하나 둘씩 뜰에 모인다. 어디가 시작이고 어디가 끝인지 모르게 찬송가를 오래 오래 부른 후 말씀을 듣고 배운다. 이들에게 이런 예배 시간은 목회자가 방문할 때에만 가능하다. 어떤 때는 한 달에 한 번이 된다. 이런 곳에 목회자로 나가는 이들에게 있어서 어려운 점은 같은 지역에 살아도 너무나 다른 세계가 엄연히 존재한다는 데 있다.

나는 선교사로 있으면서 이러한 문화 차이에 적응해야 했다. 어떤 날은 하얀 하이 힐과 핸드백에 화사한 드레스를 차려입고 영어를 써야 했으며, 어떤 때는 그곳 의복인 쌀와르와 저미르 차림에 뜨빳따를 뒤집어 쓰고 샌들 바람으로 발에 흙을 묻히고 다니면서 펀자비어, 우르두어 또는 씬디어를 해야 했다. 그렇게 언어를 배웠지만 시골에서 쓰는 방언, 마오와리 종족이 쓰는 빌일이라는 방언은 글로 되어 있지 않아 배울 수 없었다.

파키스탄은 이슬람 세계의 한 요새로서 기독교 선교에 배타적이라고 알려져 있고 선교지로서도 가장 어려운 곳 중의 하나라고 한다. 그러나 1.4%의 기독교인, 15%의 힌두교인, 조로아스터교인 그리고 다수의 무슬림들에게 그리스도의 사랑이 생활 속에서 전달된다면, 복음을 거부하는 그들의 태도는 크게 문제되지 않을 것 같다. 그러나 실제 거의 모든 지역에서 참 기독교 공동체의 모습을 보기는 어렵다.

　도시 교회나 변두리 교회, 또는 시골 교회는 다 자기네끼리만 모여 두려움 속에 사는 것같이 느껴졌다. 무슬림들에게 전도하려는 생각은 커녕, 무슬림들이 자기들의 정체를 알고 어떻게 할지를 두려워하는 섬 사람 콤플렉스를 가지고 산다. 또 그 사회에서 빛의 역할을 하기보다는 스스로 문을 닫고 자기들만의 예배와 기도로 간신히 명맥을 유지하는 것 같았다. 그리고 서구 선교사들이 오랫동안 구제 선교를 했지만, 왠지 그리스도의 사랑의 복음이 아직도 아쉽기만 한 곳이다. 물론 예외적인 개개인이 있지만 서구 선교는 대개 가진 자가 무슬림들과 교회를 일방적으로 돕는 형태의 선교였다. 지금도 씬드 사막 지역, 발루찌 지역, 깔라프 지역, 타르파카 지역, 캐르뿌르 지역에서는 많은 이들이 그리스도의 복음을 듣지 못한 채 살아가고 있다. 히말라야 산맥, 고원 지대-스윗뜨, 길갓뜨, 카간 지역 등에는 기독교인을 한 번도 본 적이 없는 사람들이 무수히 많다.

펀잡 지역 부흥 운동

파키스탄 교회 배경은 인도와 분리되기 전까지는 인도 교회와 동일한 것이었다. 전설과도 같은 초기 인도 교회의 배경은 도마의 선교 이야기에 기초하고 있다.

유명한 미국 교회사가 라토렛(Latourette)은 그의 저서, 『기독교 확장 역사』 제1권에서, 도마와 바돌로매의 선교 활동과 이에 따른 개종 사례를 증명하려 했던 잘레스키(Zaleski)의 『인도의 성인들』(Saints of India), 화르꾸하르(Farquhar)의 『북인도의 사도 도마』와 『남인도의 사도 도마』를 언급한다. 라토렛은 주후 1세기에서 최소한 3세기 사이의 기독교 전파에 대해 말하기를 명확하게 증명할 수는 없지만 증거가 없는 것은 아니라고 했다. 그는 3세기부터의 인도 기독교는 인정할 만하다고 주장하였다. 펜테누스(Panthaenus)가 알렉산드리아에서 2세기에 인도에 간 것이 사실이라면, 이미 그때 인도에 있던 교인들은 바돌로매의 선교의 열매로 엄연히 존재하고 있으리라는 것이다.

지난 88년 로마에서 열린 국제선교학회에서 만났던 남인도 시리아 교회 주교인 아타나시우스는 사도 도마의 선교 전통을 공공 회의 석상에서 자랑스럽게 얘기하기도 했다. 그러므로 여기에서 현재 파키스탄 지역의 기독교 초기 접촉을 밝혀 보는 것은 흥미 있는 이야기가 될 것이다.

가톨릭 교회 선교는 1498년 바스코 다 가마(Vasco da Gama)의 인도 항해로 인해 시작되었고 1542년부터 프란시스 사비에르에 의해 본격적으로 이루어졌다. 그에 뒤이어 고아 지방에서는 포르투갈 예수회 수도사들이 1600년경 현재의 라호르(Lahore)에 교회를 세웠다고 한다. 라호르는 파키스탄에서 북쪽 펀잡 지방에 자리잡은 중요한 교육 도시로서, 무굴 제국의 악바르 황제의 관용 정치 시기에 선교가 이루어졌다.

나의 사역 지역, 파키스탄 남쪽 씬드 사막 지대에는 1598년 어거스틴 수도회의 수도사가 와서 선교하다가 그곳에 묻혔다고 한다. 1618년에는 포르투갈의 카르멜 수도회에서 파송된 이들이 현재의 카라치(Karachi) 가까이에 있는 옛 도시 타나(Thatha)에 교회를 세웠다. 그러나 1672년 이후 선교 활동의 맥이 이어지지 않았고, 1842년 영국의 씬드 점령 시기까지에 대해서는 더 알려진 것이 없다.

파키스탄에서의 개신교 선교 활동은 미국 장로교회와 영국 성공회로 시작되었다. 1933년 미국 장로교회의 로우리 목사와 그 부인이 캘커타에 도착하였고, 그들은 펀잡 지대에 있는 씨크교도들을 대상으로 선교를 하려 하였다. 그러나 부인은 선교지에서 병으로 세상을 떠났고, 로우리 목사도 말라리아에 걸려 시달리다가 뜻을 이루지 못하고 귀국하여 장로교 해외선교부를 조직하였다. 후임 선교사로 찰스 포먼(C. Forman)과 존 뉴턴이 파송되었다. 그것은 1849년의 일로 이때는 이미 영국이 펀잡 지대와 씨크 교도들을 지배하기 시작한 후였다. 포먼 선교사는 현재 명문 대학으로 알려져 있는 Forman Christian College라는 대학을 라호르에 세웠다. 나는 그 대학 내의 선교사들의 숙소에 여러 번 묵기도 하였다. 그 대학에서는 영어 예배가 집례되며, 선교사들의 회합이 자주 열리기도 한다.

영국 선교부 C.M.S.(Church Missionary Society)의 선교사들도 1850년에 카라치에서 일을 시작하였고, 오랜 공백 기간 끝에 1943년 한 가톨릭 수도사가 그 지역에 다시 맥을 이었다. 내가 그곳에 도착했을 때 사람들은 쿠에타 병원의 네덜란드 선교사에 대해 언급하곤 했는데, 그는 수많은 백내장

환자들에게 빛을 찾아 주었다고 한다.

　독일 선교사 프화인더는 무슬림 지식층에게 기독교 변론을 펴서 몇몇 개종자들을 얻기도 하였다. 그러나 기독교로 개종하면 가문의 혜택이나 이익을 받지 못하게 될 뿐만 아니라 핍박도 받게 되므로 선교 노력에 비해 개종자들이 극히 적었다.

　초기 선교 정책은 의료 선교와 교육 선교를 통해 개종자를 얻는 것이었고, 교회 개척은 별 성과를 거두지 못하였다. 따라서 선교 활동 기간에 비해 기독인의 수는 200여 명을 넘지 못하였다. 그런데 힌두교 계급 밖의 계층인 쭈르하(Churha) 계층에 속한 한 문맹자의 개종으로 인해 파키스탄 교회와 선교는 새로운 모습을 갖추게 되었다.

쭈르하 계층 이야기

　1974년 로잔 세계복음화대회에서 발표된 나라별 기독교 교회 조사 자료에 의하면, 파키스탄 교회 구성원들의 90%가 '쭈르하'라고 하는 천민 계층에 속한다. 파키스탄은 여러 종족으로 구성되어 있으므로 교회 내에도 쭈르하, 펀자비, 씬디, 라즈뿌띠, 빠타니, 잘즈, 브라후이, 발로찌 등 얼굴과 색깔이 다른 사람들이 모여 있다.

　그런데 '쭈르하'라는 계층은 힌두교의 천민 계층에서도 가장 낮은 계층으로서 수적으로 가장 많다. '쭈르하'라는 말은 '음식 찌꺼기를 먹는 자'라는 뜻으로 이들은 자기 땅을 소유하지 못하고 남의 땅에서 노동력만 제공하며, 남이 남긴 음식을 먹고 산다. 도시에서나 시골에서나 아무도 하려 하지 않는 일들, 예를 들면 죽은 짐승을 치우는 일, 죽은 짐승의 가죽을 벗기는 일, 무연고자의 시신을 묻어 주는 일, 정부의 지시에 따라 사형수를 처형하는 일, 화장실이나 길에서 오물을 치우는 일들을 한다. 그밖에도 이들은 도살되지 않고 자연적으로 죽거나 병들어 죽은 짐승의 고기를 먹는다든가 다른 이들이 먹다 버린 음식을 먹었기 때문에 더욱 천하게 여겨졌다. 이들은 농촌에서 추수 때에 품삯을 곡식으로 받았고 도시에서는 거리

청소나 화장실 치우는 일을 하였다. 이들은 다른 사람들과 같은 곳에 살지 못하고 '바스띠'라고 불리는 변두리 빈민촌을 형성하여 그곳에서만 살아야 한다. 마치 예수님 시대의 문둥병자들처럼 아무도 이들을 가까이 하지 않으며, 소가 죽으면 북을 쳐서 그들에게 알려 치우게 한다. 그러면 이들이 모여들어 굶주린 배를 죽은 소의 고기로 채우는 것이다.

쭈르하 계층의 기원은 매우 분분하다. 그들이 왜 그렇게 낮은 계층으로 운명지어졌는지는 잘 알 수 없지만 모든 쭈르하는 자신들이 '발믹크'의 제자들이라고 주장한다. 발믹크는 이 계층의 성인이라고 할 수 있는 자로서 그의 또 다른 이름은 '발라 샤'이다. 발라 샤는 힌두교 성현을 일컫는 무슬림 이름이다.

또 다른 기원으로 다음과 같은 이야기가 있다. 어느 브라만의 네 형제가 살고 있었는데, 어느 날 집에 있던 소가 죽자 그 죽은 소를 누군가 치워야 한다는 문제가 생겼다. 그런데 막내가 자신이 그런 일을 했다고 해서 더럽게 여겨서는 안 된다는 조건으로 자원을 하여 죽은 소를 치웠다. 그러나 그가 죽은 소를 치우고 집에 돌아오자 세 형들은 그를 더럽혀진 몸이라고 하여 집 안에 들어오지 못하게 하며 4일 후에 들어오도록 했다. 그런데 4일 후에 들어가려 했을때 다시 4주 후에 들어오라고 연기했다. 그리고 4주 후에는 다시 4년 후에 오라고 했다. 그러다가 결국 4째 '죽'(시대)에 들어오라고 돌려보냈다. 힌두교에 의하면 현재가 4째 '죽'(시대)이다. 그래서 쭈르하들은 지금이 그들의 회복 시대라고 믿는다.

또 다른 전설에 따르면, 쭈르하는 드라비안계 사람으로서 아리안계 사람들이 침략했을 때 천대와 멸시를 받게 되었다는 것이다. 이런 많은 이야기들 속에서 쭈르하의 기원을 찾아볼 수도 있겠다.

내가 선교하던 씬드 지방에도 쭈르하는 '닿으면 안 되는' 계층으로 취급을 받았다. 소위 'untouchable'이라고 알려진 이들이다. 이들은 어느 길, 어느 지역, 어느 건물에는 접근조차 해서는 안 된다는 터부에 매여 산다. 구걸을 할 때는 지나가는 사람들이 동전을 던지고 지나가도록 길에 깡통과 보자기를 펴 놓고 나무 뒤에 숨어서 기다려야만 한다. 브라만들은 그들의 그림자라도 밟을까 봐 멀리 피해 다닌다.

이들은 대가족을 유지하며 강한 가부장 제도하에서 생활한다. 일부다처제가 허용되지만 먹고 사는 것이 어려운 이 계층에서는 아내를 여럿 두는 것이 그리 흔하지 않다. 어떤 사람이 아내를 두고 먼저 죽으면 그 형제 중 한 사람이 그 처형을 아내로 맞아야 한다. 아이를 못 낳은 여자는 저주를 받은 것으로 간주되기 때문에 남편은 둘째 아내를 데려올 수 있었다. 아들을 출산했을 때는 문을 아카시아잎으로 장식하고 축하하며 딸을 낳으면 위로의 말을 전한다.

'빌라다리'라고 하는 몇몇 가족이 '빤쨔야트'라고 하는 의회에서 모든 가족과 공동체의 문제를 해결한다. 뻬르빤치라고 하는 지도자가 빤쨔야트의 책임자로 모든 민원 문제를 다루는데, 이들은 사실상 하나의 자치제를 실시하고 있는 것이다.

쭈르하의 원시 종교

쭈르하의 원시 신앙은 기독교 수용에 긍정적 역할을 하였다고 한다. 그들은 사는 지역에 따라 다른 종교 형태를 보이지만 대체로 다음과 같은 공통적인 특징을 지니고 있다.

- 죄를 인정한다.
- 한 분 하나님을 믿는다.
- '발라'는 중개자이다.
- 제물과 헌물을 해야 한다.
- 사람이 죽으면 영혼은 그 몸에서 떠나 하나님께로 올라간다.
- 죽음 이후에는 몸의 부활이 있다.
- 심판이 있다.
- 천사들이 있다.
- 선한 영들과 악령들이 있다.

쭈르하 종족은 제사장의 역할을 인정하며 발라 샤는 대제사장이며 매개자이다. 그러나 특별히 사원이 있는 것은 아니고, 동쪽을 향해 빚어 놓은 작은 흙 언덕에 촛불을 꽂을 구멍을 만들어 놓는데 이것이 '발라 샤' 제단이라고 할 수 있다. 목요일에는 공중 예배가 있으며 제사장이 인도한다. 예배에서는 제사장이 제물과 헌물(동물, 옥수수, 사탕수수 또는 하얗고 딱딱한 소기름인 '기이')을 드리고 함께 조용한 목소리로 발라 샤를 찬양한다. 그중 한 곡의 가사를 번역해 보면 다음과 같다.

오 하나님 오 하나님
하나님의 뜻을 이루소서.
당신의 손길로 악을 멀리하게 하소서.
모두에게 자비를 베푸소서.
오직 한 분, 진실한 분의 이름, 위대한 발라 샤를 부르옵니다.
당신의 문 앞에 모든 양식이 있나이다.

노래를 함께 부르고 나면 다같이 '아멘'이라고 응답을 한다. 이 노래의 가사를 생각해 보면 힌두교의 신앙과 이슬람교의 유일신 신앙이 혼합되어 있는 것을 알 수 있다.

로즈(Rose)라는 학자는 이미 1911년에 펀잡 지역에 대해 글을 썼는데 그에 의하면 이들의 다른 찬가에서는 무함마드의 이름도 언급된다고 한다.

이와 같은 쭈르하의 신앙은 그들이 기독교의 하나님을 이해하는 데 도움이 되었을 것이다. 예수를 발라 샤와 비교하여 대제사장으로 받아들일 수 있었을 것이고 인간의 죄를 해결하기 위한 매개자, 중보자인 예수의 역할을 이해할 수 있도록 해 주었을 것이다. 선교학자들 가운데는 쭈르하 종족이 집단적으로 개종한 데는 그들의 원시 신앙이 중요한 원인으로 작용했을 것이라고 보는 이들이 있다. 그러나 이들 가운데서 사역했던 스톡크는 오히려 그들이 자신들의 종교가 무의미하다고 느끼게 되었을 때 기독교로의 개종이 가능하였다고 주장한다. 미신과 조상 제사, 터부 등 정령 숭배에 시달리던 이들은 악한 영들이 자신들의 주변에서 괴롭히고 있다고 생각하여 삶을 두려워하였다는 것이다. 이런 측면에서 그들의 신앙이 기독교를 수용하는 데 도움이 되었다기보다 오히려 무디어진 종교 이해, 즉 자신들의 종교가 아무것도 줄 수 없다는 종교적 진공 상태가 그들로 하여금 기독교를 수용하게 한 것이라는 주장이다.

백여 년 전, 쭈르하 종족의 인구는 백만 정도였고 주로 편잡 지역을 중심으로 흩어져 살았다. 그들은 자신들의 사회적 신분을 변경시키고자 다른 종교를 받아들이기도 하였다. 그러나 대개는 힌두교 밖의 종족으로 남아 있으려 하였으며, 더러는 이슬람교를, 또는 시크교를 따르는 자들도 있었다. 그러나 이들은 그 어느 종교에서도 원래의 종교인들과 융화되지 못하였는데, 그 이유는 개종을 하여도 그 안에서 신분상의 구별과 차별 대우를 받았기 때문이었다. 힌두교 안에서의 차별은 본래적으로 당연한 것이었고, 형제애를 부르짖는 이슬람교 내에서도 그들은 '무살리스'라는 계층으로 구별되었다. 시크교 내에서는 '마즈하비 씨크', 즉 '종교에 의한 씨크교도'라고 구별되었다.

기독교로 개종하는 이들의 수가 많아지자, 힌두교의 정치적인 지도자들은 이것이 가져올 문제를 방지하기 위하여 이들에게 특별한 정결례인 '슈디'를 베풀어 '만질 수 없는 자'로서의 터부를 제거해 주려 하였다. 왜냐하면 모든 쭈르하 부족이 기독교인이 되면 힌두교 내에서 천민이 없어져 계층 제도에 혼란이 야기되고, 오물을 청소하고 시체나 죽은 짐승을 치워줄 인력을 잃게 되는 사회적 요인을 고려했기 때문이었다. 간디는 이러한 계층에게 '하나님의 백성'이라는 새 이름을 지어 주었다.

이런 과정 속에서 쭈르하 종족은 복음에 대해 수용적이고 개방적인 태도를 보였다. 이러한 배경에 복음의 능력과 예수님에 대한 그들의 기대가 결정적인 요소로 작용하였음은 분명하다.

쭈르하 종족의 개종

1873년 '딛뜨' 라고 하는 사람이 처음으로 쭈르하 종족 가운데서 기독교로 개종하였다. 그는 현재의 파키스탄 씨알꼬뜨(Sialkot)라는 지역에 있는 샤합다이크라는 마을에서 자란 절름발이이며, 피부색이 아주 검은 작은 남자였다고 한다. 그는 30세쯤 되었을 때 전도를 받았는데, 예수님이 어떻게 자기와 같은 천민을 사랑할 수 있는지 이해할 수 없었다. 그런 그는 세례를 받기 위해, 같은 천민으로서 자르불 종족이며 자기에게 전도를 했던 나뚜라는 사람과 함께 선교사가 있는 도시인 '씨알꼬뜨' 까지 걸어갔다. 씨알꼬뜨는 자기 마을 샤합다이크에서 60킬로미터나 떨어져 있었다. 그는 사무엘 마틴이라는 선교사에게 가서 세례 주기를 청하였다. 마틴 선교사는 처음에 그리스도에 대해 아는 것이 전혀 없는 무식한 딛뜨에게 먼저 신앙 교육을 시켜야겠다고 생각하여 자기 선교관에서 얼마동안 머무를 것을 요청하였다. 그러나 딛뜨는 주 예수 그리스도의 이름으로 세례만 주시면 곧 마을로 돌아가서 자신이 기독교인이 된 것을 알리고 자기 마을 사람들에게도 전도를 하겠다고 하였다. 이것은 당시 서구 선교사들이 하던 선교 정책과는 아주 다른 것이었다.

사무엘 마틴은 처음에는 내키지 않는 마음이었지만 딛뜨의 간곡하고도 진지한 요청에 못 이겨 예수님을 믿겠다는 그의 말만 듣고 세례를 주었다고 한다. 딛뜨는 기쁨으로 자기 마을로 돌아갔으나 천민인 자신의 동족에게서 더 천대와 박해를 받았다. 가족들은 한 상에서 밥을 먹지 못하게 하였고 동네 사람들은 같은 우물에서 물을 마시지 못하게 하였다. 대개 이런 초신자의 경우는 선교사에게 되돌아가서 보호를 받고 밥을 얻어먹으며 하인처럼 살게 된다. 그런데 딛뜨는 그 수모를 조용히 받으면서, 운하물을 마시고 길에서 음식을 사먹었다. 그리고 쓰레기를 주워 팔던 자신의 일을 그대로 했다.

2개월 후 감동을 받은 그의 아내가 딛뜨의 권면에 따라 딸아이와 함께 세례를 받았다. 이들은 딛뜨가 그랬던 것처럼 먼 길을 걸어 찾아갔다. 또 딛뜨는 자기 사촌 직계 가족을 데리고 가서 마틴 선교사에게 세례를 받도록 인도하기도 하였다. 그 후 그 가족은 자신의 마을에서 복음을 전했고, 1년 후에는 딛뜨의 삼촌인 까까와 마을 남자 3명도 함께 세례를 받았다.

딛뜨는 성품이 온화하고 인내심이 많아, 자신의 일을 하며 사귄 여러 친구들에게 전도하여 좋은 반응을 얻었다. 또 60여 명 정도의 친척들도 점차 개종하게 되었고, 친구들도 예수를 믿게 되었다. 그리하여 온 마을 사람들이 모두 기독교인이 되는 놀라운 사건이 딛뜨 한 사람에 의해 일어난 것이다.

그런데 이와 같은 시기인 1873년, 구즈란왈라(Guzranwala) 지방에서 또 다른 쭈르하 종족 한 사람이 맥키라는 선교사에 의해 세례를 받았다. 그의 이름은 '까림박쉬'였는데 딛뜨와는 관련이 없는 사람이었다. 구즈란왈라는 내가 1970년 연합성서훈련원(United Bible Trainign Center)에서 가르칠 때 체류했던 곳으로 유일한 연합신학교가 있는 곳이다. 라호르에서는 버스로 한 시간 거리이다.

이들의 조용하고도 진지한 전도로 쭈르하 종족 가운데 예수님을 따르는 사람들의 수가 점점 늘어 수천 명이 교회로 몰리는 전도 운동이 전개되었다. 세상의 힘으로는 불가능한 일이 하나님의 성령의 능력으로 이루어진 것이다. 성령께서 선교사들의 노력을 넘어서, 매우 보잘것없는 한 청년의 전도를 들어 쓰신 것이다. 딛뜨와 까림박쉬가 세례를 받은 후 20세기에 들어오기까지 27년 동안, 전연 기독교인이 없던 그 종족이 7천여 명의 신앙 공동체로 바뀐 것이다.

내가 미국에서 수학할 당시 고 맥가브란 교수는 빛나는 눈빛으로 이런 전도 운동의 사례를 발표하며 지칠 줄 모르는 저력을 쏟곤 했다. 그는 이것을 종족 운동(민중 운동, people movement)이라고 불렀다. 이런 선교학적 용어는 다음과 같은 특징을 드러낸다.

첫째, 사회에서 천민으로 푸대접과 차별을 받았던 쭈르하 종족의 내부에서부터 어떤 변화가 요구되고 있었다는 것이다. 그들은 더 나은 계층으로 올라가기를 원했다. 그들의 신분을 상승시켜 주고 보호해 주는 것이라면 어느 종교라도 수용할 자세가 되어 있었다. 프레드릭 스톡크는 이것을 논문으로 발표하여 파키스탄에 체류하는 선교사들에게 화제의 인물이 되기도 했다. 특히 부인 마가렛과의 공동 연구를 통해 공동 작업 프로젝트를 내놓았던 점이 인상적이었다. 그것은 부부 선교사로서 부인의 사역이 함께 존중된 보기 좋은 사례였다.

둘째, 쭈르하 종족이 다 기독교인이 된 점이다. 쭈르하 종족 이외에도 힌두교의 계층 밖에 속하는 많은 천민들이 사회의 멸시 속에서 가난과 고독의 아픔을 겪고 있었다. 그런데 유달리 쭈르하 종족만이 전적으로 그리스도께로 돌아온 이유는 무엇인가? 이들에게 딛뜨와 같은 전도자가 있었다는 것은 매우 중요하다. 자신들의 지방어를 함께 말하고 동일한 풍습과 전통, 사회 구조와 가족 제도 안에서 함께 자란 사람의 전도가 이들에게 설득력 있게 다가갔던 것이다. 따라서 그 마을에 서구 선교사들이 드나들지 않고도 처음부터 자기들끼리 복음에 응답할 준비가 되었던 것이다—맥가브란에게 있어 이것은 동질원리라는 선교 방식으로 표현된다—당시 그곳에 와 있던 서구 선교사들은 신자라면 누구나 한 자리에 모여 예배를 드리고 음식을 나누며 함께 앉아 말씀을 배우게 하는 정책을 시도하였다. 그것은 원리상 옳은 것이었을지 모르나 그리스도 안에서 아직 성숙하지 못한 신자들, 즉 사회적, 경제적 이유로 교회에 나오려 하는 이들에게는 쭈르하 사람들과 어울린다는 것이 익숙하지도 않고 쉽지도 않았다. 더욱이 힌두교나 이슬람교에서 개종한 몇몇 기독교인들은 쭈르하 사람들과 함께하는 것을 우리가 개와 밥상에 함께 앉는 것만큼이나 이상하고 불편하게 생각했다. 그리스도 안에서는 유대인이나 헬라인이나 남자나 여자나 다 하나라는 가르침을 이제 막 출발점에 서게 된 그들이 실제 경험하기란 어려웠던 것이다. 즉 쭈르하 종족은 자신들의 마을에서 자기들끼리만 교제하고, 선교사가 거처하고 있는 다른 도시에 가서 복음을 듣고 복음서 읽는 것을 배웠기 때문에 자신들의 표현 수준에 한해서 신앙 교육을 받은 것이라 할 수 있다.

셋째, 쭈르하 종족은 한 사람, 두 사람이 개별적으로 전도를 받아 복음에 응답하였다. 이것은 대규모 집회에서의 감정적 호소에 의한 일시적 결정과는 다른 것이었다. 자신들이 사는 생활 속에서 한 사람, 한 가정, 친척들이 점차 그리스도께로 향한 마음을 갖게 되고 복음에 대해 개방적인 태도를 갖도록 변화되었다. 이들은 자신들의 때를 따라 복음을 접하고 응답하였으며 자기들끼리 서로 전도한 것이다. 시골 지역에서 같이 살면서 서로 잘 알던 사람이 기독교인이 된 후에 가족을 대하는 태도가 변하고 장사를 할 때나 인간 관계에 있어서도 달라진 모습을 직접 보면서 감동을 받았고 이에 그들도 믿기 시작한 것이다. 시골이란 어느 곳이나 다 그렇듯이 개방된 공간이기 때문에 작은 변화도 눈에 띄게 드러날 수밖에 없다.

대부분의 쭈르하 종족이 기독교인이 되자 1881년부터는 일정 교세를 이루게 되었다. 1900년에는 7천여 명이 되었고 1930년까지 그 수는 계속 증가하였다. 그중에 1910년에 일어난 대부흥은 놀랄 만한 것이었다.

현재의 파키스탄 교회에 누룩 역할을 했던 이들은 바로 이 쭈르하 계층으로 사실상 거의 모든 교인들이 쭈르하 계층 출신이라 해도 과언이 아니다. 무슬림 개종자들과 힌두교의 브라만, 크샤트리아, 바이샤 계층의 개종자들과 그들의 후손들도 있지만, 실제 그들은 소수일 뿐이며 교회 내에서 그들의 자띠(본래 배경과 신분)를 자랑스럽게 의식하고 있다.

물론 쭈르하 계층에서 온 교인들도 교육 선교를 통해 글을 배워 교사, 의사의 직업을 갖게 되기도 하였다. 그렇지만 이와 같이 여러 방언의 문화 속에서는 문맹 퇴치가 느리고 장애가 많기에 아직도 교육 사역이 계속 필요한 영역으로 남아 있다.

주요 교단 교회와 선교부

파키스탄 교회는 거의 백만 성도에 달한다. 그중에서 90%는 쭈르하 계층 사람들로서 위에 언급했듯이 1억에 가까운 절대 다수의 무슬림 사회에서 사회적, 경제적 차별을 받으며 산다. 교회 성장률은 1930년대 이후로 도표에 드러날 만한 성과를 보이지 않고 있다. 더러 파키스탄 남쪽 사막 지역인 씬드에서 힌두교 계층 밖의 사람들, 꼴리 또는 비일 계층이 기독교로 개종하긴 하였지만, 지난 30년간 가톨릭과 개신교를 다 포함하여 1만 5천 명 정도의 세례 교인이 늘었다고 한다.

파키스탄 교회는 펀잡 지역에서 제일 강력한 교세를 갖고 있다. 쭈르하 계층이 그 지역에 자리잡고 있고 거기에서 교회가 개척되었기 때문이다. 내가 사역했던 씬드 사막 지역과 이란과의 국경 지대인 불로찌스탄 지역의 교세는 극히 약하다. 아프가니스탄, 소련, 중국과의 경계를 이루고 있는 고원 지대, 히말라야 산맥이 있는 스와트, 실크로드가 통하던 지역에는 교회가 거의 없다. 그곳은 차로 14시간을 여행해야 하는 넓은 지역이지만, 교회도 교인도 만날 수가 없다.

주요 교단으로는 첫째, 파키스탄 연합교회가 있는데 1970년에 챤두 레이 주교의 주도하에 성공회, 연합감리교회, 스코틀랜드 장로교회와 루터교회가 연합되었다. 챤두 레이가 총 관할을 하고 있던 연합교회는 파키스탄에서 가장 큰 교세로 20만 명이 넘는 교인들이 여기에 속해 있다.

둘째로 큰 교회는 연합장로교회이다. 주로 미국 선교사들의 사역을 배경으로 하여 펀잡 지역, 즉 쭈르하 계층의 전도를 거의 도맡아 했다고 할 수 있다. 그 외에도 오순절파, 침례교단 등이 있지만 비교적 교세가 약하다.

셋째로 로마 가톨릭 교회인데 이들은 파키스탄 기독교인의 40%를 차지한다고 한다. 무슬림들이 가톨릭 교회를 인정하는 이유는 가톨릭 교회가 가장 수준 높은 교육과 의료, 구제 활동을 하고 있기 때문이다. 아마 파키스탄의 정치·경제 지도자들은 거의 가톨릭 교육 기관에서 교육받았을 것이다. 그리고 가톨릭의 중앙집권적 구조가 무슬림에게 좋은 인상을 주고 있다. 그 까닭은 무슬림의 엄격한 공동체 생활과 복종이 가톨릭의 그것과 유사하다고 생각하기 때문이다. 이슬람교에서 복종이란 말이 성스러운 것으로 여겨지며 생활에서 주요한 자리를 차지하고 있다는 점을 고려한다면 가톨릭 선교 정책에서의 공동체 구조와 복종 훈련은 유리한 점을 선점한 것이다.

파키스탄 교회의 문제점

파키스탄 교인들은 대부분 쭈르하 계층을 배경으로 하기에 섬사람같이 소외감과 격리감을 안고 살아가고 있다. 그들은 무슬림들과 문화적으로 같은 민족이지만 서로 어울리지 못한다. 여기에서 우리는 그들이 어디까지 발을 디딜 수 있고, 누구와 음식을 먹을 수 있으며, 누구와 대면할 수 있고, 직장에서는 어느 정도까지 승진할 수 있는가의 질문을 제기해 볼 수 있다. 그들은 같은 도시에 사는 무슬림들의 지역에서는 환영받을 수 없기에 기독교인들끼리 모여서 산다. 시장과 직장, 교회와 가정 등 그들은 가는 곳마다 말없는 주목을 받게 된다. 특히 여자들은 외모에서 차이가 나기 때문에 고립감이 더 심하며 행동에도 제약이 따르는 것이다.

모든 무슬림 여자들은 베일을 쓴다. 베일은 쓰지 않은 여성은 대개가 기독교인이다. 기독교인들은 무슬림과 자유롭게 대화하지 못한다. 같은 직장에 있어도 같은 종교인들과만 친교 관계를 맺는다. 피곳여자고등학교에서도 무슬림 교사들과 기독교인 교사들은 점심 식사를 같이 하지 않았고, 남자 교사들과는 시선을 부딪치지 않고 필요한 얘기만 해야 했다. 이러한 경직된 분위기에서 전도를 한다는 것은 어렵고도 살벌한 일이었다. 한국에서처럼 "교회에 갑시다"라는 말은 엄두도 못 낸다. 또 "예수님을 믿으세요, 구원을 받았습니까?"라는 말은 그들과의 관계를 악화시킬 뿐이다. 섬사람들이 본토에 배를 타고 드나들듯이 그들과 무슬림들의 관계는 불편하고 어색할 뿐이다. 그래서 아무리 교육을 많이 받았다 해도 그들 내부에 열등 의식을 지니고 살게 되는 것이다. 그래서 이들에게는 다수 속의 소수라는 약자의 피해 의식이 많다. 태어나면서부터 소수 공동체로서의 압박과 설움을 받았기에 그들 중에는 심지어 기독교인의 신분을 감추고 무슬림 이름으로 대학교에 다니는 청년들도 있다. 차별과 외톨이의 삶이 두려워 무슬림 청년인 양 행세하는 것이다. 그런 위축감으로 인해 자질들이 계발

되지 못하고, 충분히 할 수 있는 일도 하지 못하는 마비 현상이 기독 청년 특히 남자들에게 더 심하게 나타난다. 아마 여자들은 가정 안에서 어머니의 역할로 인한 보람 때문에 남자들보다 압박을 덜 느낀다고 볼 수 있을 것이다.

이런 문제로 인해 머리가 좋은 기독 청년들은 파키스탄을 떠나 서구의 여러 나라로 이민을 가기도 한다. 미국, 영국, 캐나다, 호주 등지로 새 일자리를 찾아 나서는 젊은이들이 증가하여 파키스탄 교회에는 젊은 일꾼 부재 현상이 야기되었고 교회는 목사의 독백, 독주로 간신히 지탱되고 있다. 교회에 청년들이 없으니 목회자의 길을 가려는 신학도의 수도 극히 적어 100명이 넘는 신학교가 없다. 파키스탄 신학자들의 이름을 말하려고 해도 마이클 나지르 알리 주교 외에는 생각나는 사람이 없다. 백만 신도의 예언자적 역할을 해야 할 신학자들이 없는 실정인 것이다.

내가 그곳을 떠난 이후에 석사 과정을 마친 청년들이 있었지만, 지도력을 키우지 못하고 있다. 마이클 나지르 알리 주교는 훼슬라바드(이곳에는 현재 명성교회에서 후원하고 있는 김병교 선교사 부부가 사역 중이다)에서 목회와 신학 교육을 시도하였으나, 여러 가지 알력 문제로 결국 이민 목회를 택하고 파키스탄을 떠나 옥스퍼드에서 영국 목회를 하고 있다고 한다. 그러므로 파키스탄 교회 현장에서 신학 교육을 이끌어 나갈 신학자들과 목회자들의 빈곤, 그리고 지도력 부재 현상은 매우 심각한 상태이다.

안식년의 결실

3년 간의 첫 선교 임기를 마치고 1964년에 귀국을 하게 되었다. 우리 세 선교사들 가운데 한 명인 김은자는 미국으로 떠난 지 이미 오래되었기 때문에 나와 조성자 둘이서 귀국하였다.

모국인 한국과는 너무나 이질적인 문화 속에서 살았기 때문에 마치 다른 나라에 와 있는 듯했다. 그동안 이화여대의 신문도 받아 읽었고 서신 연락은 자주 했지만, 파키스탄 사람들과 섞여 적극적으로 적응하며 살았기 때문인지 모국에 도착했을 때 오히려 생소한 느낌을 받았다. 가장 낯익은 거리였던 신촌골, 이화 캠퍼스에서조차도 이방인이 되어 버린 기분이었다.

식구들과 친구들이 공항에 마중을 나와 주었고 집에서는 아침상을 요란스럽게 차렸지만, 맛있는 음식을 즐기기보다는 좀 더 깊이 자고 싶었다. 돌아오는 선교사에게 해 줄 수 있는 가장 큰 대접은 긴 비행기 여행과 떠나기 전 작별 인사들로 쌓인 피곤을 우선 풀도록 해 주는 것이다. 그런데 환영하기 위해서 모인 가족과 친구들은 파키스탄에서 얼마나 수고하고 고생하였는지, 또 어떤 일이 있었는지를 듣고 싶어했다. 그리고 그 다음 날부터 곳곳에서 선교 보고를 해 달라는 요청이 계속되었다.

모국에 있는 선생님들, 선배들, 친구들은 귀국하고 나서 며칠만이라도 쉬어야 한다는 것을 알지 못했다. 그 당시에는 한국과 파키스탄의 외교 관계가 맺어져 있지 않았기 때문에 한국에 돌아오려면 영국을 통해서 재입국 비자를 받아야 했는데 그 수속 과정이 매우 복잡하였다. 그리고 이사를 하는 것 이상으로, 짐을 완전히 정리해야 했다. 만약에 안식년 기간 동안 어떤 정치적 상황으로 파키스탄 재입국의 길이 열리지 않을 경우, 거기에 있는 이들이 안식년으로 나가 있는 선교사의 짐정리를 할 필요가 없도록 완전히 짐을 꾸려야 했다. 그리고 내가 쓰던 방을 다른 선교사가 와서 지낼 수 있도록 손님방으로 준비해야 했다. 그리하여 본국으로 돌아오는 선교사들은 완전히 지친 상태로 귀국하게 되는 것이다.

서툴어진 모국어

그리 긴 기간은 아니었지만 워낙 한국인이 없는 곳에서 우르두어와 영어만 사용했었기 때문인지, 한국말을 할 때 아주 유치한 표현을 사용하거나 어린아이처럼 말하고 있는 나 자신을 발견했다. 우리말로 그렇게 재미있게 떠들고 캠퍼스에서 폭소를 터뜨리던 시절이 먼 옛날의 일 같았다. 말을 할 때에 우르두 식을 따라서인지 표현이 잘리거나 연결이 서투른 것을 느끼면서도 생각처럼 잘 되지 않았다. 말은 많이 해야 느는 것인가 보다. 또 사람들과 같이 생각하고 함께 생활해야 말을 더 아름답게 할 수 있다고 생각된다. 나는 할 말이 많았지만 말하는 멋과 맛을 상실한 채 몹시도 안타까운 처지에 놓였다. 오히려 영어를 하는 사람과는 대화하기가 편하고 피곤하지도 않다는 사실이 당황스러웠다. 아마 가족과 함께 나간 선교사들은 적응하는 데 이렇게까지 어려움을 겪지는 않을 것이다. 왜냐하면 그들은 자기 가족과 우리말을 사용하고, 우리 음식을 먹을 테니 문화의 중요한 힘인 말을 잃어버릴 염려는 없을 것이기 때문이다.

말의 맛을 잃는다는 것, 이것은 선교지에서 일하다가 돌아와서 경험하는 또 하나의 커다란 외로움이다.

옷의 감각

한국에 돌아오자 곧 가을이 되었고 겨울을 위해 옷을 준비해야 했다. 내가 가진 옷은 파키스탄의 여름 의복뿐이니, 서울에서 입고 다닐 수도 없는 것이었다. 지금은 유행이 자유로워져서 어떤 이들은 파키스탄이나 인도 옷을 첨단 패션으로 생각하기도 하는데, 그때만 해도 파키스탄이나 인도의 의복 문화는 우리에게는 전연 알려지지 않은 생소한 영역이었다.

이대 입구나 백화점에서 옷을 살 때도 필요하다고 생각하는 것을 고르다 보면 파키스탄의 기후와 환경에 맞는 것을 찾고 있는 나를 발견하곤 했다. 그래서 누군가가 옆에서 도와주지 않으면 귀국한 선교사가 때에 맞는 의복을 갖추어 입는다는 것은 보통 어려운 일이 아닌 것이다. 다행히 한 친구가 옷을 골라 주곤 했기 때문에 이 문제는 그리 큰 고역은 아니었다. 사막에서 뜨거운 볕과 바람에 그을은 데다 옷까지 잘못 선택하면 모국에서 자칫 이방인으로 오해받기 쉽다. 그 친구는 지금도 자주 만나지는 못하지만 만날 때마다 나에게 계절에 맞는 의복과 적절한 화장품을 권해 준다.

첫 번째 안식년에 이미 옷의 감각 문제를 거쳤었지만 이것은 내가 10년 후 1971년에 귀국했을 때에는 더욱 심했었다. 신을 사는 데도 실수를 했다. 늘 발가락이 다 나오는 샌들을 신고 다녔었기 때문에 꼭 맞는 신은 발이 아파서 신을 수 없는 것도 있었다.

세 명의 선교사 후보생들과 함께

첫 안식년은 5개월 기간이었다. 내가 귀국했을 때 이미 파키스탄 연합교회의 카라치 주교는 이화여대에 세 명의 선교사들을 더 파송해 달라는 공식 초청장을 보낸 상태였다. 이에 따라, 3명의 지원자들이 있었는데 물론 모두 이대 졸업생들이었다. 나는 이들에게 파키스탄에 대한 오리엔테이션을 해 주고 선교사 준비를 시키라는 요청을 받았다. 그것은 김활란 선생님의 지도하에 이루어졌는데 나의 과제는 선교사 훈련이었다.

3년 동안 선교지에서의 경험을 토대로 이대 기숙사에서 합숙하며 그곳 지역, 사람들, 종교, 언어 그리고 교회에 대해 가르쳤다. 선교사 훈련 과정으로는 그것이 아마도 처음이었을 것이다. 나는 가정에 매여 있지 않았으므로 그들과 3개월간 같이 생활하면서 아는 것을 최대한 나누고 파키스탄 사람들과 그곳 교회를 위하여 기도했다. 우리들의 일과는 대개 다음과 같았다.

    오전 6:00-7:00   성경 읽기 및 경건의 시간
          7:30-8:30   아침 식사
          9:00-12:00   파키스탄 지역 공부(이것은 소그룹이었으므로 우리가기
                         숙하는 방에서 했다)
    오후 12:00-1:00   점심
          1:00-3:00   자유 시간, 외부 사람들과 만남 등
          5:00-6:00   저녁 식사
          7:00-9:00   대화, 기도, 성경공부, 선교 계획

나는 이들과 함께 파키스탄으로 떠날 꿈에 부풀어 있었고, 앞으로 씬드 지역에서 한 팀이 되어 어떻게 선교할 것인가를 생각했다. 선교에 대해 체계적, 학문적으로 연구할 기회는 없었지만, 계속 더 관심을 가지게 되었고 타종교 연구, 선교에 대한 학문적 접근을 하고 싶어졌다. 그러나 도서관과 대학 세미나실에 앉아만 있기에는 너무나 할 일들이 많았다. 떠날 준비를 해야 했고 시간은 매우 빠르게 지나갔다. 그리고 타문화권 선교에 대해 지도해 줄 사람도 없었다.

세 명의 선교사 후보자들은 선교사로서 임명을 받고 파송 예배도 드렸다. 장소는 이화여대 캠퍼스 내에 있는 구 도서관이었다. 교계 지도자들이 파송 예배에 와서 축복을 해 주었는데, 비자가 나오지 않아 그들과 함께 떠나지는 못했다. 비자가 나오는대로 그들이 파키스탄에 올 것을 기대하면서 나와 조성자는 다시 1964년 말에 임지로 떠났다. 그러나 1년 동안 기다

렸음에도 불구하고 결국 비자를 받지 못했고 선교의 소명과 꿈을 실현하지 못한 채, 각각 다른 길을 통해서 주님의 증인 역할을 할 수밖에 없었다. 외교의 문이 열리지 않았던 때에 당한 어려움이었다. 그런 것을 생각하면 13년간 4번을 드나들었던 내가 비자 문제에 걸리지 않은 것이 놀랍기만 하다. 1969년에도 또 한 명의 이화 선교사가 준비되어 선교사 임명을 받았지만 비자가 나오지 않아 결국 선교지에 오지 못한 적이 있었다.

위의 선교사들이 다 제대로 길이 열려 씬드 지역에 와서 또 한 팀으로 선교 사역을 함께 했더라면, 아마 나는 지금도 그곳에서 선교사의 길을 계속 가고 있을지도 모른다. 아니, 확실히 그랬을 것이다. 그러나 하나님의 인도하심은 인간의 생각과 계획을 초월한다. 지금까지 인도하신 길을 생각할 때 감사와 찬양을 드린다. 이제 파키스탄과의 외교가 활발해졌으니 다시 선교의 길이 크게 열리기를 기도한다.

두 번째 안식년

1970년 여름에 두 번째 안식년을 맞았다. 6년만에 오는 길이어서인지 이화여대에서 1년간 기독교학과 시간 강사 자리를 허락해 주었고 또 이화여고에서도 성경을 가르치게 되었다. 첫 안식년보다 훨씬 안정된 기간을 가질 수 있었는데, 우선 1년이라는 넉넉한 기간이 마음에 여유를 주었던 것 같다. 더러 교회에서 선교 보고와 예배 설교를 했지만, 주로 주어진 시간표에 따라 기독교 문학을 강의하거나 학생들을 만나는 일에 보람을 느꼈다.

이때는 김활란 선생님이 세상을 떠나신 직후라 나의 마음이 몹시 허전한 상태였다. 그분처럼 해외 선교, 파키스탄 선교를 생각해 주는 분은 없었다. 그분은 가장 먼저 선교 이야기를 듣고 싶어하셨는데 그것은 진정 그곳에서의 선교 사역을 기도로 열심히 후원하였다는 증거이기도 했다. 선교사가 이러한 후원자 없이 선교하는 것은 매우 어려운 일이다. 선교 활동에 대해 들어 주는 것이 아니라, 적극적으로 듣고 싶어하고 무엇인가 함께 생각하여 선교 발전을 가져오도록 하는 것이 얼마나 소중한 선교 목회인지 모른다.

그런데 교회 지도자들이 내게 가장 먼저 하는 질문이라는 것이 "그곳 사람들은 어떻게 지냅니까?" 또는 "그곳 교회는 어떤 처지에 있습니까? 복음의 길이 열려 있습니까?"가 아니고 "아, 황금 같은 청춘을 그곳에 가서 보냈으니 얼마나 고생이 많으셨습니까?"인 것을 생각하면 지금도 가끔 혼자서 미소짓게 된다. 선교사의 고생한 이야기 외에는 관심이 없다는 투의 질문이다. 안식년의 위로와 기쁨은, 무엇보다도 교우들과 친구들이 자기가 모든 것을 걸고 섬겼던 그곳 사람들에 대해 갖는 복음적 관심을 통해 얻게 된다.

선교 목회

나는 선교사를 돌보고 도와주는 일을 '선교 목회'라는 말로 표현한다. 선교지에서도 그렇지만, 귀국해 있는 기간에 선교사를 돌보는 일은 매우 필요하고도 절실하다. 선교사는 영적 거인이 아니라 아주 평범한 신앙인이므로 목회적 보살핌을 받을 필요가 있다. 특히 본국에 안식년으로 돌아올 때는 영적으로 메말라 있을 수 있다. 물론 그 반대일 수도 있지만, 대개는 말씀, 교제, 섬김이 매우 아쉬운 상태이다. 그런데 사람들은 일반적으로 선교사가 항상 영적인 무엇인가를 다른 이들에게 줄 수 있어야 한다고 생각한다. 그러나 안식년에는 몇 가지 필요한 준비를 하고 다시 영적 무장을 할 수 있도록 주위에서 도와주어야 한다.

무엇보다도 먼저 선교 담당 목회자를 만나서 피정의 기간을 갖는 것이 중요하다. 이를 위한 지도자를 한 사람 모실 수 있다면 큰 도움이 될 것이다. 그러한 선교 담당 목회자는 가능하면 모국에서 목회자로서의 자격과 경력을 갖춘 자이면서, 또 타문화권 선교에 대한 관심과 경험이 있는 자라면 더욱 좋다. 한 일주일 또는 한 달 정도 조용히 쉬는 기간을 가지면서 필요한 때에 선교에 관한 자기의 이야기들, 충격과 경험, 기대와 좌절, 슬픔과 희열을 이야기하고, 성령의 불로 깨끗함을 받는 것이 필요하다. 그러기 위해서 선교사는 설교나 강연 등을 뒤로 미루어 놓고 먼저 이러한 경건의 시간을 가져야 하며, 선교부나 교회에서는 그것이 가능하도록 뒷받침할 수 있어야 한다.

 내가 선교지에 있을 때에는 카세트를 그리 쉽게 구할 수 없었다. 라디오가 보편적으로 사용되었을 뿐, 텔레비전도 아주 소수의 사람들만이 즐기던 때였다. 지금은 카세트, 비디오 등을 쉽게 사용할 수 있어서 미리 계획만 하면 선교사 자신이 자료로 준비할 수 있고 또 다른 사람의 좋은 설교, 찬송, 예배를 녹음하거나 녹화하여 들을 수 있다. 이런 미디어를 통한 모국과의 계속적 연락은 안식년을 맞은 선교사에게 매우 도움이 되며, 또 그런 자료를 선교지에서 준비하였다면 귀국하여 선교 보고를 할 때 매우 요긴하게 사용할 수 있을 것이다.

 그러나 나에게 있어서 본국과의 계속적인 연락 수단은 서신이었다. 그래서 10여 년이 지나는 동안 한국에서 어떤 책이 베스트셀러인지, 사상가로는 누가 있는지, 교회의 지도자들은 어떤 설교를 하는지 전연 알 길이 없었다. 국제 뉴스에 나오는 한국의 사정 이외에는 알 길이 없었다. 그것도 파키스탄 신문에까지 나오는 것이어야 가능했고, 《타임》이나 《뉴스위크》지 같은 세계 주간지에서 어쩌다 읽는 뉴스란 불안한 정세에 대한 것뿐이었다. 선교사는 자기 모국과 교회에서 전반적으로 무슨 일이 일어나는지 알아야 한다. 대학가에서 일하는 선교사라면 한국의 대학 소식 등을 알 수 있도록 도와주어야 할 것이다. 선교사에게 한국의 정치·경제 문제나 외교·통일 문제, 학생 소요 문제, 입시 문제, 교회의 갱신 문제 등을 누군가가 알려 주지 않는 한 알 수 있는 길은 거의 없다. 또 귀국한 후 국내에서 인기 있는 음악 프로그램이나 연극, 여성들의 유행에 대해서 다시 처음부터 배우지 않고는 저절로 알 수 없다. 물론 귀국하여 자기 능력껏 이런 것들을 따라잡기 위한 노력도 필요하겠지만, 선교지에서 짬짬이 휴식이 되도록 모국과의 연락을 가질 수 있다면 돌아와서 이방인 됨의 고독을 피할 수 있을 것이다. 안식년에 겪게 되는 낯설음과 뒤처짐을 줄일 수 있도록 돕는 실제적인 대책이 요구된다.

선교 목회의 또 하나의 가능성은 선교사로 하여금 본국에 있는 동안 관심 분야에 대해 연장 교육을 받도록 해 주는 것이다. 내가 1971년에 왔을 때 이화여대의 총장님은 그때 막 개설된 기독교학과의 박사 과정을 하는 것이 어떻겠느냐고 제안하셨다. 선교학을 공부하지 않은 분이 타문화권 선교에 대해 그토록 관심을 갖고 그러한 제안까지 해 주신 것이 지금도 고맙게 느껴진다. 학위를 얻는 그 자체보다도 계속 자기 분야를 연구하는 것은, 특히 가르치는 일을 하는 선교사에게 필수적이다. 그러한 고마운 배려가 있었지만, 내가 공부하고 싶은 선교학, 특히 비교종교학을 지도해 줄 교수가 그 학과에 없었으므로 실천으로 옮기지는 않았다. 신약신학을 전공하는 것은 가능했지만, 나는 다시 선교지로 돌아갔다. 모국에 좀 더 있으면서 공부도 하고 앞으로의 일을 계획하라고 격려하는 친구들과 교수님들이 있었지만 선교지에서 할 일들만이 내 머리에 꽉 차 있었다. 그때는 주어진 기회를 붙잡지 않았지만, 지금 생각하면 더 공부할 수 있는 기회가 내게 열려 있었다는 것만으로도 위로가 된다.

요즈음에는 각 교회에서 선교부 주최로 열리는 선교 연장 교육을 얼마든지 받을 수 있다. 안식년에 돌아온 선교사는 선교 보고를 하러 정신 없이 다니기 이전에 이러한 교육 기간을 가지면서 자기가 전할 말씀을 준비할 수 있을 것이다. 아세아연합신학대학교에 선교학과가 개설되어 있고 세계선교사훈련원에서는 집중적으로 타문화권 선교사 교육을 하고 있다. 선교사는 선교 보고 강연을 위해 자신의 영적, 지적 양식을 준비하는 것이 중요하다는 것을 잊지 말아야 한다. 양식을 준비하는 것은 국내에서의 선교 활동 보고와 또 다시 선교지로 돌아가서 해야 할 큰 과제를 위해 반드시 해야 하는 작업이다.

선교 보고는 교회에 선교 의식을 갖게 하는 것을 목표로 한다. 선교사의 보고를 통해 그가 선교 대상으로 섬기는 주민들을 교인들이 간접적으로 알게 된다. 교인들이 선교지를 위해 기도하고, 선교 기금으로 후원하는 것은 타문화권에 직접 나가 일하는 선교사와 마찬가지로 선교에 참여하는 것이다. 어떤 의미에서는 나가는 선교사와 뒤에서 후원하는 신도들이 다 같이 선교를 위해 헌신할 때에 효과적인 선교가 가능한 것이라고 말할 수 있다. 선교사의 보고가 마치 동화 이야기를 듣는 것처럼 되어서는 안 된다. 내 이웃의 이야기처럼 아주 자연스럽고 가깝게 들리며, 또 듣고 난 후에는 무엇인가 구체적으로 참여하고 싶어지게 하는 것이어야 한다. 그러므로 선교 보고를 할 때 고생스러운 면에 초점을 맞추거나, 그곳 주민들의 이질적인 측면만을 강조하는 것은 좋지 않다. 오히려 그곳의 삶을 있는 그대로 묘사하고, 도시와 농촌, 노인과 어린이, 여자와 남자, 있는 자와 없는 자 등의 포괄적인 여러 환경들을 보여 주어야 한다. 그리하여 함께 이러한 이들을 위해 어떻게 선교할 것인지를 검토하고 기도하며, 어쩌다 한 번이 아니라 계속적으로 함께 참여하도록 격려해야 할 것이다. 선교 보고시에 반드시 현지인의 개종이나 또는 신학교 설립과 같은 극적인 내용이 포함되어야만 한다는 부담을 가질 필요가 없다.

선교 보고는 또한 선교지에 돌아가기 위한 준비로서의 의미를 갖는다. 선교는 혼자 하는 것일 수 없다. 선교 보고는 이에 따른 기도와 후원, 개 교회 선교부 지도자들의 토의 및 제안 내용을 받아들이고 적용하는 데까지 나아가야 한다. 선교사가 혼자서 선교 목표와 방법을 모색한다면 오래 가지 못한다. 선교사는 선교지의 교회 지도자들이 기대하는 것과 그곳 이웃과 친구들이 필요로 하는 것을 파송 교회 지도자들의 지혜와 분별력에 힘입어 해결해야 한다. 그리고 궁극적으로는 자신이 하나님의 나라를 확장하는 일에 한 작은 몫을 맡을 뿐임을 기억해야 한다. 선교사가 혼자서 영웅처럼 무엇을 이룩해야 한다고 생각하는 것은 위험하다.

선교지로 향하는 준비

가장 중요한 준비는 선교사와 그의 사역과 그곳 사람들을 위해 기도하는 동역자들을 만나는 것이다. 내가 선교지에 있을 때에 김활란 선생님은 나를 위해 정기적으로 기도하고 있으며 선생님의 기도책에 내 이름을 써 놓았다고 하셨다. 지금 돌이켜 보면 그런 기도가 없었던들, 오늘의 나는 있을 수 없었을 것이다. 또한 형제들과 친구들이 나를 위해 꾸준히 기도해 주었다. 선교사에게 제일 중요한 준비는 이와 같은 기도의 약속을 받는 것이다.

또 한 가지는 선교사가 나가 있는 동안에 계속적으로 친구들, 학생들, 교회 어른들과 편지로 교제하는 것이다. 어쩌다 한 번 편지를 쓰기는 쉽지만 계속적으로 서신을 보내 주는 것은 보통 어려운 일이 아니다. 나의 조카는 아주 재미있는 편지를 써서 보내 주곤 했다. 그 편지를 통해 집안 소식, 학교 소식 등을 많이 알게 되어 도움을 받았다. 언니도 아주 정성스런 편지를 많이 보내 주었는데 나는 지금도 그것들을 다 보관하고 있다. 먼 거리를 두고 떠나 있는 선교사에게 모국을 가깝게 느끼게 해 주는 것은 사랑과 정성이 담긴 편지이다. 한 선교사에게 12명이 이런 선교 편지를 보낸다면, 그 선교사는 행복한 선교사이다. 그 편지들이 선교지 사역에 큰 힘이 될 것이다. 요즈음은 국제 전화가 있어서 비용을 들이면 통화할 수 있지만, 아직 우리 교회 형편으로는 국제 전화를 자주 사용하기 어려우므로 서신이나 카세트로 연락을 하는 것이 일반적이다.

선교지로 떠나기 전에 선교 학술지, 교양 잡지, 신문을 정기적으로 받을 수 있도록 필요한 기간 동안 구독 신청을 해 놓는 것이 좋다. 우리말 성경도 여러 가지 번역본을 다 갖추어 가지고 나가 때때로 소리 내어 말씀을 읽으면 여간 도움이 되는 것이 아니다. 물론 나는 내가 있던 씬드 지역과 같은, 다시 말해서 한국인을 만날 수 없는 지역에서의 선교 활동을 염두에 두고 하는 말이다. 현재는 선교사들의 거의 80%가 교포 교회 중심으로 선교를 하고 있기 때문에 내가 필요하다고 생각하는 것들이 그들에게는 잘 맞지 않을 것이다. 각 선교지의 상황에 따라 적합한 준비를 해야 할 것이다.

그리고 한국을 소개하는 책도 최소한 몇 권은 필요하다. 또한 자기가 모국에서 오랫동안 지녔던 소품들 몇 개는 짐 속에 꾸리는 것이 좋다. 선교지에 도착하면 텅 비어 있는 방에 늘 만지고 읽고 보던 몇 가지 것들, 즉 우리말 성경 및 찬송, 조그만 장식품이나 사진 등을 진열해 놓기만 해도 분위기가 훨씬 부드럽고 따뜻해진다. 나는 꽃병을 살 때 조그만 것을 고르는 습관이 있다. 원래 꽃병을 좋아하기도 하고, 그런 작은 것들이 여행할 때 지니고 다니기에 부담 없어서 모으기 시작했는데 이젠 마치 꽃병 수집이라도 하는 것처럼 되었다.

무엇보다도 가장 필요한 준비는 선교지로 돌아가는 것에 대한 마음의 평화와 부르심에 대한 재확신이다. 선교지를 생각하고 그곳의 교회와 전도 대상을 떠올릴 때 자기의 사역이 너무나 보잘것없는 것처럼 느껴져 때로 좌절할 때도 있지만, 자신의 모든 것을 걸고 일할 곳이 바로 그곳이라는 내적 재확신을 가지고 나가는 것은 정말 중요하다. 안식년은 선교사에게 소명 의식에 대한 계속적 응답을 하게 하는 시간이며, 활동을 위한 준비 기간인 것이다.

마지막으로 중요한 여행 준비는 영적 무장을 위해 기도하는 것이다. 기도 자체가 선교사의 중요한 사역이다. 자기를 위해 기도하는 파송 교회를 위해, 다시 만날 선교지 사람들을 위해, 자신이 계속 기도할 수 있는 은총에 거할 수 있도록 선교사는 끊임없는 기도와 감사와 찬양을 해야 할 것이다. 기도는 선교사의 사역에 있어서 가장 우선적으로 준비해야 할 일이다. 기도가 바로 선교 사역의 일부분이라는 것과 주님이 자기가 부른 일꾼을 위해 중보하고 계심을 기억하며 기도할 때, 선교사가 임지에 도착하기 전 미리 그곳 사람들을 준비시키는 일이 된다.

선교사는 전투적 삶의 최선봉에 선 사람이다. 안식년 기간에 여러 면으로 철저히 준비하고 나간다 해도 선교지에서는 번번이 모국으로부터 단절된 상태에 놓이게 되고, 마치 자기 홀로 있는 것 같은 소외감을 맛보게 될 것이기 때문이다.

나의 두 번째 안식년은 안식년을 어떻게 보내는 것이 가장 효과적인지를 생각할 겨를도 없이 지나갔다. 그러나 그러한 시간이 있었기에 한국을 더 소중하게 알고 내가 한국인이라는 것을 의식하면서 세계 교인들과 어깨를 맞대고 일할 수 있었다.

제4부
계속되는 선교

그러므로 무엇이든지 남에게 대접을
받고자 하는 대로 너희도 남을 대접하라
이것이 율법이요 선지자니라
(마 7:12)

계속되는 선교

나쎄르 씨의 편지

파키스탄의 라호르 시에 있는 T.S.A.(Technical Services Associa-tion)이라는 사회 사업 기구의 회장인 나쎄르 씨가 대학 교회에서 선교사를 한 명 더 파송해 달라는 초청 및 요청의 편지를 보내 왔다. 그 편지에는 이미 그곳에 파송되어 나간 이화여대 동창인 박명화 선교사의 선교 사역에 대한 매우 긍정적인 평가가 가득했다. T.S.A.는 여러 교단이 연합하여 후원하는 기구로서 그 기구 안에 농촌 여성 생활 개선을 위한 부서가 있다. 시골 여성들에게 수예와 천짜기 등의 다양한 기술을 가르쳐 주고 본래 농촌 여성들이 즐겨 하는 거울 수예(거울같이 보이는 유리를 네모 및 원으로 잘라서 천 위에 놓고 유리 가장자리를 수로 메꾸는 매우 정교한 수예이다)와 조각 수예품을 판매하여 시골 여성에게 소득의 길을 열어 주는 부서이다. 이들은 현대적인 색감의 실로 수를 놓아 도시 사람들의 눈길을 끌어 소득을 올린다. 또한 청소년들에게 목공 기술과 자동차 정비 기술을 가르쳐 주어 고등 교육을 받지 못하는 청소년들이 사회에서 직업을 찾을 수 있게 해 주는 학교도 운영한다. 그리고 문맹 퇴치 센터를 열어서 80%에 이르는 여성 문맹 문제를 해결해 나가는 데 도움을 주기도 한다.

이러한 부서는 다 한 장소에 모여 있지 않고 한 시간쯤 떨어져 있는 구즈란왈라에 자리잡고 있다. 3년 전부터 나쎄르 씨는 정신박약아를 위한 주간

학교를 세울 계획도 갖고 있었다. 초등학교 교육도 아직 의무 교육에 포함되지 않는 지역에서 이러한 특수 학교를 시작한다는 것은 그리 쉬운 일이 아니었다. 우선 정신박약아를 교육시켜야 한다는 인식이 없어서 교육을 시킬 수 있는 경제적 여유가 있는 부모들도 자기 아이들을 집 밖으로 내보내기를 꺼려 했고, 또 아이들을 지도할 만한 특수 교육을 받은 교사도 없었다. 간호사 또는 '아야'(아이를 돌보아 주는 여인)를 구할 수는 있어도 제대로 배운 특수 교육 교사를 만난다는 것은 어려운 일이었다. 또 가난한 부모들은 똑똑하고 공부를 할 수 있는 건강한 자녀들의 교육비도 감당하지 못하였기 때문에 제대로 크지 못하는 자녀를 학교에 보낸다는 것은 상상할 수도 없는 처지였다. 그런데 나쎄르 씨는 가까운 주변에서 이런 아이들을 보고 무엇인가 이 문제에 대해 해결책을 찾아야 한다고 생각하게 된 것이다.

이와 때를 같이하여 나는 이화여대 동창 선교사가 파키스탄에 파송되어 나갈 경우 실제로 그곳에서 가장 필요로 하는 선교 사역이 어떤 종류의 일인지를 파악하기 위하여 1982년 겨울 그 지역을 방문하여 캐나드여자대학(Kinnaird College for Women)의 학장 미라 헬브스와 면담을 하였다. 헬브스 학장은 이화대학을 방문했던 일이 있었고 그녀의 언니 니바와 나는 오랜 친구 사이여서 나를 반갑게 맞아 주었다. 그녀는 나에게 무엇보다도 지체장애자와 정신박약아의 교육을 위한 선교사가 필요하다고 솔직하게 제안을 해 주었다. 그리고 이대 대학교회에 공식 초청장을 보내는 데 도움이 되고 싶다고 말했다.

나는 그 얘기를 듣고 20시간 기차 여행길인 남쪽 카라치에 가서 루드빈 카라치 주교와 이러한 선교 사역에 대해 의논을 하였다. 루드빈 주교는 나를 카라치에 있는 정신박약아 학교에 데리고 갔다. 그 학교는 시작된 지 2년이 채 되지 않았는데, 정식으로 교육받은 교사 없이 일본인 간호사와 파키스탄 중년 교사가 학생 20여 명을 돌보고 있었다. 루드빈 주교도 여선교사 사역에 이러한 특수 사역이 매우 필요하다고 항상 말해 왔었다. 그는 한국에서 능력 있는 선교사를 파송하면 제도적인 뒷받침을 하겠다고 약속하였다. 그래서 나는 그 사실을 당시의 교목이셨던 김홍호 목사님께 전했고 주님이 한 마음 한 뜻을 주셔서 파키스탄으로 파송할 특수 교육 전공 선교사를 훈련할 과제를 맡게 되었던 것이다.

그것을 계기로 박 선교사가 파송을 받아 선교 활동을 하게 된 지 이제 2년 반이 되었다. 1987년 6월 말에 싱가포르에서 개최된 세계복음주의협회 제8차 총회에서 파키스탄의 라이윈드 교구의 마이클 나지르 알리 주교를 만날 기회가 있었다. 마이클 나지르 알리 주교는 내가 선교사로 일할 때 가끔 기독 청년회 모임에서 만난 적이 있었고 같이 회의에도 참석했던 분이었다. 그는 박 선교사를 교회 모임에서 가끔 만난다고 얘기하면서 그 지역 교회가 그 젊은 한국 선교사의 수고와 헌신을 인정하고 있다고 칭찬해 주었다. 언어도 잘 배우고 파키스탄 사역자들과도 친하게 잘 지내고 있다는 소식을 들으니 고맙고 또 기쁘기 그지없었다.

그런데 그는 그런 선교사를 더 보내 주면 좋겠다고 했다. 사실 타문화권 선교에 있어서 제일 먼저 물어야 하는 것은 그곳 현지인들이 선교사와 그 선교 활동을 환영하고 있는지의 여부이다. 그곳에 있는 교회나 선교에 관심을 가지고 활동을 하는 이들이 다른 나라에서 어떤 선교사가 오고 가는지를 모른다면 문제인 것이다.

그래서 나는 그들이 우리 이화인 선교사를 어떻게 생각하고 있고 어떻게 환대하고 있는지를 파악하려고, 마음을 열고 대화할 수 있는 그곳 파키스탄 교회 지도자들과 몇 개월에 걸쳐 서신을 주고받았고, 만날 때마다 그 점을 의식적으로 물었던 것이다. 분명한 것은 6개월만 더 있으면 약속한 첫 임기가 다 끝나 한국에 돌아올 박 선교사를 그곳 사람들이 다시 환영한다는 것이다. 뿐만 아니라 그와 같이 일할 또 한 명의 한국 선교사를 파송해 달라는 공식 요청이 온 것이다. 얼마나 귀한 일인가! 한 젊은 한국 기독교인이 파키스탄의 한 도시에서 빛과 소금의 역할을 하고 있다.

이대 특수교육학과 2학년 학생과의 만남

나는 이화여대의 C관 3층 해외학생 지도교수실에서 지도교수로 가끔 면담을 하곤 했다. 어느 날 오후 해외학생이 아닌 한 학생이 찾아와서 면담을 청했다. 우리말을 제대로 못하는 해외학생들과 얘기하는 것과는 아주 다른 내용이었다. 그 학생은 선교사들을 위한 중보기도회를 시작하고 싶다고 했다. 그리고 그것을 이화기도회라고 이름하여 대학 기독서클로 학생회에 정식으로 등록을 하고자 하는데 그러기 위해서는 지도교수를 모셔야만 한다는 것이었다. 선교사들을 위해 기도하고자 정기적으로 만나고 싶다는 얘기를 들으니 참으로 반가웠다. 나는 지도교수로 수락했을 뿐만 아니라, 그 학생을 곁에서 지켜보며 때때로 그녀를 위해 기도하였다. 그 학생의 이름은 박명화였다.

혹시나 저 학생인가? 선교사로 나갈 이화인이 저 학생인가? 그러나 그때 그 학생은 선교사가 될 생각은 전혀 없는 것 같았고 나도 그것에 대해 말하지 않았다. 그리고 이화기도회가 시작되었다. 내가 기억하기로 그 모임은 조그만 기도 모임이었지만 그 학생은 졸업할 때까지 서클 회장으로서 모임을 성실하게 이끌어 나갔다. 그녀는 조용한 성격이었고 신뢰감을 주는 타입이었다. 모습이 늘 평화롭고 주변 사람들에게 안정감을 주었다. 졸업할 즈음에는 별로 만나지 못했는데, 나도 보직에 매여 해외학생들과 많은 시간을 보내고 있어서 신앙과 진로 문제로 찾아오는 학생들에게는 여유 있게 대해 주지 못하던 때였다.

오랫동안 소식을 모르고 있다가 1982년 개강 직전 내가 파키스탄 답사에서 돌아왔을 때, 박명화가 졸업 인사차 찾아왔다. 그런데 그것은 단순히 졸업 인사만을 위해서가 아니었다.

파키스탄 답사에서 나는 누군가가 파키스탄에 특수 교육 선교사로 나올 수 있기를 기도하였고, 막 돌아온 후에는 교목과 그것에 대해 이야기를 나누었다. 그런데 그가 서둘러서 파키스탄에 선교사를 파송하자고 하는 것이 아닌가? 몇 년 동안 그분의 설교나 글에서, 그리고 어쩌다 하시는 말씀을 통해서는 그분이 해외 선교에 관심을 갖고 계시다는 것을 느낄 수 없었다. 그런데 나의 여행 보고를 들으신 후, 기대치 않게 선교사 파송을 적극적으로 추진하시는 것이었다. 은퇴가 2년밖에 남지 않아서였는지, 아니면 성령께서 갑작스럽게 그런 선교의 꿈을 주셨는지는 모르겠지만 내게는 무척 감사한 일이었다. 하여간 대학교회에서 적임자만 있으면 바로 선교사를 파송하자고 하셨다. 그 얘기를 하고 나서 어디에서 그런 일꾼을 찾을 것인가 하는 과제를 안고 내 방에 돌아왔을 때 박명화가 찾아온 것이었다. 사실 그 순간에도 그 학생의 전공이 특수 교육이라는 것을 미처 생각하지 못하고 있었다. 나는 사람을 잘 기억하지 못한다.

　박명화는 졸업을 하고 인천에 있는 맹아 학교에 교사로 가게 되었다고 했다. 그리고 거기서 얻은 경험을 가지고 파키스탄에 선교사로 나가 선교 사역에 헌신하고 싶다고 하였다! 나는 속에서 아니, 내 온몸으로 소리 없이 외치는 찬양을 드렸다. "하나님의 때! 하나님께 영광!" 그렇게 쉽게 세 사람이 같은 생각과 같은 헌신을 할 수 있을까? 동양철학을 강의하시는 교목님의 의외의 선교 비전—선교사 파송은 그분의 행정적 뒷받침이 없이는 될 수 없는 일이었다—그리고 파키스탄에서 선교사의 요청을 듣고 돌아온 나의 기도와 졸업생의 느닷없는 선교 헌신, 이 세 가지가 어떻게 그렇게 잘 맞아 떨어졌는지 주님의 역사는 참 놀라운 것이었다. 기다리는 자를 결코 실망시키지 않으시는 주님! 주님의 이름을 높이고 영광을 돌리면서 기도하면 반드시 들어 주신다는 약속을 지키신 것이다. 나는 약속을 지키는 사람을 좋아한다. 그런데 얼마나 자주 자기가 원하는 바를 약속으로 헛되이 말하는가! 주님의 말씀은 영원히 신뢰할 만한 것이라는 진리란 얼마나 소중한 것인가!

　그 졸업생은 본격적으로 선교사 준비에 들어갔다. 이제 막 졸업을 했고 3월부터 가르치게 되었으니, 저녁 시간을 내어 선교사 훈련을 받도록 했다. 나는 이렇게 선교사로 지원하는 젊은 여성들을 위한 선교사 훈련 공동체를 오래 전부터 꿈꾸어 왔다. 선교사 훈련은 대학이나 신학교의 강의와 교회의 기도 모임만 가지고는 매우 부족하다. 타문화권에서 이중적으로 문화 적응을 해야 하는 한국 선교사들은 선교사 훈련을 받으면서 공동체 생활에 익숙해져야 할 필요가 있다. 나는 지금도 여선교사 지원자들을 20여 명 맞이할 수 있는 간소하면서도 아름다운 분위기의 공간을 꿈꾸며, 이 변화하는 아시아 대륙의 상황에 맞게 선교사들을 훈련할 수 있는 찬양 선교 공동체를 머릿속에 그리고 있다. 여성신학을 부르짖지 않으면서도 가장 선구적인 여성 해방자들로, 곳곳에서 가난하고 억울하게 살아가는 이웃들을 위해 치유의 역할을 하는 한국 여선교사들을 그려 본다. 알려지지 않은 세계의 각지에서 몸으로 가르치며 사랑으로 대접하는 이들을 상상해 본다. 그 아름다운 발걸음이 하루빨리 세계 곳곳에 닿게 되기를 기도한다. 선교 2세기 말엽에는 이러한 천여 명의 한국 여선교사들이 1만 7천 미전도 종족들 가운데 조를 짜고 들어가 복음의 여성으로서 사역하게 될 것을 상상해 본다. 하나님께 영광!

그 큰 그림의 아주 작은 한 점이 그 졸업생의 선교 헌신이었던 것 같다. 그녀는 맹아 학교에서 2년의 경력을 쌓았고, 혼자 꿋꿋이 건강하게 믿음을 키워 갔다. 그리고 서울 시내 맹아 학교에서 수화로 주일학교를 섬겼다. 그러면서 한 학기 동안 신설동에 있는 선교단체협의회의 부속 기관인 세계선교사훈련원에서 선교 과목을 이수하였다. 이렇게 준비하면서 그는 선교지와 이슬람 종교에 대해 배웠으며, 당시 아세아연합신학대학교에서 신학을 공부하고 있던 에스터와의 만남으로 파키스탄 사람과의 교제도 가능하였다. 이러한 2년간의 훈련 기간이 끝나고 1984년 초에 파키스탄 선교사로의 출발을 구체적으로 준비하게 되었다. 교목님이 2월 말에 은퇴하시게 되었으므로 나는 그 안에 파송 절차를 다 밟도록 최선을 다했다.

이대 대학교회의 파키스탄 선교사 후원

대학교회 실행위원회에서 한 마음 한 뜻으로 선교사 후원을 의논하여 3년간 매달 5백불을 지원하기로 하였다. 독신 선교사일 경우 선교비가 반

이상으로 적게 드는 유리한 점이 있다. 자녀 교육비도 없고 또 가정을 가진 선교사일 경우에 생기는 심각한 자녀 교육 문제도 없다. 대학교회는 대부분의 교인이 대학생들로 구성된 약간 특수한 교회이기 때문에 매년 움직이는 교인수가 많다. 학생들이 졸업하고 서울을 떠나면 교인수가 줄지만 또 신입생들이 들어오면 예전과 비슷해진다. 기숙사에 들어온 신입생들이나 또 새로 교회에 나오기 시작한 학생들은 교회가 캠퍼스에 있어서인지 대학교회 분위기를 편안해 한다. 그런데 젊은 학생들 위주의 교회에서 한 명의 선교사를 전적으로 후원한다는 것은 대단한 일이다. 곧 선교비가 책정되었고 선교사 파송 예배도 드렸다. 나는 귀국할 때마다 중강당 또는 대강당에서 선교 활동 보고를 하였었는데, 선교사를 보내는 입장에 서서 다른 이대 동창의 파송 예배에 참석하게 되자 감회가 새로웠다. 시간은 우리에게 놀랍고도 기쁜 선물을 가져다준다. 내가 선교사로 처음 나갈 때에는 이런 시간이 오리라는 것을 상상치도 못했었다. 앞으로 맞을 시간들 가운데 주님이 또 어떤 선물을 안겨 주실지 기대가 된다. 그래서 그리스도인들은 미래를 기대에 찬 시선으로 꿈꾸고, 동시에 종말을 생각하며 오늘 이 순간을 최선으로 맞이하는 것이 아닌가!

대학교회는 선교사를 파송하는 기구가 아니다. 그래서 막상 여행 준비 마지막 단계에서는 여권 발급 받는 데 필요한 조치를 취해야 했다. 그러기 위해서는 이화여대 총장님의 추천서와 감리교 감독님의 파송이 있어야만 했다. 고맙게도 한 교회의 해외선교부가 시작한 일에 크게 힘이 되는 두 기관의 공식 추천까지 갖추게 되었다. 그래서 박명화 선교사는 이대 대학교회의 선교사로 후원을 받으면서 공식적으로는 감리교 선교국의 선교사로서 임명되었고 서부 연회에서도 총회때 파송식을 곁들여 주었다. 이것은 1961년에 내가 파송되었을 때와는 매우 다른 상황이었다. 나는 이화여대 선교부의 후원과 감리교 감독의 선교사 안수식을 받고 나갔던 것이다. 그리고 선교비는 이화 미국 재단을 통해 거기서 파키스탄으로 송금되었다. 그때만 해도 한국에서 선교비를 정기적으로 송금한다는 것은 불가능하였기 때문이었다.

　이제는 조흥은행에 구좌를 열고 대학교회가 직접 송금하고 있다. 물론 감리교 선교국으로 선교비를 보내어 송금하는 간접 방법도 있지만 초기 활동 단계에서는 몇몇의 헌신적인 후원자들의 손길이 닿는 방법이 더 필요하다고 생각되었다. 만일 장기적으로 선교를 한다면, 개 교회가 선교비 송금 및 선교사 행정 담당까지 하는 것은 무리일 것이다. 교회의 타문화권 선교 참여의 가능성은 선교사 교육과 선교비 모금에 있다고 본다. 그런 면에서 교회의 타문화권 선교 참여는 매우 절실한 것이다. 최근에 선교 지도자들은 크게 3가지 문제를 지적한다. 선교비 문제와 선교 교육 문제, 그리고 선교 협력 문제가 그것이다. 교회는 이 3가지 문제를 담당할 만한 공간과 여유를 가지고 있다. 개 교회마다 형편에 따라 타문화권 선교비를 예산 안에 포함시킬 수 있다. 서울의 어느 교회는 15명의 선교사들에게 부분적 지원을 하고 있다는 보고서를 발표했다. 이러한 방법의 선교사 지원은 그 선교사들을 위해 기도하도록 하는 간접적 도전이 된다.

　선교 교육이 단순히 1년 내지 2년간 선교훈련원에서 교육받는 것으로만 이해되어서는 안 된다. 실제로 선교 교육은 교회가 감당해야 할 일이다. 예를 들어, 각 연령별 주일학교반에서도 체계적으로 타문화권 선교를 위한 교육을 할 수 있을 것이다. 교회의 강단에서도 가끔 세계 선교의 성서적 근거에 대하여 강해 설교를 할 수 있을 것이다. 그리고 특별히 청년반에서는 선교지에 대한 연구, 선교사들의 보고 등을 통해 선교의 소명을 확인하는 기회를 제공할 수 있을 것이다. 또한 담임 목사의 타문화권 선교에 대한 태도와 인식 그리고 비전은 그 교회에 크게 영향을 미친다. 그러므로 개 교회는 선교를 위한 무한한 가능성을 가지고 있는 것이다. 현재 한국 교회는 몇몇 교회를 제외하고는 전반적으로 타문화권 선교에 대한 구체적인 계획이 수립되어 있지 않다.

　타문화권 선교는 문화적, 지리적으로 멀리 떨어져 있는 곳에서의 선교이므로 국내 선교 이상으로 협력 관계가 필요하다. 이제 한국에서는 어디를 가도 교회를 볼 수 있고 선교의 빛을 느낄 수 있다. 그러나 아직도 24억의 인구가 이러한 빛을 보지 못하고 어둠 가운데 있다. 이러한 지역에 선교를 하려는 교회는 필요한 선교 정보를 빠른 시간 안에 얻을 수도 없고 행정적 뒷받침을 하기도 어려우므로 타문화권 선교센터 또는 선교단체 협의회와의 협력 관계를 확보하는 것이 필요하다. 그래서 선교사 후보자를 추천할 때 선교지 선정, 선교비 송금, 선교사 여행 수속 및 선교지에서의 행정, 선교 정책 채택과 정책 시행 방법 등을 그러한 기관에 의뢰하거나 완전히 맡기고, 교회는 기도로써 후원을 계속할 수 있어야 할 것이다. 그렇지 않고서는 산만하고 문제 많은 한국 선교사의 갈등 현황이 개선될 수 없을 것이다. 그렇지만 이렇게 전문적 선교사 파송 기구에 맡긴다 해도 교회가 선교 행정에 무관심해서는 안 된다.

선교는 기도로써만 가능한 것이다. 선교는 프로그램이 아니라 하나님의 은혜 가운데 일어나는 사건이기 때문에, 교회의 기도 후원 없이 선교사가 파송된다면 마치 플러그가 꽂히지 않은 전기 기구처럼 힘을 쓸 수가 없다. 그 힘은 오직 기도를 통한 하나님의 역사로만 공급될 수 있다. 나는 선교사인 한 친구의 어머니가 네팔의 선교를 위하여 10대 소녀 시절부터 기도해 왔다는 간증을 전해 들었다. 네팔에 복음의 문이 전혀 열리지 않았을 때, 그리고 그 나라 안에 단 한 명의 공식적인 기독교인이 없었던 때로부터 75년간을 기도해 왔다는 것이다. 그분은 현재 90세이며 아직도 네팔을 위해 기도하고 계시다. 네팔에 교회가 세워지고 박해 가운데서도 기독교인이 늘어나는 것은 곳곳에서 끊임없이 기도하는 모든 성도들의 기도와 그 기도를 들으시는 하나님의 사랑 때문이다.

파키스탄 선교사로서의 출발과 그곳 활동

1984년 3월 24일 박명화 선교사의 아름다운 발걸음이 파키스탄을 향했다. 이런 날을 위해서 구체적으로 기도한 지 만 7년이 되던 해였다. 공항에는 선교사의 가족, 친구들 그리고 교목님과 내가 배웅을 나갔다. 담담하면서도 밝은 미소를 띤 얼굴을 보이며 떠나는 그녀의 모습이 보기 좋았다. 라호르에 도착하면 나의 친구 미라 헬브스가 캐나드대학 교수 숙소에 방을 한 칸 주기로 되어 있었는데 그곳은 미션계 대학으로 영국 여선교사가 오래 전에 시작한 전통 있는 명문 여자대학이었다. 그 캠퍼스 내에서 체류하는 것이 안전할 듯했고, 또 오랜 친구인 따아라 제임스도 이젠 라호르에 살기 때문에 박 선교사를 동생처럼 보살펴 줄 것 같아 안심이 되었다. 그리고 그 여자대학에서 도보로 10분 거리에 T.S.A. 건물이 있다고 했으니 쉽게 일터에 오고 갈 수도 있을 것이라 생각되었다. 또 에스터도 그곳의 주교 밑에서 전도사로 일하고 있었다.

그때 그 센터에 정신박약아 다섯 명이 다니고 있었는데, 박 선교사는 그 일을 맡기로 하고 나간 것이다. 그리고 그곳 우르두 언어를 배우면서 이슬람 문화에 적응해 나가야 했다. 이제는 그 지역에 한국 대사관도 있고 교포도 한두 가족이 있어서 전화를 통해서라도 우리말을 할 수 있다. 모국어를 몇 달씩 쓰지 못하면 병이 나는 사람도 있다고 한다. 60년대와는 달리 상황이 훨씬 좋아졌지만, 박 선교사가 즐겁고 건강하게 적응해 나갈 수 있을까 하는 생각이 항상 머릿속에 맴돌았다.

그의 서신은 언제나 감사와 찬양으로 넘쳤다. 그곳 사람들에 대해 아주 긍정적인 평가를 했고 그들과 아주 좋은 사귐을 이루어 나가고 있다는 소식을 전해 왔다. 나쎄르 씨도 좋은 소식을 보내 주었다. 가서 일을 시작하면서 어려운 일이 한두 가지가 아니었겠지만, 그러한 칭찬의 말은 나의 염려를 말끔히 가져갔다. 1년이 지나자 정신박약아들이 몇 명 더 모여서 15명이 되었는데 모두 집이 가난하며 아침 저녁으로 오고 가는 것이 그곳에서 재우는 것보다 더 어려우니 교실 겸 기숙사 방을 하나 지을 수 있도록 도와 달라는 편지가 왔다. 20여 명의 학생들이 낮에는 배우고 밤에는 잘 수 있는 공간이 필요하다고 했다. 그 비용을 알아보니 미화로 2천 불이 든다고 했다. 당시의 환율로 160만원이었다. 그래서 대학교회의 목사님과 의논하여 헌금을 받기로 하였는데 이화횃불회에서 백만 원, 어떤 개인이

25만 원 그리고 대학교회가 40만 원을 헌금해서 필요한 만큼의 금액을 보낼 수 있었다. 그녀는 그것으로 두 칸의 교실을 지었고, 현재는 35명의 장애자들이 모여 꽤 활발한 반이 되었다고 했다. 이제는 경제적으로 여유 있는 부모들도 자기 자녀들을 보내고 싶어한다는 것이다. 더디지만 무엇인가 배우며 변화되어 가는 아이들을 관찰한 결과 자기 아이들도 보내고 싶어진 것이다. 그것은 박 선교사가 이대 특수교육과에서 배운 지식과 교사의 경험을 가지고 인내하며 가꾼 2년간의 열매였다.

또한 박 선교사는 그곳에 있던 직원들에게 그러한 특수 아동을 가르치는 교수법을 교육시키는 일도 담당하고 있다고 했다. 그리고 그러한 아이들이 라호르에만 해도 수백 명이 넘는데, 차츰 깨인 부모들이 자기 자녀들을 받아 달라고 요청하고 있지만 현재로는 30명 이상을 수용할 공간도, 또 제대로 교육하고 관리할 동역자도 없다는 것이다. 나쎄르 씨는 최근 그런 내용과 함께, 자신이 7월 말에 정식으로 은퇴한다는 것과 후임자로 쪼드리 씨가 오게 되었다는 소식을 전해 왔다. 그리고 앞으로도 계속 이러한 선교 활동을 해 달라고 부탁했다.

T.S.A. 안에 오래된 건물이 있어서 박 선교사는 그 안에 있는 방으로 숙소를 옮겼는데, 또 한 명의 한국 선교사가 지원할 경우 방이 하나 더 필요하게 되므로 부부가 살던 옆 아파트로 옮기는 것을 고려하고 있다. 그 아파트는 그 건물 이층의 한 부분을 꾸며 만든 것으로 두 사람이 살기에 알맞다고 했다. 그리고 지금까지는 방세를 전혀 내지 않았지만, 아파트로 꾸민 곳을 계속 사용한다면 매달 180불을 유지비 및 월세로 내야 한다고 했다. 이제 교육 도시인 라호르에서 한국 선교사들이 선교 활동을 계속적으로 하려면, 독신 선교사들이라고 해도 언제까지나 그곳 대학의 신세를 지며 기숙할 수도 없다. 또 유지비도 부담하지 않고 T.S.A.에서 선교하고 있는데 그것은 그곳 책임자에게 부담이 되는 것이다. 그래서 박 선교사가 계속 그곳에서 선교 활동을 하려고 헌신한 이상, 숙소 문제를 위한 뒷받침이 필요했다. 내가 나가 있었을 때에는 서구에서 온 독신 여선교사들과 같이 생활

할 수 있어서 따로 숙식비가 필요없었지만 지금 같은 모델을 제시할 수는 없는 것이다. 선교사마다 적응의 폭과 정도가 각기 다르다. 그러므로 한국 선교사가 아시아 나라에서 선교하면서 서구 선교사들의 생활 방식을 따라야 하는 이중적 부담을 덜어 주는 것이 필요하다.

무슬림 풍속도

이슬람교는 기독교보다 6세기 후에 시작된 종교로 어떤 면에서 기독교와 관계가 깊다고 할 수 있다. 세계 종교 가운데 가장 마지막으로 출발한 이 종교는 기독교와 같이 세계주의를 표방한다. 그래서 이슬람교는 하나님이 인류에게 주신 마지막 말씀을 전하며 그것이 하나님의 마지막 계시라고 주장한다.

이슬람은 아랍어로 '복종한다' 라는 뜻이다. 무슬림은 하나님의 뜻에 자기 자신을 바치고 복종하는 자를 의미한다. 여기서의 복종은 자기 삶에 어떤 일이 일어나도 다 하나님의 뜻으로 받아들이며 체념하고 사는 약한 모습을 의미하는 것이 아니다. 무슬림이 생각하는 복종은 본래 되어져야 할 것을 이루기 위하여 자기 자신을 하나님에게 바치는 역동적인 면을 가지고 있다.

무슬림은 종교와 인간의 문제를 구별하지 않으며 따라서 성과 속을 구별하지 않는다. 무슬림은 하나님이 무함마드 예언자를 통하여 인간에게 온전한 길을 계시하였다고 믿기 때문에 삶 전체 즉 정치, 경제, 사회 및 문화의 모든 측면에 있어서 하나님의 뜻이 이루어질 것으로 믿는다. 그러므로 무슬림은 하나님이 원하시는 사회를 실현시키기 위하여 헌신하는 사람이다. 따라서 이들은 역사 의식을 강하게 갖고 있다. 그들의 하나님이 역사

속에서 자기의 목적을 성취시켜 나간다고 믿기 때문이다. 무슬림은 하나님의 뜻 안에서 자기 존재의 의미를 느끼며, 하나님이 뜻하시는 사회를 만들려는 목표를 가지고 있다.

무슬림 생활의 근거

무슬림에게 있어서 최고의 선은 외적인 행동으로 나타나야 하며 무함마드를 닮아가는 것을 가장 이상적인 삶으로 생각한다. 그들의 삶의 근거는 의로움의 가르침에 있다. 하나님에 대한 믿음의 확신을 가져야 하며, 모든 행동은 하나님과의 관계에서 이루어져야 한다고 말한다. 그러나 깊은 사랑에 근거한 삶의 태도와 행위는 연약한 것으로 본다. 무슬림이 바라는 최고의 선은 외적으로 표현되는 것이며 이것을 통해 행복을 얻는다고 믿는다.

그러므로 인간의 내적인 죄책감과 죄의 가능성은 강조되지 않는다. 따라서 이들에게는 죄를 대신 져 주는 속죄도 필요없다. 위대한 예언자의 가르침에 근거하여 행동하는 것이 구원의 삶인 것이다. 예언자 무함마드는 이상적 모델로서 모든 무슬림이 지향하는 대상이다. 하나님과 인간은 외적으로 주어진 말씀으로 관계를 이어갈 뿐이지 개별적인 사귐의 관계를 갖지는 않는다. 무슬림이 하나님에게서 받은 것은 말씀뿐이며, 하나님을 위한 삶이라는 것은 선한 행위를 해야만 인정된다. 무슬림에게는 성화라는 개념이 없으며 오직 행위로 증명하는 것만이 중요하다.

따라서 그들 가운데서는 참된 삶을 경험하기 위하여 내적으로 투쟁하거나 죄 때문에 내적으로 고민하는 인간의 모습도 나타나지 않는다. 그러므로 무슬림은 자기의 약하고 죄인 되고 무능한 것을 탄식하면서 나아가는 인간의 겸손한 모습이 아니라 의의 행위로 자신만만하게 살아가는 것을 좋아한다.

그러면 무슬림은 죄라는 것을 말하지 않는가? 그렇지 않다. 무슬림에게 있어서의 죄란 주어진 법을 의도적으로 거스르는 행동이다. 이렇게 보면 무지로 인해 법을 어긴 것이나 어린 아이의 법에 대한 불복종은 죄라고 할 수 없다. 그래서 무슬림은 죄를 큰 죄와 작은 죄로 구별하여 이해한다. 흔히 큰 죄로는 다음의 7가지를 든다. 우상 숭배, 살인, 사실이 아닌 것을 간음으로 고발하는 것, 고아를 돌보지 않는 것, 돈놀이, 자하드(거룩한 투쟁이란 뜻으로 하나님의 뜻을 위하여, 특히 이슬람교 확장을 위해 투쟁하는 것)에 참여하지 않는 것 그리고 부모에 대한 불순종이다. 또 어떤 이들은 여러 다른 항목을 큰 죄에 포함시키기도 한다. 예를 들면 음주도 그 하나이다. 그리고 점치는 것도 이에 해당된다.

무슬림은 큰 죄가 아니면 다른 죄는 쉽게 용서받을 수 있다고 무슬림은 생각한다. 내가 가까이 만나 이야기하고 함께 일한 무슬림 교사들과 학생들에게서 이러한 태도를 실제로 관찰할 수 있었다. 가끔 나를 의아하게 만들었던 것은 마치 그들에게는 내적 고민이 없는 것처럼 보인다는 점이었다. 내적 갈등, 선택 앞에서의 불안한 실존도 보이지 않았고 '어떤 것이 하나님의 뜻인가?' '이런 상황에서 어떻게 사는 것이 참으로 하나님을 믿으며 사는 것인가?' 등에 대해서도 고민하지 않았다. 큰 죄목들은 매우 분명했기 때문에 잘 알 수 있었고, 그것들을 거스르고 어기는 것을 완전히 터부시했으며 생각 속에서도 금지했다. 만일 어떤 대학생이 저녁 특강을 들으러 나가고 싶고 꼭 가야 된다고 해도 부모가 안 된다고 하면 집에서 나갈 수 없는 것이다. 가는 것이 옳지만, 부모에게 불복종할 수는 없는 것이라고 생각한다.

그러나 거짓말은 큰 죄가 아닌 작은 죄로 여기며 언제나 용서받을 수 있는 것으로 생각하는 것 같았다. 그들에게는 무함마드 예언자를 통해서 전달된 금지령을 깨는 것이 큰 죄이다. 그들에게는 도덕을 범하는 것과 종교 의식 절차를 무시하는 것이 같은 비중으로 취급된다. 예를 들면 기도하기 전에 손을 씻지 않은 것과 거짓말을 하는 것은 같은 것이다. 더럽다고 생각하는 돼지고기를 먹는 것과 누군가를 미워하는 것도 구별이 없다. 그런데 도덕적인 것이 무엇인가 하는 문제는 때와 장소에 따라 달라질 수 있다. 그것은 모두 하나님에게 달려 있다는 것이다. 친구를 위한 것일 때, 또는 전쟁 중일 때는 거짓말도 용납된다고 생각한다.

무슬림 생활에서 이상적 기준은 무함마드 예언자이다. 무함마드가 모든 무슬림들의 생활을 위한 도덕적 표준이 된다. 그가 어떤 인격이었는지를 알면 무슬림의 삶에 대해 좀 더 잘 이해할 수 있을 것이다. 그는 전형적인 아랍 남자였다. 유명한 즈웨머(S. Zwemer)는 무함마드가 자존심이 강하고 호탕하며 질투심과 분노가 많은 남자였을 것이라고 지적한다. 무함마드는 자신의 예언자로서의 기간에 거룩한 전쟁이라는 명목으로 수많은 사람들을 학살했고, 특히 종교적으로 정치적으로 자기를 따르지 않는 사람들을 힘으로 정복했다. 그것이 그에게는 승리를 의미했다. 그런 면에서 어떤 철인은 '예수님의 경우는 늘 자기를 부정하는 패배의 길을 선택하지 않았는가?'라고 예수님과 무함마드를 비교하기도 했다. 그러므로 무함마드를 따르고 그를 이상적 모델로 바라보며 닮아 가려는 무슬림들이 무함마드와 유사해지는 것은 어찌보면 당연한 일일 것이다.

결혼과 이혼

결혼은 종교적인 의식과 의미이기보다는 법적 제도이다. 종파에 따라서는 결혼할 남녀를 위한 증인들도 없이 '까디'(법관)에게 완전히 맡긴다. 결혼을 할 대상을 정할 때는 꾸란의 가르침에 따라 어떤 친척과는 해도 되고 어떤 친척과는 안 된다는 것을 구별하여 지킨다.

결혼 잔치 때 부유한 집은 백화점의 크리스마스 장식 이상으로 찬란한 전구들을 정원의 나무들과 집에 장식하며, 신부는 며칠 전부터 외출을 하지 않고 집 안에서 몸단장을 한다. 봉선화꽃으로 손톱에 물을 들이듯이 손과 발바닥에 점선으로 물감을 들이고 머리와 몸은 매일 기름으로 마사지를 한다. 신부의 가장 철저한 준비는 순결이며, 그것을 깼을 때는 죽음으로 보상해야 한다고 생각한다.

무슬림 여성들에게 독신으로 산다는 것은 터부이며 결혼이 가장 중요한 가치이기 때문에 그것에 전부를 건다. 도시의 교육을 받은 소수의 여성들은 예외이지만, 아직도 농촌에서는 대다수의 무슬림 여성들이 완전 중매로 자기가 결혼할 상대를 만나보지도 못한 채 결혼하는 것이 보통이다. 그럴 경우에 사진을 교환하여 결혼을 결정하는데, 사진에서는 피부색이 본래의 색깔보다 더 희게 보일 수 있고, 키가 작은지 큰지를 분별하기가 어렵다. 남편 될 사람이 어떤 분위기의 사람인가는 더더욱 상상할 수 없다.

여성은 아직도 문맹률이 84%이다. 여성의 문자 해득률은 남성이 35%인 데 비해 16%밖에 되지 않는 것이다. 남녀를 합한 문자 해득률이 26%이니, 아직도 문맹률이 74%인 셈이다. 내가 1961년에 갔을 때의 문맹률이 85%였고 여자의 경우는 90%나 글을 읽지 못했으니 많이 발전했다고 할 수 있다.

기독교 학자들 가운데는 무슬림의 일부다처 제도, 이혼 제도 그리고 초창기에 인정되었던 노예 제도가 이슬람 확장의 큰 요인이었다고 보는 사람들이 있다. 상황과 때에 따라 변하는 이슬람의 윤리적 기준이 타락한 인간들에게 매혹적으로 다가갔다는 것이다. 일부다처 제도는 초기 이슬람 확장 시대 때뿐만 아니라 지난 1400년간 유지되어 온 결혼 제도이다. 물론 예언자 무함마드도 여러 명의 아내를 거느렸었다.

꾸란은 남자가 네 명의 아내를 동시에 거느릴 수 있고, 여자 노예들은 수없이 거느릴 수 있으며, 이혼도 남자의 뜻에 따라야 한다고 가르친다. 시아파에서는 일시적으로 데리고 사는 것을 조건으로 하는 결혼을 허락한다. 무슬림 학자들 가운데는 무슬림 여성에게 있어서 결혼은 실제로 남자의 노예가 되는 것이라고 이해하는 학자도 있다. 그러므로 여성은 남편에게 절대 복종하고 밖의 출입도 남편의 허락 없이는 할 수 없으며, 이슬람 법에 어긋나는 것 이외에는 남편을 주인으로 섬겨야 한다고 했다. 꾸란의 가르침에는 아내를 때려도 된다는 내용이 있으며, 무슬림 여성들 중에는 이혼 당할 것에 대한 두려움을 가지고 사는 경우가 많다.

지금은 노예 제도가 다 개혁되었다고는 하지만, 이슬람 발전 초기 및 확장 시기에는 여자를 노예로 사고 파는 것이 결혼과 연관되어 많은 사회악을 초래하였다고 한다. 물론 이런 노예 제도는 이슬람 세계에서만의 문제는 아니다. 이것이 기독교 세계에서도 지독하게 뿌리를 내렸던 시기가 있었다.

현대에 이르러 여러 차례 개혁을 통해서 일부일처 제도가 정착되었으며 이혼에 있어서도 여성에게 남성과 동등한 권리를 부여하고 법적으로 보장하고 있지만, 속해 있는 특수한 공동체, 종족, 가족 제도, 지방색 등에 따라 아직도 전통적인 결혼 제도가 강하게 지켜지고 있는 것이 현실이다. 특히 많이 가진 자와 권력을 가진 자의 경우는 더욱 그러하다. 아직도 우르두 언어에서 '노르까르'(노예, 심부름하는 이)라는 단어가 흔히 사용되는 것을 보면 노예처럼 일하는 이들이 상당수에 이른다고 할 수 있다.

이와 같은 문화 속에서 또 다른 면을 지적할 수 있다. 파키스탄 여성들 가운데는 세계 어디에서도 볼 수 없을 정도로 지도자적 자질을 발휘하면서 활동하는 여성들이 있다. 우리 나라에서는 아직 대통령에 출마한 여성이 없었지만, 파키스탄의 교육받은 여성 지도자들은 사회에서 대단한 능력을 드러내고 있다. 파키스탄 독립 때에도 베굼 리아깔뜨 알리 칸('베굼'은 여사라는 뜻), 베굼 화띠마 같은 이들이 맹활약을 하였고 무슬림 연맹을 위해 뛰었다.

그래서 파키스탄 창립 때부터 여성의 정치적 위치 확보가 인정되었던 것이다. 이들은 1950년대에 서구에서 대사로 활동했고, 국회의원으로도 일했다. 1961년에 내가 파키스탄에 있을 때 지나 여사는 대통령 후보로 출마했었다. 비록 아윱칸과의 경쟁에서 승리하지는 못했지만, 무슬림 문화 속에서 독신 여성으로 정치 활동을 편 것은 주목할 만한 일이었다. 지나 여사가 연설을 하면 베일을 쓴 여성들이 헤아릴 수 없이 몰려들었다. 그녀는 전통 문화에 적극적으로 대응한 개혁자였던 것이다.

축제

앞에서 무슬림으로 살려면 기본적으로 다섯 가지 종교적 의무 행위를 해야 한다고 기록한 바 있다. 이슬람의 다섯 기둥으로 알려진 계명이 그것이다. 다섯 기둥이란 신앙 고백인 샤하드, 기도, 구제, 금식 그리고 순례인데, 이 다섯 가지 이외에도 무슬림으로서 지켜야 하는 의식 및 이드, 축제가 있다.

이 다섯 가지 종교적 의식을 지키는 과정을 통해 무슬림들은 무슬림 공동체에 속해 있는 자신을 확인하고 만족해 한다. 대개의 무슬림은 왜 그러한 종교적 의식을 해야 하는지에 관해 신학적 의문을 갖지 않으며, 알라신이 명하고 무함마드가 가르친 것이기 때문에 풍습을 지키듯 순순히 따라간다. 그들은 신앙의 내적 의미에 대하여 불안하게 질문하지 않는다. 이것은 기독교인인 우리에게도 적용해 보아야 할 문제이다. 기독교인이라고는 하지만 자신의 신앙의 깊이와 의미를 의식하고 사는 이는 많지 않다.

무슬림들은 여러 종교 의식을 지키면서 자기들의 허탈감과 허전함을 채운다고 생각한다. 축제는 삶의 침체성과 무의미성을 극복하는 좋은 방법이다.

이드울 화띠르와 이드울 아다하는 무슬림들이 지키는 연중 의식이다. 이드울 화띠르는 작은 축제로서 금식 기간이 끝나는 때에 지킨다. 금식을 하는 달은 라마단이라고 하여 모든 무슬림들이 지켜야 하는데, 여행자, 환자나 모유로 아기를 기르는 산모는 예외로 한다. 이 축제기간에는 초승달이 뜰 때부터 금식을 시작하며 다음 초승달이 뜰 때 금식을 풀고 잔치를 연다. 말은 작은 축제라고 하지만 실제로는 더 큰 축제인 이드울 아다하보다 훨씬 고조된 분위기 속에서 진행된다.

이때에는 새 옷을 해 입고 여자들은 몸단장을 하며 장신구를 다 꺼내어 달고 서로 음식을 나누거나 서로의 집을 방문한다. 그들은 우리의 설날과 추석처럼 이 절기를 중요하게 지키는데, 양을 잡고 그들의 고유한 쎄비앙(가는 국수인데 우유나 설탕, 기름으로 볶은 것이다)과 다양한 과자를 만들어 친지간에 대접을 한다. 나는 이웃이라는 이유로 해마다 곳곳에 초청을 받아 대접을 받곤 하였다.

이들은 선물을 주고받거나 카드를 보내면서 서로의 관계를 다지고 다가

오는 새해에 더 친밀한 사귐을 갖게 되기를 기대한다. 이러한 기원은 한 달 간의 금식 기간에 쌓여진 단련과 고생으로 더 진지해지는 것 같았다. 이때에는 악한 것을 멀리 하며 그들의 단련 속에서 악한 생각을 버리고 천사들이 내려와 그들을 평화롭게 해 주기를 기원한다. 남자들은 이 기간에 모스끄(이슬람사원)에 더 열심히 출석하고 무슬림으로서의 헌신을 다짐한다.

이드울 아다하는 순례 때에 메카에서 가까운 거리에 있는 미나에서 순례자의 제물을 바치는 의식과 관련된 것이다. 때로 이 축제 의식은 어떤 종파이냐에 따라 서로 다른데 선물을 주고받기도 하고 경건한 무슬림 가장은 동물을 제물로 바치기도 한다. 순례자의 이러한 의식은 그 축제에 의미 있게 참여하기 위한 것이라고 한다.

무슬림의 순례가 끝나면, 고향으로 돌아와 친척이나 친구를 찾아가서 그 축제의 감격과 경험을 나누는 교제의 시간을 갖는다. 필경 그들에게는 이 축제가 두고 두고 간증할 사건이 되는 것이다. 순례에서 이드울 아다하를 지키고 돌아온 무슬림 중 여유가 있는 집안에서는 7일간 잔치를 베푼다. 친척과 친구들이 찾아와서 축하해 주면 음식을 푸짐하게 마련하여 대접한다. 흔히 저녁에 전깃불이 켜질 때에는 누가 그 동네에서 이드울 아다하를 지키고 돌아왔는지 알 수 있다. 집을 온통 전깃불로 장식하기 때문이다. 그렇게 돌아온 순례자는 지혜와 종교 경험을 가진 자로 그 지역에서 존경을 받는다.

모하람

내가 지금까지 관찰했던 종교 의식 가운데 가장 긴장했던 것이 있다면 바로 이 모하람일 것이다. 이에 대해 읽은 바도, 또한 사전 오리엔테이션도 없이 모하람을 목격한 나는, 그 의식을 위해 몰려든 군중 가운데서 다치지 않고 살아나온 것이 감사할 정도였다.

모하람은 대단히 큰 행렬로서 두 무슬림 지도자 형제인 하산과 후세인의 순교를 재연출하는 것이다. 이 행렬을 위해 사용되는 각본이 무려 610쪽에 달한다는 것을 감안하면 이것이 얼마나 극적인 행렬인가를 상상해 볼 수 있을 것이다.

이 의식은 이슬람의 대표적인 두 종파 가운데 하나인 시아파에 의해서 해마다 거행된다. 시아파는 지금 이란에 많이 분포되어 있지만 파키스탄 무슬림 가운데도 20% 이상이 이 시아파에 속한다. 물론 정통파인 수니파 보다는 교세가 약하지만 그들의 종교열, 종교 행위와 과격성은 수니파가 따르지 못할 정도인 것 같다.

모하람 행렬은 제4대 칼리프였던 알리의 아들 하산이 그 반대파인 무아위야에 의하여 살해된 것과 또 그의 동생 후세인이 무아위야파와의 전쟁에서 패한 후 목이 잘려 주인 없는 말에 의해 실려 돌아온 것을 기념하는 것이다. 이 행렬은 고난과 박해 그리고 순교를 재연출함으로써 종교심을 불러일으킨다. 행렬에는 남자들만 참가할 수 있는데 먼저 후세인의 머리를 싣고 온 흰 말을 찬란하게 장식한다. 그리고 말이 울며 돌아왔다고 해서 말의 눈에 고춧가루를 탄 물을 넣어 행렬 앞에 가게 한다. 그리고 웃옷을 벗고 통 넓은 흰 바지를 입은 남자들이 가슴을 치면서 곡을 하며 지나간다. 가슴이 시뻘겋게 되어도 계속 친다.

그리고 많은 사람들에 의해 행렬이 둘러싸이고 흥분이 고조되면 진동하는 북소리와 함께 남자들은 칼날이 수없이 꽂힌 끈을 자기들의 등에 내리친다. 핏방울이 맺히고 핏줄기가 등을 타고 흘러내린다. 이들의 각본은 후세인이 죽은 순간을 매우 극적으로 묘사하여 그 대사를 제대로 듣는 이들로 하여금 모두 눈물을 흘리게 하는 것이다. 거리에 나온 시아파는 까만 터번을 쓰고 있다. 그 행렬 주위에는 여자가 한 사람도 없다. 어른들의 행렬 다음에는 소년들이 웃통을 벗고 어른들이 하는 것처럼 곡을 하고 가슴을 치면서 따라간다. 이 행렬은 하루 종일 계속 이어지고, 시내를 한 바퀴 다 돌게 된다.

나는 첫 임기 중 어느 날 아무것도 모른채 자전거를 타고 나갔다가 이 행렬에 막혀서 오도 가도 못하고 하이드라바드에서 이 오싹오싹한 광경을 목격했다. 아마 미리 모하람에 관해 읽고 듣고 보았더라면 그렇게까지 놀라지는 않았을 것이다. 그날 어떻게 그 폭도 같은 무리 속에서 살아나올 수 있었는지 정말 기적처럼 느껴진다. 숫자적으로는 수니파보다 훨씬 적지만 이들의 선교열은 광적이어서, 한때는 큰 교세를 확보했고 지금도 선교를 열심히 하고 있다.

죽음과 장례

무슬림은 죽음 이후에 있을 무서운 심판에 대해 배우며 산다. 죽음이 오면 그때 자기가 의식을 가지고 한 모든 행위에 대해 알라의 심판을 받는다는 것이다. 그러므로 죽음과 장례는 결혼보다 훨씬 더 강한 종교적 의미를 갖고 있다. 무함마드가 죽었을 때 그의 시체를 그 더운 지역에 하루 종일 그냥 두었다고 하는데, 그것은 다른 이유에서가 아니라 계승자 문제로 논란이 있었기 때문이었다. 그래서 무함마드의 시체는 하루가 지난 후에야 장례되었지만, 대체로는 열대라는 지역적 특성과 죽은 자의 영혼이 몸을 빨리 떠나게 해야 한다는 종교적 신념에 따라 곧바로 매장을 한다.

장례식은 이슬람 사원 안에서 집례되는데 신을 벗은 여러 남자들이 시체를 들고 걸어가서 묘지 안에 내려 놓는다. 땅을 파고 묻는 것이 아니라, 땅 위에 있는 무덤 안에 넣고 머리는 메카를 향하도록 안치한다. 그 후에 꾸란의 첫 장을 낭독한다. 친척들은 장사한 지 3일만에 무덤을 찾는데 그곳에서 긴 시간을 보내지 않고 곧 돌아온다. 그들은 무덤을 오래 머물 곳이 못 되는 불결한 곳으로 생각하며, 다시 부활의 날을 기다린다. 그래서 무덤을 장식하는 일은 거의 없다.

이 모든 의식을 통하여 무슬림들이 얻는 가장 중요한 것은, 개인이 공동체에 속해 있음을 확인하는 것이다. 그러므로 지역의 특수성에 따라 어느 이슬람 전통에 따르는가가 결정되며, 그것이 신앙 행위이건, 축제이건, 탄생과 성년, 죽음을 둘러싼 어떤 의식이건 다 공동체의 전통을 철저히 따른다. 가만히 지켜보면 다 그럴 듯한 의식들이다. 개인으로 하여금 독자적인 행동을 하지 못하게 하고, 이러한 의식들을 통해 개인을 그 공동체에 결속시키는 것이다. 사람이 자기가 어딘가에 속해 있다는 확신을 갖는 것은 얼마나 중요한 일인가? 그러나 문제는 자기가 혼자라는 의식을 갖거나 자기 스스로를 이웃으로부터 고립시키는 데서 커진다. 그런데 무슬림들의 독특한 여러 민속 행위는 다 이런 위험에서 개인들을 보호하며 안전한 길을 가게 한다.

이슬람을 외적으로 관찰하거나 무슬림에 대해 거리를 두고 볼 때에는 기독교와 매우 비슷한 원칙을 가지고 있는 것처럼 느껴진다. 하나님에 대한 것, 즉 창조나 역사를 주관하심, 죽음 이후에 있을 심판 등의 개념이 익숙한 가르침으로 들리는 것이다. 그러나 이슬람과 기독교는 유사한 것으로 생각되는 것에서조차도 큰 차이를 보인다. 기독교는 사랑에 근거하며 겸손의 길을 보여 준다. 항상 자기를 부정하고 자신의 권리까지도 사랑 때문에 포기하며 상처를 주는 자들을 용서한다. 그러므로 자기 발전을 위해서 모든 사건을 선으로 받아들여 내적으로 무한히 성장할 수 있는 가능성을 확보한다. 기독교에서 행위의 강한 동기는 이슬람의 경우와 매우 다르다. 기독교는 사랑의 동기에서 출발하기 때문이다. 하나님에 대한 복종은 맹목적인 순종이 아니다. 그의 사랑에 대한 응답이므로 복종하는 자를 성숙하게 하며 결코 퇴보시키거나 가능성을 막지 않는다.

무슬림을 위한 선교로의 부름

그리스도를 믿고 그의 선교에 참여하고자 하는 사람은 오늘날 변화하는 무슬림 세계의 과제를 인식하여야 한다. 그것은 예수 그리스도를 통해 보여 주시고 신자의 삶 속에서 체험하게 하신 하나님의 거룩한 사상을 그들에게 증거하는 것이다.

파키스탄에는 천 명의 가톨릭 선교사들과 400여 명의 개신교 선교사들이 있지만, 9천만이나 되는 파키스탄 인구를 생각한다면 곳곳에서 그리스도의 사랑의 극치인 십자가의 길을 가는 사람들이 더 많이 있어야 한다. 그곳에도 교회가 있고 거의 백만에 달하는 신도가 있지만, 그들은 아직 강한 무슬림 공동체와 그 문화의 타성에 젖어 있다. 대부분의 신자들은 그리스도의 증인의 역할을 감당하기보다는 외딴 섬에 사는 사람들처럼 사회적으로 움츠린 상태에서 무슬림들에게 나아가지 못하고, 그리스도의 부활의 능력을 증거하지 못하고 있다.

그들에게는 새로운 바람이 필요하다. 기독교로 인한 역사적 상처와 무관한 동양인 선교사들이 그들을 위해 사랑의 사도로 일하게 될 때 전통적으로 무슬림들에게 잘못 인식되어 있는 그리스도가 새롭게 이해되는 계기를 마련할 수 있을 것이다. 파키스탄에서 잠시 귀국한 박 선교사가 내게 이런 말을 했다. "그곳 교회에서는 뭘 하는 일이 없어요." 그럴 수밖에 없는 것이 그들은 무슬림 가운데서 위축되어 거의 마비 상태에 있다. 너무나 오랫동안 억눌린 상태로 살면, 충분히 할 수 있었던 일도 할 수 없게 된다. 그곳의 교회는 오직 생존하기 위해서만 남아 있는 기운을 다 소진하고 있는지도 모른다.

그러므로 그들을 예수님의 이름으로 온전하게 변화시키고, 일어나 주님을 찬양하며 일하는 사람들로 세우기 위해, 선교의 소명에 응답하고 나가는 이들이 필요한 것이다. 그곳 교회는 무슬림 전통과 다르게 사는 길을 포기하고 주저앉아 버리도록 유혹을 받고 있다. 그들에게 가지고 나갈 것은 강한 그리스도의 사랑이다. 그곳 교회 여자들을 만나고 가난한 이들을 가르치며 또한 스스로 가난한 삶을 선택하는 사랑의 테레사가 필요한 것이다.

베풂의 선교

이번에는 음식에 대한 이야기를 쓰고 싶다. 가을이 되어서 그런지 부쩍 음식 생각이 난다. 가을은 먹을 것이 풍성하고 햇곡식으로 밥을 맛있게 지어 먹는 때가 아닌가! 또 가을의 색은 얼마나 아름다운가! 지난 주말에 신학회 일로 지방에 갔다가 가을의 풍요로움을 한가득 안고 돌아왔다. 그래서인지 아직도 마음이 가득 차 있는 듯하다. 집에 도착해서도 도무지 무얼 먹고 싶다는 생각이 나지 않는다. 그곳에서 먹은 것이라야 가난한 신학교의 식당 밥이 전부였지만, 가고 오는 고속도로 옆의 춤추는 코스모스, 노랗게 익은 벼, 초록색 밭, 과수원에 보기 좋게 달린 열매와 따뜻한 가을 햇살이 나를 그렇게 가득 채워 주었다. 그리고 하나님의 일에 나를 참여하게 하신 것을 감사하고, 나를 통해서 언젠가는 저런 가을과 같은 풍요로움이 나의 학생들에게 채워지게 되기를 바랐다. 파키스탄에서의 지난 생활을 생각할 때마다 나를 감사와 기쁨으로 가득하게 채우는 그 무엇이 있다. 거기에는 더 근본적인 이유가 있지만, 이번에는 거기서 늘 먹던 음식들에 대해 나누고 싶다.

그곳에서는 무엇을 먹나

파키스탄 사람들은 카레 음식을 주로 먹는다. 거기서는 '까리' 라고 발음

하는데 양념이 진한 음식이다. 카레 음식을 만드는 기본은 다음과 같다. 떼일(기름)을 두꺼운 남비에 뜨겁게 달구고 거기에 양파 채친 것을 넣고 타기 직전까지 볶는다. 양파가 갈색으로 변하면서 볶은 '후쉬무' (좋은 음식 냄새)가 나면 거기에 머살라(양념)를 넣는데 생강 다진 것, 마늘 다진 것, 할디(노란 가루로 카레 향기와 예쁜 색깔이 나게 한다), 토마토 다진 것, 매운 고춧가루, 풋고추 다진 것, 다니양(향기 진한 양념 채소로 파슬리보다는 잎이 크고 쑥갓보다는 작은 미나리계 채소)을 넣은 후에 약한 불에서 끓인다. 조금 있으면 기름이 양념과 분리되는데, 양념이 가라앉고 기름이 위에 고이게 되면 원하는 재료를 넣고 찌개처럼 물을 조금 넣어 푹 끓이는 것이다. 여기에 내가 즐겨 먹던 식단과 조리 방법을 소개한다.

1. 닭감자 카레

◇ 재료

닭 한마리 / 채친 양파 2컵 / 다진 생강 1큰술 / 다진 마늘 2큰술 / 고춧가루 조금 / 풋고추 3개 / 기름 6큰술 / 정향(클로브) 4개 / 계피 6쪽(조그맣게 자른 것) / 카더래이 열매 1작은술(없으면 안 넣어도 됨) / 깐 아몬드 5개 / 할디(사프란) / 중간 토마토 1개 / 감자 4개 / 소금 조금 / 플레인 요구르트 1컵 / 물 1컵

◇ 조리법

기름을 넣고 남비를 뜨겁게 달구어 양파를 볶는다. 양파가 갈색으로 변하면 생강, 마늘, 고춧가루, 풋고추, 정향, 계피, 카더래이, 아몬드, 할디, 토마토와 소금을 넣은 후, 뚜껑을 닫고 연한 불에 푹 익힌다. 후쉬무가 나면, 타지 않게 물을 조금씩 붓고 양념이 충분히 익을 때까지 볶는다. 양념이 밑에 가라앉고 주황색 기름이 위로 떠오르면, 토막 친 닭과 감자를 통으로 넣는다. 고기가 볶아지면, 요구르트를 넣고 약한 불에 끓인다. 그리고 아몬드를 넣어 뜨거울 때 먹는다.

2. 차파띠

◆ 재료
　아따(거피 안한 밀가루) 1컵 / 물 조금 / 소금 조금

◆ 조리법
　아따를 잘 이겨 반죽을 한 뒤 물에 적신 흰 천을 덮는다. 그리고 계란 크기만큼 뜯어서 밀전병처럼 민다. 두꺼운 후라이팬에서 기름 없이 앞뒤를 구워 낸다. 구울 때 마른 행주로 가장 자리를 누르면 익을 때 바람이 들어가 가운데가 폭 올라온다. 그러면 익은 것이다. 이것도 굽자마자 먹는다.

　거기서는 한 끼 식사 때 한 가지 카레를 먹는다. 있는 집에서는 두 가지 정도이고 여기 전통 한식처럼 화려한 상차림은 없다. 하지만 음식 때문에 고생스러웠던 기억은 없다. 너무 잘 잊어버려서인지 몰라도 정말 맛있게 먹었던 생각만 난다. 늘 모자란 듯하게 먹었던 것 같다. 교사 기숙사에서는 사실 차파띠 두 개와 닭고기가 들어가지 않은 감자 카레가 거의 매일의 식사였다. 닭 대신에 양고기 한 쪽이 들어간 카레 1/2컵 정도와 무와 양파로 만든 샐러드를 먹었다. 그 기숙사에는 식탁이 없었으므로 차드빠이(침대)에 모두 걸터앉아서 차파띠를 오른손으로 조금씩 뜯어 감자 카레에 찍어 먹었다. 뜯은 차파띠로 감자를 으깨면 카레 국물에 자작하게 감자가 풀어져서 수저를 쓰거나 국물을 흘리지 않고도 먹을 수 있었다. 그 기숙사에서도 짜왈(흰 쌀밥)을 일주일에 두 번 주었지만 나는 차파띠를 더 좋아했다.

　시장에 나가면 나는 까밥과 서모사를 잘 사먹었다. 길에서는 잘 안 먹었지만 사들고 들어와서 홍차와 함께 오후 간식으로 즐기곤 했다. 까밥은 만들기가 어렵다. 어렵다기보다 손이 많이 간다. 씨크 까밥은 아래와 같이 준비하면 된다.

3. 씨크 까밥
◇ 재료
다진 고기 1근 / 계란 1개 / 고수풀(미나리계) 가루 $\frac{1}{2}$ 작은술 / 커민 씨앗 가루(미나리계) $\frac{1}{2}$ 작은술 / 고춧가루 조금 / 계피가루 조금 / 정향 4개(갈은 것) / 소금 조금 / 기름 조금

◇ 조리법
고기 다진 것과 계란에 양념을 섞는다. 바베큐 대에 기름을 잘 바르고, 겉에 기름을 칠한 고기를 작은 바나나만 하게 말아서 숯불에 돌려가며 굽는다. 돼지고기는 먹지 않으므로 쇠고기 아니면 양고기 다진 것으로 한다.

서모사는 튀김 만두에 제일 가깝다. 단지 그 속에 들어가는 양념이 우리 것과 달라서 향내가 진하고 맵다. 그래도 홍차와 함께 먹으면 훌륭한 간식이 된다. 그곳에서는 끼마쁘라타가 별식이다.

4. 끼마쁘라타
◇ 재료
아따 1컵 / 다진 고기 $\frac{1}{2}$ 컵 / 다진 박하와 고수풀잎 한 작은술 / 다진 풋고추 한 작은술 / 채친 양파 $\frac{1}{2}$ 개 / 소금 조금 / 기름 5큰술

◇조리법
1) 뜨겁게 달군 기름에 양파를 갈색이 될 때까지 볶는다. 다진 고기를 넣고 볶다가 풋고추, 박하, 고수풀, 소금을 넣는다. 2~3큰술의 물을 넣고 기름이 위로 분리될 때까지 볶는다.
2) 밀가루에 기름을 넣고 물을 넣어 반죽을 만든다. 계란만 하게 떼어 차파띠를 만들 때와 같이 밀어서 그 위에 미리 볶아 놓은 고기를 한 큰술 넣고 만두 빚을 때처럼 가장자리를 눌러서 붙인다. 그리고 기름을 조금 넣고 바삭하게 지져 낸다.

위 재료는 쁘라타를 3개 정도 만들 수 있는 분량이다. 그곳 음식은 화학 조미료가 들어가지 않는다. 순수한 양념, 향기 있는 씨앗과 잎을 다져서 맛을 내는 건강 식품이다.

이렇게 그곳 음식을 생각하며 글을 쓰니 입 안에 군침이 돌며 먹고 싶어진다. 지난 번에도 파키스탄 학생들을 집에 오라고 해서 같이 닭감자 카레와 차파띠, 그리고 쁘라타를 해 먹었다. 사무엘 나만이라는 파키스탄 학생이 아세아연합신학대학교에서 신학 공부를 하고 있고, 또 라호르에 있는 캐나드여자대학의 울화라는 여학생이 이화여자대학교에 교환 학생으로 와 있었기 때문에 함께 파키스탄 요리를 하는 것이 즐거웠다. 음식을 같이 즐기는 손님들이 있어야 카레 음식을 만들 기분이 난다.

내게는 음식 만드는 일이 때로 휴식처럼 느껴진다. 글을 읽고 쓰고 가르치며 사는 대학 캠퍼스 생활도 무척 좋아하지만, 항상 교수 식당 밥만 먹다가 어쩌다 친구들을 위해서 음식을 만들면 내 생활에 청량제가 된다. 한때는 요리를 취미로 할 수도 있겠다고 생각한 적이 있었다. 설거지는 엉망으로 하기 때문에 내 조카는 나더러 설거지는 아예 안 하는 것이 좋겠다고 했다. 나는 싱싱한 재료를 가지고 음식을 만들어 예쁘게 식탁을 준비해서 같이 먹는 데까지만 관심이 있다. 다들 내가 만든 음식이 맛있다고 한다. 빈 말은 아닌 것 같다. 나는 사실 파키스탄에서 공동 생활을 하면서 음식을 국제적으로 만드는 습관에 젖어, 그리고 많은 손님을 위해 짧은 시간에 만드는 것에 익숙해져서 한국적인 음식 맛을 잘 모른다. 이제 한국 음식 먹는 맛을 되찾긴 했지만 그 맛을 내는 솜씨는 없다. 그럴 만한 시간이 없기 때문이기도 하다.

생각해 보니 파키스탄에서는 정말 수없이 많은 이들을 대접했던 것 같다. 선교비도 적게 받았는데 무엇으로 늘 먹을 것을 내놓았는지 의아할 정도이다. 성경의 열왕기상에서 사르밧의 한 과부가 조금밖에 없는 가루(필경 아따였을 것이다)와 기름 조금을 가지고 하나님의 사람을 대접한 후에 하나님이 주시는 놀라운 양식을 계속 먹을 수 있었듯이 나는 없는 가운데서도 파키스탄에서 항상 풍요롭게 대접하며 지냈다.

대접으로서의 선교

그 당시에 선교신학적인 접근법을 알고 선교 활동을 했던 것은 아니었지만, 어느 정도 선교적 차원에서 이론적으로 정립된 지금은 그때 내가 좋아했던 대접이 매우 의미 있는 선교 방법이었다고 생각된다. 대접은 만나는 사람을 풍족하게 해 줄 수 있는 좋은 태도이다. 대접을 통해 다른 사람을 생각하는 마음을 구체적으로 표현할 수 있다. 같이 한 식탁에서 음식을 편안하게 먹을 수 있다면 행복한 관계일 것이다. 얼굴색이 다르고, 말이 다르고, 식사를 하는 입의 움직임이나 손의 움직임이 다른 타지의 사람들과 맛있게 밥을 같이 먹는다는 것은 하나님의 축복이다.

헨리 나우웬(Henry Nouwen)은 『내 주를 가까이』(Reaching Out)라는 책에서 영적 성장을 위해서는 적대감으로부터 대접의 차원으로 옮겨 가야 함을 지적했다. 선교사는 낯선 곳에서 매일 낯선 이들을 만나야 하는데, 항상 자기 입맛에 맞는 음식만을 먹으려고 고집한다면 얼마나 힘든 일이겠는가? 선교사의 삶에는 이방인과의 만남이 늘 있는 것이다. 그러나 이방인이란 반드시 지리적 경계선을 넘어 인종적으로 낯선 이들만을 의미하는 것은 아니다. 사실 현대 도시에는 많은 이들이 같은 피부색, 같은 언어, 같은 음식 습관을 가지고 있으나 서로에게 이방인이 된 채 살아가고 있다. 서로의 개인적 삶에 대해서는 모르는 채, 또 그들의 하나님과의 관계에 대해 아는 바 없이 스치고 지나가며 고독하게 산다.

그래서 편안한 대접은 현대 선교에 있어서 매우 소중한 것이라고 생각된다. 손님을 대접하려면 고급스런 음식이 있어야 한다는 생각은 너무 물질주의적인 사고에 따른 것이다. 자기 형편에 맞게 정성이 담겨 있고 부담스럽지 않으면서도 즐거움이 가득한 자리이면 족하다. 서로 마음으로 환영하는 공간인가가 더 중요한 문제일 것이다. 가족이 아니라도 같은 직장에서 일을 하거나 같은 분야에서 사역하는 이들이 자리를 같이하여 식사하는 가운데 얻는 휴식은 얼마나 환영할 만한가! 모두 시간에 쫓기며 살고 있고 현재 하고 있는 일의 부담이 커서 실제 자리를 같이할 수 없다고 하더라도 대접하고자 하는 여유로운 마음을 갖고 사는 것은 가능하다. 누구나 편안하게 대접해 주는 친구, 친지, 이웃을 두고 두고 기억하며 곧 그를 다시 만나고 싶어할 것이다. 그리고 대접받는 것이 축복이라는 것을 알게 될 것이다. 그것은 받는 이에게만 아니라 베푸는 이에게도 마찬가지이다. 그런데 이것은 위에서 지적했듯이 맛있는 음식을 차린 식탁이 준비되어야만 하는 것은 아니다.

나우웬은 대접이 자유롭고 우정어린 공간을 창조해 준다고 했다. 오는 손님을 자유롭게 해 주면서도 홀로 내버려 두지 않는 것, 그래서 손님이 자기 편한 대로 말하고 표현하고 쉴 수 있도록 하는 것이 진정한 대접인 것이다. 내가 아는 한 친구는 어쩌다 만나서 같이 식사를 하면 앉자마자 계속 남의 소식이나 자기 이야기를 쏟아 놓는다. 나는 한 마디 말할 틈도 얻지 못하고 정말 꼼짝없이 듣고 있어야 한다. 그리고 내가 제대로 뭔가 이야기하기도 전에 "아, 이제 할 일이 있다."라고 하면서 일어나 작별 인사를 한다. 그렇게 바빠 이야기해야 하고 잠시도 침묵을 견디지 못하는 것이 전형적인 도시인의 모습이다. 이런 대접은 의도는 좋지만 나에게 가을 햇살과 같은 풍요로움을 주지는 못한다. 요즈음은 레스토랑에서 대접을 많이 하는데, 부담이 되지 않으면 집에서 손님을 대접하는 것이 좋다. 파키스탄에서는 거의 다 자기 집에서 손님을 대접한다. 시간에 덜 쫓기고 음식 차리기가 간단해서 그럴 것이다. 카레를 만들려면 시간은 걸리지만 양고기 카레나 닭고기 카레 한 접시만 있으면 누구나 만족하는 대접이 될 수 있기 때문이다.

나는 어쩌다 서울 영동에 있는 '모걸' 레스토랑에 친구들을 데려가 파키스탄 음식을 소개한다. 서울에도 파키스탄 음식점이 생긴 것이다. 요리사는 물론 지배인도 파키스탄 사람이어서 가면 이젠 알아보고 파키스탄 말로 인사를 한다. 방 안의 장식품도 파키스탄에서 가져온 것들이고, 향료와 양념도 다 수입된 것이어서 파키스탄에서 먹던 음식 맛과 같다. 다만 다른 것은 여기서는 음식과 함께 술도 주문할 수 있다는 것이다. 내가 아는 범위의 파키스탄 내 음식점에서는 술이 금지되어 있다.

　내가 파키스탄에서 직접 해 먹지 않은 것은 후식이다. 매끼 먹을 만큼 단것을 그렇게 좋아하지 않는 데다 오렌지, 바나나, 망고 등 열대 과일이 흔하고 맛이 좋아서 다른 후식을 생각할 필요가 없었기 때문이다. 모걸에서는 전통적인 파키스탄 후식을 주문할 수 있는데 그중에는 휘프니가 있다.

5. 휘프니

◇ 재료

우유 4컵 / 쌀가루 2큰술 / 장미향이 든 물 반작은술 / 잘게 부순 아몬드 2작은술 / 피스타치오 부순 것 2작은술 / 건포도 2작은술 / 설탕 조금

◇ 조리법

우유를 냄비에 담아 끓이다가 쌀가루와 설탕을 넣어 풀이 될 때까지 약한 불에 끓인다. 식으면 장미 향기가 든 물을 뿌리고 아몬드, 피스타치오 그리고 건포도를 위에 장식해서 식탁에 내어 놓는다.

그리고 홍차도 보통 우리가 마시는 것과는 다르게 준비한다. 모걸에서 진짜 홍차를 달라고 하면 우유가 잔뜩 들어 있는 홍차를 즐길 수 있다. 만드는 방법은 간단하다.

6. 홍차

◇ 조리법

우유 한 컵을 냄비에 넣고 끓기 직전까지 데운다. 홍차 한 큰술을 넣고 10초 동안 끓인 후 설탕을 넣는다. 연한 갈색이 되면 찻잔에 담아 내어 놓는다.

파키스탄 열대 지방에서는 소금을 조금 쳐서 마시는데 여행길에 덥고 피곤하고 땀을 많이 흘렸을 때에는 그 한 잔이 몰약 이상으로 기운을 내게 해 준다.

과일도 쪼개어서 소금을 뿌려 먹는다. 오렌지도 그렇게 먹고, 아무르드라고 하는 과일도 그렇게 해서 잘 먹는다. 아무르드는 파아란 또는 연두색 껍질 안에 흰 살이 있고 조그만 씨가 있는 과일인데 맛이 독특하다. 나는 아무르드로 만든 잼을 좋아했었다.

먹고 마시는 이야기를 하니 요한복음 4장의 예수님과 사마리아 여인의 만남이 생생하게 그려지는 듯하다. 파키스탄의 씬드 사막은 사마리아 같은 곳이다. 지금도 씬드 지역을 자동차로 여행하면 사마리아 여인이 물 길러 갔던 그런 우물이 있다. 마을에서 멀리 떨어져 있는 오아시스 샘터에 여자들이 물을 길러 물동이를 이고 또 하나는 옆에 끼고 모인다. 우리 나라의 물동이와는 모양이 다르다. 항아리 입구가 좁고 길어서 오래 걸어도 물이 흔들려 쏟아질 염려가 없다.

수가성의 그 여자는 예수님이 물을 달라고 할 때 속으로 참 고마웠을 것이다. 늘 사람들의 눈을 피해 다니고 혼자 물을 긷던 그녀에게는 이런 만남의 시간이 필요했을지도 모른다. 그런 데다 예수님께서 먼저 그 여자에게 베풀 수 있는 기회를 주시지 않았는가? 나는 요즘 학생이 면담을 요청하면 아주 피곤하고 바쁜 때에라도 속으로 뿌듯한 기분을 느낀다. 어쩌다 나에게 학생이 차를 같이 마시자고 한다든가 우동을 사 달라고 하면 그렇게 좋을 수가 없다. 수가의 그 여인 같은 상황이라면 자기가 할 수 있는 것, 물을 길어 손님에게 시원하게 마시게 할 수 있다는 것이 당황스러우면서도 그지없이 고마웠을 것이다. 물을 달라고 한 것은 예수님이 그 여자에게 마음의 대접을 하신 것이다. 그리고 그 수가성의 여자로 하여금 자기 지식과 자기 생활을 다 털어 놓고 신나게 이야기할 수 있는 기회를 주셨다. 매일 그렇게 자기의 있는 그대로를 말할 수 있는 시간이 있다면, 그렇게 마음을 열고 들어 주는 대상이 있다면 우리들은 모두 더 활기차게 살 수 있을 것이다.

예수님도 여인과 이야기하시며 피곤과 목마름을 더 이상 느끼지 않으셨던 것 같다. 두레박의 물로 서로를 만족하게 대접한 것이다. 여기에 선교의 사건이 일어났다. 제자들이 동네에서 음식을 사 가지고 왔을 때 예수님의 모습은 제자들이 떠날 때와는 달리 마치 좋은 음식을 먹고 난 후처럼 보였다. 그 여인이 이제 담대하게 자기 자신을 긍정하면서 구원의 기쁨을 가득히 안은 채 마을로 뛰어 들어가는 것을 보고 목마름과 배고픔을 다 잊으신 것이다. 자기가 만난 그 이방인을 그렇게 자유롭게 해 주고 구원에 이르게 하는 것이 예수님의 양식이 되었다. 좋은 음식을 먹은 것처럼 만족하고 꽉 찬 기분이었던 것이다.

선교사에게는 이런 가득함을 맛보는 훈련과 경험이 필요하다. 이미 선교지로 나간 선교사는 그곳 전통과 문화에 따라야 하기 때문에, 가고 싶지 않은 곳도 가게 되고 또 이방인들을 늘 대하고 산다. 그러나 사실 푸짐하게 차려 놓고 초청해서 대접할 만한 형편은 못 된다. 다만, 선교사가 베풀 수 있는 것은 물 한 잔밖에 내놓을 것이 없더라도 하나님이 보여 주시는 때와 장소를 잘 분별하여 만나는 이와 자기가 아는 것과 자기 생활을 나누며, 상대방이 주님의 영원한 말씀을 받아 풍요로움을 안고 자기 삶의 광장에 다시금 뛰어들게 하는 것이다. 바로 그런 사건 속에서 선교사는 기운을 얻고 기쁨을 맛볼 수 있으며, 배고픔과 불편함과 외로움을 잊고 감사하며 풍성하게 사는 것이다.

요즈음 선교사들의 문제 중에서 선교비 문제가 심각한데, 보내는 입장인 선교후원부, 교회, 교인들도 최선의 정성을 기울여 보조해야 하겠지만, 선교사 자신이 떠나기 전에 먼저 선교비 문제에 대한 입장을 내면에서 결정하고 나가야 할 것이다. 얼마만큼 더 먹느냐가 문제가 된다면 선교사 자신에게 너무나 큰 짐이 되므로 아예 나가지 않는 것이 나을 것 같다.

선교사는 영원한 양식을 내놓을 수 있는 감격스런 자리를 마련하는 자이다. 굳이 음식을 만들어 상을 차리지 않아도 대접이 가능한 것이다. 실제 음식을 나누는 자리도 필요하지만, 선교사는 레스토랑에서 노동자의 한 달 월급에 해당하는 대접을 해 주지 않아도 영원히 풍족함을 누리게 할 수 있는 양식을 가진 자이다. 곧 하나님의 일을 하는 것이 그에게는 계속적으로 푸짐한 음식을 받아먹는 것과 같은 것이다. 그것이 예수께서 보여 주시는 선교의 일면이다.

이제 모든 것이 보장되고 확실한 후원이 있을 때에만 나갈 수 있다고 생각하지 말자. 선교사 지원자나 선교사로 이미 임명된 자들은 앞으로 아무 보장이나 장기적인 후원 조직이 없어도 세계를 두루 다니며 대접으로서의 선교 활동을 펴 나갈 수 있도록 훈련을 받아야 할 필요가 있다. 그리고 그러한 선교사의 경험에 대해 보고 듣고 배울 때가 왔다. 학생의 신분으로도 나갈 수 있을 것이다. 많은 이들이 졸업할 때까지의 모든 것이 다 보장되어 있지 않은 상태로 유학을 떠나기도 하는데, 선교를 위해 떠나는 사람은 유학을 위해 떠나는 사람보다 더 담대하게 나갈 수 있어야 할 것이다. 또 이민 가는 이들과 비교하면, 선교사는 그들처럼 뭘 먹고 어떻게 살 것인가를 추구하는 것이 아닌 복음 전도의 목적으로 나가는 것이기 때문에 어려운 상황에서 더 잘 적응할 수 있지 않겠는가?

앞으로는 많은 평신도들이 단기로 나가서 대접하는 선교를 활발하게 펼 수 있을 것이다. 말씀으로 대접하고, 마음으로 대접하는 것은 우리에게 있어서도 가능한 일이다. 여신도들이 지식이나 영적인 부족함을 느낀다면 바로 그 빈 마음을 가지고 나가 복음을 전할 때 하나님의 역사가 나타날 것이다. 1986년 현재 중국 본토에는 4천만에 가까운 교인들이 가정 교회 중심으로 성장하고 있다. 그런데 그들에게 목회 사역을 하는 이들의 70%가 젊은 여신도들이라고 한다. 이들은 하루 두 끼 간단하게 옥수수죽과 만두를 함께 먹으며 열심히 하나님의 일을 하고 있다는 것이다. 한국 교회의 여신도들도 국내 봉사뿐 아니라 세계 각곳에 나가서 사역을 할 수 있다. 전체 신도수의 75%가 여신도이다. 이제 말씀으로 풍성하게 대접하는 선교사가 한국 교회 여신도들 가운데서 많이 배출되어 21세기 세계 곳곳에 복음의 발걸음이 활발해질 수 있기를 바란다.

제5부
이슬람권 선교

예수께서 또 일러 가라사대 나는 세상의 빛이니
나를 따르는 자는 어두움에 다니지 아니하고
생명의 빛을 얻으리라
(요 8:12)

이슬람권의 선교사

선교사로 파송을 받아 이슬람교가 깊이 뿌리 내린 문화권에 들어간다는 것은 대단한 변화에 접하는 것이다. 특히 독신 선교사로 나갈 경우 처음에는 자기 주변의 어느 것 한 가지에도 익숙하지 않다. 가족이 있는 선교사는 주변의 환경들과 사람들이 다 바뀌어도 자기 가족들이 늘 함께 있으므로 완전히 바뀌었다고는 할 수 없다.

그러나 독신 선교사에게는 모든 것이 완전히 생소할 뿐이다. 인간 관계에서도 전혀 친숙함을 느낄 수 없는 환경에 접하게 된다. 언어 공부가 끝나고 휴식을 취하는 저녁 시간이 되어도 마음 놓고 우리말로 대화할 상대가 없다. 문화의 변화는 선교사에게 스트레스를 준다. 자기가 원하여 나간 것이기 때문에 처음에는 이러한 변화를 모험적으로 받아들이고 신기하게 생각할 수 있다. 그러나 매일 접하는 낯선 문화와 의식 구조의 차이 때문에 알게 모르게 스트레스가 쌓여 간다.

이렇게 처음 6개월이 지나는 동안 여러 가지 반응이 나타나게 된다. 처음 몇 달은 그저 사는 것만으로도 힘에 겹다. 자신이 하는 일들 중 어느 것 하나에도 선교 활동이라는 표현이 어울리지 않는 시기이다. 이렇게 문화 충격에 흔들리는 처음 시기를 어떻게 잘 보내느냐가 그곳에서의 삶과 영성, 아니 평생의 사역을 결정한다.

나는 비교적 운이 좋았다. 맨 처음 만난 파키스탄 사람이 카라치 교구의 챤두 레이 주교였다. 레이 주교와 그 가족은 나의 첫 임기에 참 이웃이 되어 주었고, 그로부터 받은 도움은 말로 다 할 수 없다. 나는 파키스탄에서의 첫 성탄절을 레이 주교댁에서 그곳 교회 지도자들과 함께 지냈다. 나는 그들을 존경했고, 그들을 통해 그곳 문화를 익히기 시작했다. 그때부터 파키스탄 사람들을 긍정적으로 보게 되었고, 좋은 점들 때문에 보기 싫은 것은 잊혀졌다. 그래서 지금도 그 첫 임기를 회상할 때마다 늘 외우게 되는 시편 말씀이 있다. "메라 뻬얄라 라브레이즈 호 때 해"(나의 잔이 넘치나이다). 이것은 내가 첫 임기를 끝내고 안식년으로 떠나기 전 그곳에서 환송 예배를 드리며 전했던 설교 말씀이다. 그렇다고 문화 적응을 잘 하기만 한 것은 아니다. 정도의 차이야 있지만, 언어, 사귐, 사역 과정에서 어려운 시험들을 치뤄야 했다.

언어 때문에 받은 어려움도 대단했다. 얼마간은 어린아이처럼 살았는데, 나의 생각과 사고를 전달하는 것이 불가능했으므로 간단한 단어로만 의사소통을 해야 한다는 것이 몹시 견디기 어려웠다. 머리가 싹 다시 정리되는 듯한 그런 속시원한 대화가 얼마나 아쉬웠는지 모른다. 서로 말을 주고받는 대화가 어려웠던 초기에는 주로 예배와 교회에서의 설교로, 그리고 저녁에는 독서로 그 욕구를 대신 충족시켰다. 지금도 그때에 젖은 습관이 아직 남아 있어서 예배를 드리거나 독서를 할 때가 내게 가장 편안한 시간이다. 같이 떠들며 노는 재미를 잘 모른다.

나는 나의 첫 임기를 돌아보면서 내가 처음 받은 문화 충격이 어떠했나를 스스로에게 물어본다. 최근에 읽은 책 중에 폴 히버트와 마이론 로스의 책이 눈길을 끄는데 두 책 모두 문화 충격에 대해 다루고 있다. 문화 충격은 긴장을 고조시키는데 첫 임기, 특히 처음 6개월 또는 1년간은 낯섦, 외로움, 피곤 등이 쌓이는 시기이기 때문에 그 선교사가 감당할 수 있는 능력의 한계를 넘어가게 되면 병이나 사고, 심한 우울증으로 나타나게 된다는 것이다. 그 한계는 선교사 개인의 성격이나 저력과 관련이 있지만 히버트는 일반적 기준을 아래와 같이 인용했다. 다음의 도표는 토마스 홉스와 엠 마수수가 1974년 발표한 자료에 근거한 것인데, 한국 선교사라면 누구나 한 번쯤은 비교해 보는 것이 좋을 것 같다.

이것은 1년간에 겪은 변화를 다 합산해서 자기가 극복해야 할 수치를 알아보는 것이다. 보통 150이 넘지 않는 경우, 세 명 중 한 명꼴로 다가오는 1～2년 사이에 병에 걸린다는 것이다. 150이 넘으면 두 명 중 한 명이 병에 걸릴 확률이 높고, 300이 넘으면 5분의 4는 그 1년 내에 심각한 건강 문제에 부딪히게 된다는 것이다. 그리고 타문화권에 나가는 선교사는 그 첫 임기에 적어도 300~400 수치의 긴장을 받기 때문에 그것을 극복해야 한다고 했다. 새 언어를 매일 사용하는 일은 수치가 50이나 된다.

내가 나의 첫 임기에 겪은 변화를 이 도표에 의해 계산하면 326이된다. 살은 좀 빠졌지만 병이나 사고, 또는 우울증에 걸리지 않은 5명 중 1명에 해당되었던 셈이다. 다 하나님의 무한한 은혜 때문이었다. 그리고 병이나 사고로 나타날 수 있는 긴장을 나는 다 눈물로 주님께 쏟아 낸 것 같다. 그

생활 변화로 인한 긴장 수치

사건의 종류	긴장수치	사건의 종류	긴장수치
1. 부부 사별	100	11. 직장에서의 책임 변동	29
2. 이혼	73	12. 생활 환경의 변동	25
3. 가족 중 사별	63	13. 근무시간 및 근무환경 변동	20
4. 질병	63	14. 거주지 이전	20
5. 결혼	50	15. 취미를 바꾸는 것	19
6. 가족 중 병환	44	16. 교회 활동의 변화	19
7. 임신	40	17. 사회 활동의 변화	18
8. 새 식구가 생김	39	18. 가족 수의 변화	15
9. 경제 형편의 변동	38	19. 음식의 변화	15
10. 직업의 변동	36	20. 언어의 변화	50

때 읽던 성경책은 지금도 엉망이 된 장들이 많다. 말씀을 읽다가 울고, 기도하다 울곤 했다. 저녁 시간마다 짜르빠이(밧줄로 엮은 침대)에 기대어 눈물과 찬양으로 보내다 보니 조그맣게 수놓은 순모 깔개의 무릎이 닿는 부분이 해어져 있었다.

그 첫 임기는 나에게는 씬드 사막의 쓸모없는 땅을 깊이 갈고 거름을 넣어, 히말라야 산맥에서 흐르는 인더스 강 물을 끌어 대어 추수할 밭을 가꾸는 것과 같은 시기였다. 물은 영원히 마르지 않는 그리스도의 복음이며 그때 받은 문화 충격과 극심한 긴장은 내게 밑거름이 되었다.

독신 선교사의 가능성

1986년 여름에 나름대로 한국 선교사들에 대한 현황 조사와 이에 대한 평가를 해 보았다. 한국 교회 목회자들이 미혼 여선교사를 잘 받아 주지 않기 때문인지 다른 서구 지역에 비해 우리 나라 독신 여선교사들의 비율은 높지 않다. 그래도 내가 받은 자료에는 여선교사들이 남성의 수를 능가한다. 물론 선교사의 아내도 포함해서 그렇다. 앞으로는 여선교사들의 수가 더 증가할 것으로 보인다.

서구 선교 역사에서 여선교사들의 공헌과 활동을 빼고는 서구의 타문화권 선교를 말할 수 없을 정도이다. 허버트 케인 같은 학자는 여성과 남성의 비율을 6대 4라고 한다. 대체로 현재 선교사들의 수를 3만여 명으로 보는데 그렇다면 만여 명은 독신 여선교사들인 것이다. 한국 선교의 초창기에 여전도사들이 교회 개척 및 부흥에 큰 몫을 했다는 것은 다 아는 상식이다. 지금도 상당수의 여전도사들이 교회 성장에 중요한 역할을 하고 있다. 앞으로 개신교 2세기에 한국 교회는 타문화권 선교에 있어서도 여선교사의 헌신을 크게 기대할 수 있다.

그러나 한국 교회 지도자들의 여선교사, 특히 독신 선교사에 대한 인식의 변화가 있어야 할 것이다. 나는 지금도 서구의 어느 도시, 예를 들면 런던에 유학가는 것은 다 인정하고 격려하면서 낙후한 타지역에 교회를 섬기러 가거나 선교사로 나간다고 하면 믿는 부모까지 반대하는 것에 대해 문제를 제기하고 싶다. 물론 잘 사는 나라에 가면 적응하기가 수월하다. 그러나 현대의 도시는 그 어느 나라이거나 비슷한 데가 많기 때문에 미혼 여선교사가 라호르에 가는 것이 런던에 가는 것보다 더 위험할 것은 없다. 라호르를 어떻게 생각하느냐에 따라 그만큼 적응도 빠를 것이다. 그곳을 좋게 생각하면 그곳도 선진국 못지 않게 좋은 곳이 될 수 있는 것이다. 물론 문화 수준이 높은 곳이 적응하기가 더 쉽다. 그래서 일본, 대만, 홍콩의 선교사 지망률이 높은지도 모른다.

현대 서구 선교 역사에서도 초창기에는 지금의 한국 교회처럼 타문화권 선교가 여성에게 너무나 힘겨운 일이라고 생각했었다. 그때에는 서구에서도 여성이 할 수 있는 것을 많이 제한했었다. 그리고 독신 여선교사들이 몇몇 나갔었는데 선교지에서 받는 문화 충격 이전에, 나가기 전부터 이미 본국에서 가족, 친구, 교회로부터 받았던 정신적 부담까지 있어서 이중의 어려움을 겪어야 했다. 그러면서도 그들은 긴장과 충격을 잘 극복하였다.

미국의 교회사가인 피얼스 비버리라는 교수는 북미에서 19세기 타문화권 선교의 주역을 맡은 이들이 여선교회 및 여선교사들이었다고 진지하게 지적하였다. 또한 "19세기를 이끌어 나가는 것을 도왔던 독신 여성들이 기독교 선교에 끼친 영향은 과소 평가할 수 없다. 그들이 창설했던 기관들은 100년 이상이 지난 후에도 여전히 건재하여 활발히 운영되고 있다."고 선교학자 케인은 말한다. 개척 교회, 전도, 교회 성장에 헌신적인 한국 여교역자들 중에서도 21세기에 세계 선교에 크게 공헌할 선교사들이 많이 배출될 수 있을 것이다. 하나님은 현대 선교에서 여성들을 많이 사용하기를 원하신다. 아시아, 아프리카에서 치유로서의 선교, 대접으로서의 선교가 얼마나 필요한가를 생각하면 여성의 선교가 더욱 절실한 것이다.

독신 여선교사들이 선교지에서 하는 많은 일들과 그 성과들을 인정할 필요가 있다. 그들은 사실 부부인 선교사들보다도 더욱 헌신적으로 개척 지역에 들어가 복음의 사역을 한다. 이들은 앞에 나서려고 하거나 보상을 기대하지 않고 온전히 자기 전부를 그리스도께 바치고 산다. 그래서 이런 약한 여성들을 통해서 하나님은 구원의 역사를 크게 드러내시는가 보다. 파키스탄, 인도에서 이런 숨은 여선교사들을 만날 수 있었는데 이런 이들이 없었다면 그리스도의 선교는 그만큼 더 후퇴했을 것이다.

독신 선교사는 여러 면에서 자유롭다. 그들은 가정에 대한 부담이 없기 때문에 선교지에 도착하면 오직 선교지의 사람들에게만 관심을 쏟을 수 있다. 또 그들에게는 심각하게 당면해야 할 자녀 교육의 문제도 없다. 아이들을 어느 학교에 보낼 것인가? 영어 학교에 보내기 위해 멀리 보내야 하는지, 아니면 그곳 지방어로 가르치는 보통 학교에 보낼 것인지 등의 문제와 여러 가지 가정 문제로부터 자유롭다. 이런 가정의 부담이 없다는 것은 그만큼 그곳 지역 사람들과의 만남의 시간을 많이 가질 수 있다는 것이다. 그래서 독신 선교사는 언어를 비교적 빨리 배울 수 있다. 시간을 많이 할애할 수 있어서이기도 하지만, 집에 한국어로 말할 대상이 없으므로 오나 가나 그곳 언어로만 지내야 하기 때문이기도 하다. 아무래도 가족들과 한국말을 하고 한식을 먹으면 그 지역 언어를 배우는 것이 더딜 수밖에 없다.

독신 선교사는 언어를 배우고 그곳 사람들과 많이 만나기 때문에 현지 문화에도 빨리 적응하게 된다. 문화에 잘 적응한다는 것은 시간이 있다고 저절로 되는 것은 아니다. 그 문화를 마음속으로부터 존중하고 이를 통해 배울 것이 있다고 생각할 때 그 문화에 쉽게 적응하게 된다. 독신 선교사는 가정이란 곳을 피난처로 삼을 수 없으므로 자연히 그 지역 문화 속에서 자기의 자리를 마련하지 않으면 안 되는 것이다.

또 독신 선교사는 선교 지역의 정치적 변동에도 스트레스를 덜 받는다. 어떤 의미에서 독신으로 나간 선교사는 자기가 겪을 위험에 대해 이미 준비되어 있기 때문이다. 자기 혼자서만 겪으면 되니까 요즈음처럼 혁명, 전쟁, 재앙이 빈번한 세계에서 정치적 변동으로 갑작스럽게 떠나야 할 일이 생겨도 독신 선교사는 유리한 위치에 있다고 할 수 있다. 가족에 대한 염려로부터 자유로운 것이다.

나는 인도와 파키스탄 간의 전쟁이 일어났을 때 그곳에 교회 지도자들과 함께 남기도 했었고, 그 위기의 시기에 선교사로서 더할 수 없는 인정과 축복을 받았다. 내가 만약 아이들을 거느리고 가정을 이루었었더라면 그 위기에 다른 사람들처럼 그 지역을 떠났을 것이다. 나의 신변만 생각하면 되니까 그곳에 끝까지 머물겠다는 결정이 어렵지 않았던 것이다. 그러니까 독신 선교사의 '홀로'라는 점이 선교의 기회를 넓게 열어 준다고 할 수 있다.

때때로 우리는 우리에게 의외로 다가온 슬픔과 아픔이 자기 발견과 복음의 진보를 위한 놀라운 계기가 되는 것을 경험한다. 죽을 것 같은 위기가 하나님의 섭리 가운데에서 축복으로 이어지는 것을 배운다. 동일한 원리를 독신 선교사에게 적용할 수 있을 것이다. 독신 선교사가 그 사회에서 받는 긴장과 외로움이 오히려 복음의 사역을 위하여 아름답게 사용될 수 있다. 그러므로 독신 선교사로서의 은사를 받았다고 확신하여 선교를 시작했거나 혹은 환경이 그를 그러한 길로 가게 했거나(부부 사별로 인한 독신 선교사도 있을 테니까) 간에 현대의 상처받은 세대는 하나님의 일꾼으로 소중하게 쓰임받을 수 있다.

나는 첫 임기에 두 명의 독신 선교사들과 같은 집에서 살았는데, 우리는 드나드는 손님들에게 우리의 집을 항상 개방할 수 있었다. 그야말로 매일 차를 마시고 가는 이들이 10명을 넘었고 식사 때에도 대여섯 명은 늘 같이 했다. 아이들이 있는 선교사는 남에게 자기네 집을 그렇게까지 개방하기가 어려울 것이다. 아이들도 생각해야 되고 가족과만의 오붓한 식사 시간도 필요하기 때문이다.

또 다른 좋은 점은 선교비가 훨씬 적게 든다는 것이다. 독신 선교사는 거주와 교육 등에 필요한 비용이 훨씬 적다. 현지 교사들과 같이 생활할 경우 미화 100불이면 되는 곳이 많다. 그것은 파키스탄에서도 마찬가지이다. 어떤 서구 선교부는 한 선교사 가족을 후원하기 위하여 월 3천 불을 보내야 하는 경우도 있다.

파키스탄에는 현재 1,000여 명의 가톨릭 선교사들과 400여 명의 개신교 선교사들이 있는데, 가톨릭 선교사가 더 많은 것은 그만큼 그들에게는 막대한 선교 후원금이 필요없기 때문이다. 하나의 작은 공동체를 이루고 간소한 생활 양식을 택하여 사는 것이 그들의 전통이므로 의식주에 필요한 재정은 적게 들고, 오히려 후원금을 그곳의 선교 대상을 위한 선교 활동비로 더 많이 사용할 수 있는 장점을 가지고 있다. 나는 이런 이유들로 인하여, 쉽지는 않겠지만 21세기의 개신교 선교, 아시아 지역 선교에서는 개신교 선교사 공동체가 있어야 한다는 생각을 가지고 있다. 이것은 시대적으로 요청되고 있는 선교 정책이라고 확신한다. 이미 한두 곳에 이러한 선교 공동체의 근거로선교원이 개설되어 있다는 것은 고무적인 일이다. 앞으로 이러한 개신교 선교사 공동체 운동이 계속 아시아에서 일어나기를 기도한다.

그런데 이러한 긍정적인 면들이 있다고 해서 의식적으로 독신으로 선교를 하겠다고 가볍게 그리고 자기 생각대로 결정하는 것은 조심해야 한다. 독신 선교사로서의 은사를 타진할 필요가 있다. 나의 스승 중 한 사람이었던 와그너 박사는 선교의 은사를 받아야 선교사로서 기쁘게 일을 할 수 있다고 했다. 타문화권에서 선교하라는 소명을 받았는지를 확인할 필요가 있고, 선교사로 준비하는 과정에서 그 소명을 시험해 보아야 한다. 때로는 환경이 그것을 시험하기도 한다. 마찬가지로 독신 선교사의 길도 위에서 주시는 은사를 확인하면서 가야 할 것이다. 어떤 이들에게는 이러한 예외적인 소명을 주신다. 이것은 성서에 근거한 것이다. 그리고 그러한 소명에 순종하는 자라면 언젠가는 하나님의 오묘한 인도하심과 그 속에 숨은 귀한 가르침을 깨닫게 될 것이다.

독신 선교사의 문제점들

얻는 것이 있으면 잃는 것도 있다는 말을 들은 적이 있다. 이것은 진리의 말씀이다. 하나님은 의로우시고 공평하신 분이다. 주시는 축복의 이면에는 문제들도 있다. 독신 선교사는 독신이라는 것을 의식하며 살아야 한다. 특히 결혼이 인생의 전부인 무슬림 여자들을 만났을 때 듣게 되는 첫 질문은 "결혼했습니까?" "아이들이 몇입니까?" 하는 것이다. 그래서 결혼을 안 했다고 하면 다들 이상하게 생각한다. 어떻게 당신 같은 젊은 여자가 결혼도 안 하고 이런 먼 나라에 왔느냐는 것이다.

무슬림 여자들의 이런 질문은 오히려 대화의 문을 열어 주기 때문에 좋게 받아들일 수도 있지만, 결혼을 안 했다고 해서 가까이 있는 교회 친구들조차 30세가 넘은 나를 미성년자처럼 취급하는 것은 힘든 일이었다. 나이는 먹었는데 만년 소녀 취급을 받는 것도 큰 부담인 것이다. 안식년 때에도 그냥 선교사라고 소개하지 않고 늘 처녀 선교사란 말을 덧붙인다. 그러나 결혼한 남자 선교사를 소개할 때 장가든 선교사라고 하지 않는 것처럼, 독신에 대해서도 그저 한 그리스도의 일꾼으로 보는 것이 좋지 않겠는가?

독신 선교사도 최근에는 도시의 아파트에 혼자 살기도 하지만, 그것은 일본, 한국, 홍콩 같은 국가에서나 가능한 일이고 파키스탄 같은 곳에서 여선교사가 혼자 아파트에 산다든가 집에 세들어 사는 것은 아직도 용납되지 않는다. 그래서 교사 기숙사, 대학의 교수 숙소, 병원에서 제공하는 숙소, 또는 집 한 채에서 몇 명의 독신 선교사들이 같이 생활을 하게 된다.

나는 뉴질랜드에서 보낸 돈으로 지은 선교관에서 뉴질랜드 선교사, 호주 선교사와 함께 첫 임기를 보냈다. 그 외에도 두 명이 정기적으로 체류했다. 영국 선교사 그리고 캐나다 선교사였다. 이들과의 생활은 어떤 면에서 파키스탄 문화에 적응하는 것보다 더 힘이 들기도 했다. 그러나 그때 그렇게 지내기를 잘 했던 것 같다. 문제가 있기는 했지만, 문화적으로는 그것이 적절한 선택이었다. 나는 그곳에서 독신 여선교사들이 폐질환, 정신 쇠약, 어려워진 인간 관계 등의 문제로 인해 자기 모국으로 돌아가는 경우도 몇 번 지켜보았다. 그리고 호주 선교사가 그곳 병원 집사와의 불륜 때문에 선교사로서 제명을 당하고 선교지에서 추방당하는 것도 보았다. 그러면서 독신 선교사의 길이 얼마나 어려운 것인가를 배울 수 있었다.

우리들은 그때에 우리에게 주어진 상황을 최선으로 받아들이고 기쁘게 같이 지내기 위하여 서로 노력하였다. 자전거를 타고 운하가로 피크닉도 가고, 해변가에 나가 같이 수양회도 갖고, 매일 2번씩 모여 찬양과 말씀 그리고 중보기도의 시간을 가졌다. 그리고 식사 때에는 서로 좋아하는 다양한 음식을 마련하기도 했다. 그러나 우리가 이렇게 지내기까지는 많은 노력이 필요했다.

이런 생활 가운데 우리는 외로움을 승화시키면서 지냈지만 독신 여선교사들에게 있어서 혼자라는 것은 역시 큰 어려움이었다. 당시 20대였던 나는 그 그룹에서도 가장 나이가 어렸다. 주로 나이 든 여선교사들과 속내를 나누며 살아서인지 어린아이들과 남자들을 만나면 무슨 얘기를 어떻게 해야 할지 막막해진다. 20여 년간 대학생이나 여성들과 인간 관계를 형성했을 뿐 어린아이들이나 남자들과는 자연스럽게 이야기할 기회가 많지 않았으니까 말이다.

그래서 나는 회의 장소에서는 남자들과 편안히 이야기를 주고받지만, 막상 개인적인 대화를 나누는 데는 커다란 한계를 느낀다. 아이들과도 마찬가지이다. 나를 아는 이들은 내가 어린아이에게 어른처럼 이야기한다고 재미있어 한다. 이슬람 문화권에서는 어린아이들을 멀찌감치에서 보고 그저 인사를 하는 정도여서 아이들의 생활을 모르기 때문에 그들의 언어도 모른다. 아이들을 참 예쁘다고 생각하면서도 막상 무슨 말로 친근감을 보여야 할지 모르니, 참 딱한 노릇이다. 그래서 가족이 있는 집에 초대받아 아이들과 어울려 식사하고 노는 시간이면 스스로 어색함을 느낀다. 그래서 자연히 나는 회의나 대학생 모임, 예배, 내 또래의 여성들과의 만남을 더 편하게 느끼는 것이다.

그러므로 가정을 가진 선교사들은 자기네 집을 개방하여 주위에 있는 이런 독신 선교사들에게 가정의 분위기를 친숙하게 받아들일 수 있는 기회를 베풀어야 한다고 본다. 앞으로는 한 곳에 적어도 두서너 가족과 독신 선교사 몇 명 등으로 구성된 작은 선교 공동체를 이루어 주어진 선교 사역에 임하게 되기를 바란다. 선교 공동체는 독신들만의 공동체일 이유는 없다. 하나님이 주시는 은사라면 서로를 그대로 용납하여 한 선교지에서의 협력 관계를 발전시켜 나갈 수 있을 것이다.

이제는 어차피 혼자 일하는 시대가 아니다. 함께 협력 관계를 맺지 않고는 독립적으로 선교하는 것이 선교 정책상 어려운 것이다. 어느 지역이든 선교사들이 보냄을 받았다면 그곳에서 협력을 모색하는 것이 서로에게 도움이 된다. 굳이 서구, 아시아, 아프리카를 구분할 것이 아니라 하나님이 그 지역에 보내신 선교사들을 만나고 가능한 모든 협력 관계를 맺어 나간다면 독신 선교사의 한계를 많이 보완할 수 있을 것이다.

선교지도 많이 변하고 있다는 것을 주목할 필요가 있다. 사회적 이유와 가족 제도의 변화로 인해 기혼이면서도 독신처럼 일할 수 있는 여성들이 많이 있다. 교회는 이러한 여성 신도들에게 선교 교육을 시행하여 주님이 인도하시는 곳이면 어디나 "내가 여기 있나이다"라고 응답하도록 준비시켜야 할 것이다. 그러므로 독신 선교사에 대한 교회의 인식이 새롭게 정립되어야 할 필요가 있는데, 그러기 위해서는 목회자의 자세가 매우 중요하다. 교회 목사님이 미혼 여성은 선교사로 나갈 수 없다고 하신다면서, 나에게 전화로 상담을 청해 온 어떤 여성이 있었다. 물론 자기 교회 교인인 그 미혼 여성을 아끼는 의도였겠지만, 미혼 여성이기 때문에 선교사로 나갈 수 없다는 것은 타당하지 않다. 한국 교회의 75%가 여성이고 그중에서 가정의 책임으로부터 자유로운 열심 있는 여성들이 헌신을 하고자 하는데, 그 헌신이 반드시 국내의 사역으로 한정되어야 할 이유가 있을까? 그것이 성서적인 사고일까? 그러므로 목회자들은 이 많은 교회 여성들이 선교의 비전을 위해서 영적인 눈을 뜰 수 있게 하고, "네가 무엇을 보느냐?"고 물으시는 하나님께 응답하면서 허락하신 땅을 향해 나가는 아름다운 발걸음이 되도록 가르쳐야 한다.

선교사도 교육의 과정을 통해서 소명 의식에 필요한 훈련을 받는다. 그런 것을 가장 효율적으로 가르칠 수 있는 사람은 목회자이며, 그러한 분위기가 가능한 공간은 교회의 여러 집회들이라고 생각한다. 그러므로 독신 선교사의 제한점 때문에 그냥 움츠러들 것이 아니라 보다 더 많은 가능성을 기대하며 시대적인 변화에 부응하는 적극적인 응답이 있기를 바란다.

그리스도 안에서 모두 하나

파키스탄 사람들은 같은 나라에 살지만 다양한 인종적 배경을 갖고 있다. 현재 파키스탄 사람들이 사용하는 언어는 41개 이상인데, 언어의 수만큼이나 얼굴이 다르고 생활 양식도 조금씩 다르며, 집단을 이루고 사는 지역도 구분된다. '거룩한 땅' 파키스탄에는 이처럼 여러 인종이 모여 살고 있다. 내가 가 봤던 지역을 중심으로 하여 인종별로 구분해 보려고 한다.

씬디 사람들

씬드 지역에 사는 사람들을 씬디라고 부른다. 이들은 씬디어를 쓰고 남쪽 인더스 강 하류에 모여 산다. 내가 만난 씬디들은 다 온화하며 생김새가 깨끗하고 파키스탄 사람들 가운데에서는 피부가 흰 편이다. 이곳에는 3개월간의 짧은 겨울이 있는데, 낮에는 늘 뜨거운 여름 온도가 계속된다. 사막 기후인지라 낮에는 사우나실에 들어앉은 것 같지만 해가 지고 저녁이 오면 어디선가 시원한 바람이 불어 마당이나 베란다에 침대를 내놓고 시원하게 밤잠을 잘 수 있다.

또한 이곳에는 운하가 있어서 지주들은 큰 농사를 짓고 목축업을 한다. 많은 소작인들을 거느리고 있는 지주들은 옛 군주 같기도 하다. 농촌의 부유한 이들은 큰 집을 짓고, 그 집 변두리에는 일꾼들이 사는 흙집을 넓게 둘러짓는다. 농촌에는 도시 인구보다 훨씬 많은 이들이 살고 있는데, 전체 국민의 72%가 넘는 많은 인구가 밀집해 있다. 부유층의 큰 집은 운하의 물이나 지하 깊은 곳에서 끌어올린 물로 가꾼 아름다운 정원으로 둘러싸여 있다. 철쭉 같은 색깔의 넝쿨꽃이 담장과 벽을 장식해 준다. 몇 그루 야자수가 희랍 신전의 기둥처럼 서 있고 바나나나무가 한쪽에 숲을 이루고 있다. 언제 보아도 누군가가 정원에서 물을 주고 있는 모습을 볼 수 있다. 얼마나 정성으로 가꾼 정원인지!

집은 단층으로 되어 있으며 터를 넓게 잡고 있다. 허허벌판에 끝없이 넓은 땅을 가진 지주는 방을 좁게 들일 이유가 없다. 대개는 'ㅁ' 자로 집을 지으며, 집 앞뒤로 넓은 베란다가 있다. 그리고 무겁고 두꺼운 발을 칠 수 있게 되어 있다. 이 발은 베란다의 넓이와 높이에 따라 크기가 다르지만 대개 5미터 폭에 4미터 길이이며, 아침에 해가 뜨면 볕이 집 안으로 들어오는 것을 막기 위하여 내려 두었다가 저녁에 해가 지면 말아 올려서 저녁의 시원한 바람이 통하게 한다.

베란다 바닥에는 벽돌로 무늬를 놓아 깔거나 타일을 간다. 집 안에는 방이 여러 개인데 방 한 칸이 20평 또는 30평 정도이며, 천정이 높다. 햇빛을 차단하기 때문에 방 안이 마치 암막 장치를 한 것처럼 어두워서 처음에는 어디에 의자가 있고 어디에 침대가 있는지 안 보일 정도이다. 이런 집은 전통적인 옛날 가옥이다. 이들은 입식 생활을 하므로 침대를 사용한다. 커튼은 두꺼운 안감을 대고 만든 것이어서 커튼만 치면 완전히 캄캄한데 천정 가까이에 조그만 로쉰단(햇살이 조금 들어오게 한 창으로 환기통과 같다)이 있어서 낮인 것을 알 수 있다.

바닥은 베란다와 마찬가지로 벽돌이나 타일이 깔려 있는데 매일 물을 뿌려 청소를 한다. 목욕탕이라는 것은 따로 없고 머리에서 물을 부어 내리며 씻는다. 바깥 파이프를 통해 나오는 물을 그냥 쓰면 데우지 않아도 밖의 열기로 인해 뜨거운 물일 때가 많으므로 물을 시원하게 쓰기 위해 오지 항아리에 담아 두었다가 사용한다.

나는 씬드 지역에서 살았다. 하이드라바드는 씬드 지역의 중심 도시였다. 그곳에서의 내 휴식 방법 중 하나는 밤에 지붕에서 잠을 자는 것이었다. 1년 중 9개월은 이 지붕 베란다에서 잤다. 초저녁 9시쯤이면 집 안이 더워서 일하기가 힘들었기 때문에 내다 놓은 침대에 앉아 달빛 아래에서 편지를 썼다. 물론 베란다의 외등이 옅은 빛을 내기는 했지만, 달이 밝아 그 빛으로 책을 읽고 일기를 쓸 수 있었다. 그리고 모기장 위로 떠 있는 달과 별들, 특히 북두칠성의 위치로 시계가 없어도 대충 몇 시쯤인지 알 수 있었다.

씬드 지역의 가난한 농부들은 아주 작은 집에서 산다. 흙으로 지은 그들의 집은 벽에 칠이 안 되어 있고 바닥은 곱게 다듬은 맨 땅이다. 방은 침대 서너 개 들여 놓을 정도의 크기이고 옷장 같은 것은 없다. 대개는 출입문 외에 조그만 창이 있고 에어콘을 달 만한 크기의 구멍이 유리도 없이 그냥 뚫려 있다. 벽 상단에는 사람 손이 닿을 만한 위치에 한 줄로 선반을 매달았고 거기에 그릇을 얹어 놓았다.

여성 인구의 84%가 문맹이라 어머니들이 사는 방에는 종이가 없다. 방은 둘 정도인데 안방과 사랑방의 구별이 없다. 화장실은 밖에 멀리 떨어져 있으며, 부엌은 마당의 땅을 매끈하게 다져서 마치 마루처럼 판판하게 만들고 화덕을 들였다. 캠프 스타일의 부엌이다. 연료로는 낙타, 젖소, 양의 배설물을 아침에 거두어 지름 15센티미터 정도의 크기로 둥그렇게 빚은 후 집 밖의 벽에다 붙여 하루 햇볕에 말린 것을 태워 사용한다. 화력은 약하지만 가스처럼 파란 불길이 오르면서 매우 오래 탄다. 더러는 사막에서 자란 가시덤불을 잘라다가 쓰기도 한다. 그리고 부엌 옆에 소, 양들을 키운다.

이들 씬디 사람들은 약 400백만 정도가 된다. 파키스탄에서는 세 번째로 큰 지역이다. 그리고 B.C. 2만 5천년에 세워진 것으로 알려진 그 유명한 모헨조다로가 있는 곳이다. 참으로 역사 깊은 유적들이 이곳에 모여 있다. 또한 카라치는 파키스탄에서 가장 큰 도시로서 아마도 가장 먼저 현대 도시로 발달한 곳일 것이다.

어쨌든 나는 씬드를 좋아한다. 정이 든 곳이기 때문이다. 정은 참 묘한 것이다. 남이 보기에 별 것 아니라도 자기에게는 절대적인 것이 된다. 내가 씬디 사람들을 만나고 그들에게서 배우고 그들을 좋아하게 된 것은 예수께서 나를 그곳에 보내셨기 때문이다. 그 이유 외에 달리 더 큰 이유가 무엇이 있겠는가?

꼴리 사람들

이 씬드 지역에는 씬디족이 아닌 또 다른 종족들이 많이 살고 있다. 특히 사막 곳곳에 반 유랑민 집단을 이루고 사는 이들이 있는데, 이들은 거의 80만 명에 달하며 주로 힌두교의 계층 밖에 속한 사람들이다. 교육과 의료 혜택도 없이 현대 세계의 빠른 생활과는 동떨어진 채 마치 별세계에 살 듯 조용히 침묵하며 산다. 비일족, 메그와르족 그리고 꼴리족이 사는 지역에도 나는 여러 번 전도를 나갔었다. 인도와 파키스탄이 분리되었을 때 이들은 굳이 힌두교인이 모여 국가를 이룬 인도 땅으로 옮겨가지 않았다. 자기 본토에서 인간 대접을 받지 못할 바에야 차라리 아무도 간섭하지 않는 사막에서 사는 것이 더 낫다고 여겼는지도 모른다.

나는 주로 꼴리 사람들을 많이 만났고 그들이 밀집해 있는 마르쁘르하스를 자주 방문했다. 꼴리 사람들도 몇 종류로 구분이 되는데, 꾸찌 꼴리 사람들이 5만 명, 빠르카리 꼴리들이 10만 명, 타라다리 꼴리들이 4만 명, 와디아라 꼴리들이 4만 명 정도 된다고 하며 대개 남쪽 광야 지대에 산다. 이들은 다 구즈라띠 언어와 꼴리어를 사용하는데 구즈라띠어는 문자화되어 있지만 꼴리어는 아직 그렇지 못하다. 문자 해득률은 아주 낮은 편이며, 이들이 사는 마을에서는 책을 구경하기가 어렵다.

지난 60년대에 사회적, 정치적 이유로 이들 중 다수가 세례를 받았다. 그 후에 씬드 지역 몇 곳에 교회가 세워졌다. 교회는 대개 마을에 있는 집 중에서 제일 마당이 넓고 깨끗한 집이며 순회 목사가 예배를 인도할 때 모여 성만찬에 참예한다.

꼴리 사람들은 매우 순박하고 조용하다. 이들이 사는 집은 지주 곁에 붙어 사는 소작인들 것보다 더 광야적이다. 사막의 가시덤불나무를 잘라다가 벽과 지붕의 재목으로 쓰기 때문에 언뜻 보기에는 천막 같은 인상을 준다. 대개 원형으로 되어 있는 내부는 낙타나 양의 가죽으로 장식하며, 한가운데에 다듬지 않은 큰 기둥이 있다. 대부분 출입문이 없고 필요할 때는 동물 가죽으로 발을 친다. 안에는 침대가 한두 개 있는데, 그 침대 기둥에 넓은 보자기를 매달아 아기를 그 안에 눕힌다. 아이를 데리고 다닐 때는 흔히 옆구리에 끼고 다닌다.

또한 그 방 안에서 카레도 만든다. 부엌이 방 안에 있는 것이다. 카레를 조리하는 것과 차파띠를 구워 내는 데는 긴 시간이 필요하기 때문에 금세 타 버리는 가시덤불보다는 동물의 뼈나 말린 배설물을 연료로 쓰는데 그 연기가 매우 독하다. 냄새만 독한 것이 아니라 눈에 아주 맵고 아프다. 그렇지만 이 연기가 벌레, 백개미, 뱀 등을 쫓아내기 때문에 소독 효과를 위해 연통을 쓰지 않고 방 안에서 그냥 불을 피우는 것이다. 그리고 사막은 밤에 싸늘해지므로 염소 새끼, 양 새끼를 안에 들여다 놓는다. 아이들은 그런 환경에서 자라게 되므로 영·유아 사망률이 매우 높다.

꼴리들은 강한 색상을 좋아한다. 여자들의 옷은 진한 자주색 천으로 만들어졌고 천이 최고급 면이어서 땀이 나면 흡수되고 곧 마른다. 빨간 바탕에 노란 무늬, 초록색 무늬 등 강렬한 색들로 어울려 짠 옷감을 많이 이용한다. 지금 내가 쓰는 침대보도 이들 꼴리 여자들이 즐겨 해 입는 짙은 자주색의 화려한 면으로 된 것이다. 벌써 15년 넘게 사용하고 있지만 아직도 새것 같다.

여자들은 홑이불만 한 크기의 천을 머리에서부터 내려 쓰는데 그 모습이 매우 매력적이다. 치마는 폭이 10마 정도는 될 만큼 넓고, 몸을 움직일 때마다 허리 부위의 맨살이 조금씩 노출된다. 웃옷은 가슴이 돋보이도록 주름을 잡은 것으로 앞가슴만을 가리게 되어 있고 머리에서 내려쓰는 큰 스카프가 등을 가리고 치마 끝까지 내려온다. 여자들은 머리를 감을 때에만 그 머리 위에서부터 땋아 내린 것을 풀고 머리를 빗는다. 물이 귀하기도 하고 땡볕에 머리를 그냥 나풀거리게 놔 두면 거칠어질까 봐 생긴 풍습인 것 같다.

사람은 다 나름대로 삶의 지혜를 터득하고 산다. 어떤 부족에서는 몇 주만에 한 번 머리를 감을까 말까 한다. 많이 갖추고 산다고 더 행복한 것은 아니다. 하는 일이 많다고 더 보람된 삶을 산다고 할 수 없다. 없는 자를 더 가난하게 하거나 자신의 성취욕 때문에 가족과 친구, 그리고 이웃에게 상처를 준다면 더욱 말할 것도 없지 않겠는가!

내가 만난 꼴리들은 한 번도 남을 해친 적이 없는 사람들이다. 그들에게는 울타리나 대문도 필요 없다. 차파띠를 만들 통밀, 젖소, 양 정도만 있으면 만족하며 사는 것 같았다. 그들은 밭에서 밀 추수를 하고 젖소와 양떼를 키우며 살아간다.

나는 도시 교회의 목사, 전도사, 학생들과 팀을 짜서 정기적으로 한 달에 한 번 이들을 찾아갔던 시기를 생각한다. 가는 길이 험하므로 랜드로버를 몰고 나갔다. 도시를 30분만 빠져 나가면 길 양편에 사막이 나온다. 사막에는 길잡이가 필요하다. 안내자 없는 사막의 여행은 자살 행위라고 한다. 어느 종교학자는 그렇기 때문에 사막의 종교인 이슬람교가 절대 유일신을 믿는 것이라고 말했다. 오직 알려진 길만을 따라가야 산다는 믿음에서 발전한 종교라는 것이다. 그럴듯한 이야기다. 그러나 반면에 힌두교는 히말라야의 거대한 산맥에서 사방에서 흘러내린 물이 아무렇게나 구불구불 흘러도 종국에는 인더스 강, 갠지스 강에 모여 바다로 들어가는 인도 땅에서 발생하였는데, 그래서인지 어떤 방법으로든 여러 신들을 믿으면서 동시에 최고신을 믿는 것이 가능했다는 것이다. 어디로 가나 결국에는 바다로 들어가게 된다는 생각 때문이다. 모든 것을 포용하는 바다, 그것에서 인도 사람들은 삶의 지혜를 터득하였던가 보다.

사막을 횡단하다 보면 꼴리들의 마을에 닿기 전에 한참 동안 운하를 지나게 된다. 운하는 대개 흙탕물이다. 운하 옆에는 커다란 나무들이 서 있는데, 매우 아름다운 풍경이 연출된다. 어떤 때는 조그만 거북이 떼가 운하 밖에 나와 옹기종기 풀 위에 몰려 앉아 있기도 한다. 거북이는 무거운 짐을 등에 지고 소리 없이 자연에 순응하며 산다. 마치 광야에 사는 꼴리들과도 비슷하다. 삶의 무거운 짐을 지고 사회의 압력에 눌려 있지만 그들은 조용히 주어진 삶을 산다. 그리고 작은 거북이들이 운하 옆에 모여 있는 모습이 귀여워 보이는 것처럼, 꼴리들은 그 사막의 하늘과 땅, 바람과 먼지, 태양과 별빛 아래에서 매우 자연스럽고 평화스럽게 보인다.

그런데 이곳에서 자라나는 아이들은 학교가 너무 멀어서 가지 못한다. 또 자기들의 모어가 문자로 되어 있지 않아 모어를 쓰고 읽을 수도 없다.

파키스탄 교회의 교인들 중 90% 이상이 힌두교 계층 밖의 쭈르하라는 사람들이다. 물론 지금은 이들도 교육을 많이 받아 사회에서 선한 시민으로 공헌을 하며 살지만, 처음 교인이 되었을 때 그들의 배경은 꼴리족, 비일족, 메그와르족과 같았다. 교인들은 거의 1백만이 되는데, 나머지 80만에 이르는 힌두교 계층 밖의 사람들이 복음을 듣고 예수님을 믿으면 이들 종족의 역사가 달라지고 새 역사가 이루어질 것이다. 그런데 현재 파키스탄에는 개신교 선교사 480명, 가톨릭 선교사 천 명이 나가 있지만, 개신교 선교사들 중 15명만이 이들 가운데서 사역하고 있다. 그런데 이들은 모두 사회가 주지 못하는 위로와 봉사를 간절히 필요로 하고 있다!

이들에게는 학교와 의료 시설, 그리고 사회로부터의 인정이 몹시 필요하다. 무슬림들은 이들을 같은 형제로 받아 줄 것인가? 거의 40년이 되도록 파키스탄 정부는 이들에게 관심을 보이지 않았다. 교회가 이들을 이웃으로 보지 않으면 그 누구도 이들을 대접할 자들이 없을 것이다. 이들은 복음에 대해 매우 수용적이며, 복음을 듣고 싶어한다. 그러나 언어 장애가 있고 문장 습득률도 낮은 이곳 사람들은 전도하기가 어렵기 때문에 일꾼들이 좀처럼 나가지 않는다. 그들과 같은 생활을 하는 것이 두려워 그곳에 나가려는 이들이 적은 것이다. 그러나 이런 곳에 개척 교회의 가능성이 더 많지 않은가?

북쪽 산사람들

북쪽 고원 지대에는 또 다른 종류의 파키스탄 사람들이 살고 있다. 북쪽은 히말라야 산맥이 있는 곳으로 중국과 경계선을 두고 있고 서쪽은 아프가니스탄과 접하고 있다. 나는 이 지역을 구체적으로 알지는 못하지만, 1년에 한 번씩 여름 언어학교에 갈 때 며칠 여행을 하거나, 또 아프가니스탄에 답사를 가느라 한 달간 그 서북 지역을 밟아 본 일이 있었다. 이들은 이 세계에 사는 또 다른 매력적인 사람들이다. 코라코람 산들과 2만 5천 피트의 높은 산들이 첩첩이 있어서 세계의 유명한 등산팀들이 히말라야를 오르기 위해 이곳에 모이기도 한다. 맑은 날이면 낭가빠르밧드를 볼 수 있다. 지역으로는 스왓트, 찌트랄, 훈자, 길기트, 카아간 등이 있는데, 각 지역마다 언어와 풍습이 다르다.

참으로 극과 극이다. 남쪽 사막에서는 산이 무엇인지 모른다. 늘 사막만 밟고 산다. 그런데 북쪽에 오면 햇살에 광채를 발하는 다이아몬드 산이 있다. 일년 내내 흰 눈이 녹지 않아 장관을 이룬다. 전혀 오염되지 않은 지역, 맑은 호수, 울창한 잣나무 정글 그리고 계곡마다 피어 있는 고산 꽃들은 무신론자라도 신의 손길과 창조의 신비를 느끼게 한다. 가끔 그 호수를 들여다보면 너무나 맑고 푸르고 깊어서 자신도 모르게 그 속으로 빨려 들어갈 것만 같아 몇 발자국 뒤로 물러서게 된다.

이 지역은 각각 독립 국가와 비슷한 인상을 주기도 한다. 도지사의 역할을 하는 지주는 마치 군주 같은 느낌을 주는데 경찰은 그 밑에서 로봇처럼 움직인다. 어느 여름 나는 선교사들과 14시간 지프를 타고 길기트에 올라간 적이 있었다. 새벽부터 밤이 되기까지 차를 몰았지만 단 하나의 교회 십자가도 볼 수 없었다. 이 지역에는 거의 복음이 전해지지 않은 것 같았다.

이들이 사는 집은 추위 때문에 단단하게 지어졌다. 지붕 덮개가 바람에 날아가지 않도록 지붕 위에 큰 돌을 얹어 놓은 집들도 있었다.

이 산악 지대에 까휘르스탄이라는 곳이 있는데 이곳에 사는 이들을 까휘르라고 부른다. 이들은 무슬림이 아닌 정령 숭배자들로, 학적으로는 애니 미스트(animist)로 알려진 이들이다. 하나님을 모르는 자들이란 뜻이다. 무슬림들이 어떻게 이 사람들을 하나의 집단을 이루고 살도록 했는지 모른다. 약 6천여 명이 함께 모여 산다. 무슬림들은 이들을 원시적이며 종교가 없는 종족으로 부르는데 이들을 '까만 옷을 입는 자' 라고 칭하기도 한다. 여자들은 염소털로 짠 거친 까만 옷을 길게 입는다. 흰 양털실로 짠 옷도 까만 염색을 해서 입는다고 한다. 이들이 쓰는 모자에는 조가비 장식, 깃털을 붙인 목걸이, 귀걸이가 무겁게 달려 있다.

　이들의 언어는 문자화되지 않아 문맹률이 높다. 그곳에는 여행객으로만 가 보았는데, 선교 사역은 거의 이루어지지 않는 것 같았다. 지방 유지들의 허락 없이는 체류하면서 선교 활동을 하는 것이 아마도 어려울 것이다. 단기 선교팀이 나가서 여름 한 기간에 다양한 선교 활동을 펴 보는 것도 좋을 것 같다. 그리고 그들의 언어를 배워서 그들이 읽을 수 있도록 가르치는 일 또한 얼마나 의미 있는 선교 활동인가!

　바로 이 북쪽 지역, 코라코람 산맥을 가로지르는 코라코람 도로가 중국까지 연결되어 있다. 여기 사는 남자들은 산을 잘 알기 때문에 외국에서 산악인들이 오면 길잡이 역할을 한다. 그중에 브르쇼스족이 특히 많이 알려져 있는데 이들에게는 전혀 복음 사역이 미치지 못한 상태에 있다. 이 종족은 1만 5천 명 정도 된다고 한다. 최근에는 아프가니스탄 난민들이 그곳으로 몰려오고 중국과 구소련 국가 등에서 위협을 하기 시작하면서, 이제 더 이상 산악 속에 꼭꼭 숨어 살 수 없게 되었고 매일 총소리의 위협에 접한다는 것이다. 코라코람 대로는 옛날 상인들이 동서의 문물을 교류하던 실크로드가 아니라 전쟁과 난민과 포로의 다리로 되어가는 것 같다.

　나는 이 고원 지대를 다닐 때 조그만 꽃을 꺾어 말린 적이 있다. 색깔을 제대로 보존하지는 못했지만 형태는 그대로 남아 있어서, 귀국하고 얼마 지나 잠시 손끝 가는 대로 사진틀에 넣었었다. 그것을 내 연구실에 걸어 놓았는데, 어느 생물학 교수 한 분이 우연히 들렀다가 그 꽃들을 알아보고는 이런 희귀한 자료는 학명을 붙여서 박물관에 진열해야 한다고 열렬히 감탄했던 기억이 난다. 나는 꽃을 매우 좋아한다. 꽃에는 나의 삶을 풍요롭게 해 주는 그 무엇인가가 있다. 서울 지하도의 화원에서는 그것을 느낄 수 없지만, 높고 깨끗한 산속의 햇살 아래 아름다움을 조용히 보여 주는 작은 꽃들은 신비한 힘을 뿜어 낸다. 마치 더욱 창조의 신비를 드러내어 하나님께 영광을 돌리려 하는 듯하다. 작은 꽃들을 그렇게 엄숙하리만치 아름답게 해 준 그 산들이 그립다. 그 산에 안기고 싶다.

뻐탄 사람들

이들은 아프가니스탄과 경계를 이룬 서쪽과 서북쪽에 자리잡고 있다. 파쉬뚜어를 사용하는데, 이것은 페르시아어와 상당히 가깝다고 한다. 나는 국어인 우르두어만 배워서 파쉬뚜어는 알아듣지 못한다. 이들은 매우 독립심이 강하며, 얼굴만 보아도 그것을 느낄 수 있다. 황막한 고원, 메마른 산과 언덕에서 성장했기 때문일 것이다.

나는 거기 데라이스마일칸이라는 곳의 성경학교에 초빙 교사로 가서 가르치고 다른 선교사들과도 친교 시간을 갖기 위해 어느 성탄절에 찾아갔던 일이 있다. 데라이스마일칸에 가려면 버스를 타야 했는데 광야를 달리던 버스가 고장이 나는 바람에 승객들은 몇 시간 동안 기다려야 했었다. 나는 그 첫 임기에 그 문화를 잘 몰라 베일도 쓰지 않고 보호자도 없이 9시간이나 시골버스를 탔던 것이다. 할 일이 없는 승객들은 나를 쳐다보고만 있었고, 나는 말도 통하지 않아 벙어리처럼 앉아만 있기만 했다. 아마 내게 선배 선교사가 있었다면 그런 위험한 여행을 못하게 하였을 것이다. 지금은 세상을 떠난 미국 선교사인 팻졸드 목사와 그 부인이 그때 마중을 나오지 않았더라면 어둑어둑해지는 광야에서 어떻게 밤을 보냈을까 싶다.

그 겨울 성탄절을 나는 매우 의미있게 보냈다. 선교사들과 그곳 목회자들이 모여 각각 자기 나라에서 성탄을 축하하는 특이한 순서를 소개하고 자기 나라 음식을 준비하고 찬송가를 다 자기 나라 말로 한 곡씩 불렀다. 그 시기에 나는 선교가 무엇인가에 대해 심각하게 질문하고 있었고, 선교사로서 내가 그곳에 있어야 하는 의미를 새롭게 묻던 때였는데, 그 성탄절의 다양한 축하 순서를 통해서 성령께서 나에게 필요한 답을 주셨다.

거기에는 핀란드에서 온 여선교사들, 특히 힛드바와 안나가 있었다. 지금도 우리는 서로 긴 편지들을 나누며 친교를 갖는데, 그때 외국인들과 예수님의 이름으로 우정을 나누는 기쁨을 새롭게 경험하였다. 찬양은 모든 것을 뛰어 넘게 한다. 우리는 예수님을 찬양했고, 앞서 간 믿음의 선배들이 부른 찬송가와 성탄 축하 노래를 부르는 가운데 오직 예수님만을 바라볼 수 있었다. 그래서 파키스탄 목사들이건 영국 선교사이건 핀란드인이건 모두 임마누엘을 찬양하며 성탄의 밤을 지켰다. 그 밤에 예수님이 우리 가운데 와 주셨기 때문에 국적도, 언어의 장벽도 얼굴 색과 윤곽의 차이도 그리고 생활 습관의 모든 다른 점들도 문제가 되지 않았다. 오직 예수님만을 생각하고 찬양하는 시간이었다. 우리는 서로 같이 앉아있는 가운데 평화와 휴식을 느꼈고 서로 찬양하며 눈으로 사랑의 인사를 하였다.

예수님이 오셔서 우리와 함께하지 않으면, 그 누가 어떤 노력과 수고를 해서 우리에게 그런 휴식과 평화와 기쁨을 갖다줄 수 있겠는가! 파키스탄에 있는 서로 다른 많은 종족들에게 영원의 순간을 통해 주시는 이런 사랑의 연락과 교통이 여러분에게도 임하기를 바란다. 언제나 이런 성탄절과 같은 평화의 인사, 기쁨의 교제가 일어나기를 바란다.

구스 박쉬 나하르와의 만남

　다락방전도협회가 겨울 단기 선교 일정을 마련하여 나와 선교 관심자, 박성은, 도미영, 전혜림이 씬드 사카 공항에 내린 것은 1월 19일 오후 5시경이었다. 라마단 기간에 도착한 것이다. 라호르에서 떠난 국내 비행기는 생각보다는 컸고 우리는 편안한 비행을 하였다. 비행장 그란운드에 내려 잠시 두리번 거리는데, 진한 회색의 꾸르따(파키스탄의 남자 의상)와 자켓을 입은 귀티 나는 중년 신사가 밝은 미소로 우리를 맞아 주었다. 파키스탄 동남 지역, 씬드의 시카푸르지역의 국회의원인 구스 박쉬 마하르였다. 마하르는 우리를 환영하기 위하여 와지라바드라는 16 킬로미터 떨어진 시골에서 일제 랜드로바를 타고 나온 것이다. 나는 차 안에서 마하르에게 우리는 무슬림들이 지금 다 금식 기간을 지키고 있다는 것을 알고 왔으며 진심으로 함께 금식을 하고 싶다고 말했다. 그가 식사하는 시간에 우리도 식사를 하고 그가 금식하는 점심에는 우리도 안 먹겠다고 정중하게 우리의 뜻을 밝혔다. 약 40분을 달린 차 안에서 그렇게까지 말했지만, 마하르는 막무가내였다. 그는 꾸란에도 여행자들은 금식하지 않아도 된다는 내용이 있음을 지적하면서, 자기가 점심을 먹으면 우리도 먹겠느냐고 질문했다. 우리는 그것을 받아들일 수 없었다. 결국은 마하르가 이겨서, 내가 진심으로 참여해 보고자 했던 금식은 할 수 없었다.

내가 그 지역에서 사역을 할 당시에는 공항이 없었고 도로도 없었다. 그 도로는 새로 만든 것으로 마하르네 마을, 와지라바드까지 직통으로 가는 아스팔트 길이었다. 36년만이었으니까 참으로 오랜만에 가 보는 곳이었다. 앞에서 소개했던 16세 지주 소년이 바로 장성한 구스 박쉬 마하르인 것이다. 이제 마하르는 52세의 성공한 정치가이자 지주이며 수만 명이 넘는 마하르 가문의 왕자였다. 마하르 가(家)는 16세기부터 그 지역에 정착하였는데, 지금은 다 무슬림들이지만 그들의 용모로 보아서는 페르시아 문화와 힌두 문화를 수용한 이들인 듯하다. 마하르 종족은 파키스탄 사람들로서는 상당히 피부가 희고 체격이 크며 공동체 의식이 아주 강하다. 구스 박쉬 마하르는 자기네 가문의 역사를 찾기 시작하였다고 했는데, 정말 재미있는 자료가 될 수 있을 것 같았다. 그의 이야기는 16세기 이래 벌어졌던 전쟁과 그곳에 정착하게 된 배경에 관한 것이 전부였지만, 마하르 종족의 역사를 읽고 싶은 생각이 들게 만들었다.

마하르 집 앞에는 우르두어로 '마하르 집'이라고 씌어 있었고, 씬디어로 "환영합니다"라는 말을 문설주 위에 새겨 놓았다. 안채와 바깥채로 구별되어 있었는데, 바깥채는 침실만 8개이고, 2백여 명이 앉을 수 있을 만한 크기의 거실에는 벽 쪽에 베이지색 소파들이 쭉 둘러져 있었으며 아름다운 페르시아 카펫이 깔려 있었다. 침실과 거실은 'ㄱ'자로 되어 있었고 그 모서리에 식당이 있었는데 테이블은 50명 정도가 앉을 수 있는 넓고 긴 식탁이었지만, 몇 개를 이어 놓은 것인지는 식탁보에 가려 있어서 볼 수 없었다. 열대 지방에서는 필수인 넓은 앞 베란다에는 희고 검은 타일들을 깔아 놓았다. 거실 쪽에 10여 명의 마을 원로들이 앉아 있다가 마하르를 보고는 다 자리에서 일어났다. 바깥채 마당에는 아주 큰 나무가 하나 있었고 의자들이 놓여 있었는데, 밤 하늘을 쳐다볼 수 있는 큰 공간이었다. 우리 네 명의 여자들이 들어올 때부터 멀리서 지켜보고 있던 노인들이 그 마당에 와서 앉아 있었다. 우리들은 마하르의 안내를 받고 들어가서는 김이 꽉 찬 뜨거운 물이 흐르는 넓은 화장실에서 목욕을 하였다. 이슬람권에서 여행 손님에게 목욕물을 주는 것은 가장 큰 대접이다. 옛날에는 손과 발을 씻을 물을 주었는데, 사막에서 이렇게 목욕물을 주는 것은 음식을 내 놓는 것보다 더 반가운 일이라는 것을 열대 지방을 여행해 본 사람은 알 것이다.

  황혼이 되면서 마을은 온통 마이크로 울려 나오는 기도에로의 부름에 아주 요란하였다. 그 날의 금식이 해가 짐과 동시에 끝이 난 것이다. 몇 개의 대추야자를 먹고 물을 마신 후에 남자들은 모스지드(예배당)로 가서 꾸란을 읽고 몰비의 설교를 듣고 온다. 돌아와서야 하루 종일 굶은 것을 보충하는 저녁 만찬을 즐긴다. 마하르는 대추야자 몇 개와 물로 우선 요기를 하는 것은 예언자 무함마드 자신이 직접 그렇게 하면서 또 그렇게 하라고 가르친 것에 의한 풍습이라고 설명을 해 주었다. 생각해 보면, 하루 종일 굶은 상태에서 저녁에 맛있는 음식을 보면 갑자기 먹다가 체하거나 과식하기 십상인데 그러한 유혹을 극복하는 지혜인 것 같았다. 대추야자는 영양이 많고 달아서 몇 개만 먹어도 곧 기운이 난다. 마하르는 사우디아라비아에서 가지고 온 귀한 대추야자를 우리에게 내놓았다. 마하르가 기도하고 돌아온 후에 우리는 저녁 만찬을 하였다. 마하르는 이미 먹었다고 했다. 남자들은 여자들과 같이 먹지 않는다는 것을 잘 알고 있었기에 이상하게 생각되지는 않았다. 우리 네 명이 수십명이 앉을 수 있는 길고 긴 식탁에 앉아서 잘 요리한 몇 가지의 카레 음식을 들고 있을 때, 두 명의 남자 시종과 경비가 식당에 서서 주인의 지시가 떨어지기를 기다리고 있었다. 누구든 내 등 뒤와 앞에 지켜 서 있는 가운데 밥을 먹어야 할 이유가 없는 생활에 익숙한 터라 그들이 그렇게 서 있는 것이 송구스러웠다. 그날 식탁에는 닭 카레, 닭 티카(파키스탄에서는 닭이 큰 대접이다), 양고기 카레, 세비앙(가는 국수로 달게 요리한 것), 차파띠, 다알(녹두로 만든 카레), 뿔라우, 맹고 아짜르(망고 장아찌) 등이 차려졌다. 음식이 얼마나 맛있었는지 모른다. 마하르는 먹지는 않았지만 앉아서 우리와 같이 이야기를 하였다. 마하르는 손님과 이야기하는 재간이 많았다. 그는 밤 12시까지 앉아서 이야기를 들려주었다. 오래 묵어야 한다는 것과 다음에 다시 와야 한다는 말을 반복하면서, 자기 막내 딸과 같은 세 명의 우리 선교팀을 대접하고 즐겁게 해 주었다. 이런 대접에 익숙하지 않은 박성은, 도미영, 전혜림은 무슨 말로 대꾸를 해야 할지 모르는 데다 영어도 서툴러서 줄곧 내가 마하르의 친절의 의미에 대해 설명해야 했다.

내가 묵은 침실은 여러 나라 총리들이 왔을 때 체류한 방이라고 하는데, 그 집에서 가장 잘 꾸민 방이었다. 대형 침대가 있고, 에어콘, 카펫, 넓은 욕실 그리고 응접실까지 붙어 있는 방이었다. 다른 선교 대원들은 그 옆방에 묵었다. 작은 침실에 익숙한 나는 방이 너무 커서 잠이 잘 안 올까 염려가 되었다. 그날 그리고 그 다음 날 저녁까지 우리는 그 집에서 여자들을 만나지 못했다. 그 부인이 카라치에서 올라올 때까지 며느리와 딸이 먼저 인사하러 오지는 않았다. 어머니가 오니까 모두 모였고 그 다음 날 저녁에는 안채에 있는 식탁에서 여자들끼리 저녁을 먹었다. 마하르는 바깥채에서 남자 손님들과 저녁을 먹는다고 했다. 근본주의 정당에 속한 마하르가 자신의 철저한 종교 의식에도 불구하고 우리 기독교 신자들을 자기네 집에서 묵게 하고 대접한다는 것은 크고도 큰 환영인 것이었다. 그 맏딸이 말했다. "아버지가 어렸을 때 아시던 분은 다 우리의 식구와 같다고 생각합니다." 마하르가 자기 가족에게 이미 나에 관한 이야기를 많이 했었으므로 부인과 세 딸들은 나에 관하여 알고 있는 편이었고 아들과 며느리와도 인사를 했는데, 아들은 우리의 식탁에 오지 않고 그 며느리만 같이 먹었다. 남자와 여자가 구별되는 문화이기 때문이다. 안채는 소박하지만 약 150년 전에 지은 아주 오래된 집인데, 열대 지방에 맞게 잘 지어져 있었다. TV에서 요란한 장면들이 나왔다. 그 여자들은 그렇게 구별된 생활을 하여도 세계의 여성들에 관하여 많이 알고 있었다. 영어를 유창하게 구사할 줄 알았고, 외국에서는 여성들이 헬스 센터에서 몸매 관리를 한다는 것도 잘 알고 있었다. 나는 그 문화를 조금은 아는 터라, 그들과 이야기를 나누면서 어떤 물건이 좋다고 말하면 그것을 사 주던가 혹은 그냥 내놓기 일쑤여서 선교 대원들에게 말을 조심해야 한다고 일러 주었다. 그런데 결국 내가 실수를 하고 말았다. 그의 딸들과 밤 11시에 야시장에 나갔다가 어느 구두방에서 매우 특이한 가죽신을 신어 보았다. 내가 산다고 하면 그 딸이 돈을 낼까 봐 그냥 나왔는데, 떠나는 날 짐을 꾸릴 때 그 신을 선물로 주는 것이 아닌가!

마하르 저택은 작은 궁이라고 하는 것이 더 맞는 표현이다. 안채와 바깥채 그리고 보통 사람들을 면담하는 별관, 염소 우리, 물소 우리가 있었다. 그는 쌀 농사를 짓는 지주였다. 쌀은 수출을 한다고 했는데, 아마 중동 지방으로 수출을 하는 것 같았다.

마하르가 이 시골 궁에 와 있으면, 문제 해결을 위하여 끊임없이 사람들이 찾아온다는 것이다. 며칠 전에 살인 사건이 있었는데, 경찰이 수사를 해야 하지만 그냥 덮어 두자는 것이 마을의 여론이라고 했다. 가족 문제에 관한 것이었는데, 이럴 때 원만한 판정을 내리는 이가 마하르이다. 마하르는 그 살인범을 잡지 않아도 된다고 결정했고, 그의 의견에 따라 경찰은 그대로 그 살인 사건을 덮어 둔다는 것이다. 마하르가 말했다. "여기서는 두 가지 길이 있습니다. 첫째, 경찰이 처리하는 것인데 그것은 중앙 정부와 연결되게 되어 있고, 또 다른 한 길은 자치적으로 해결하는 것입니다. 우리는 이곳에서 자치적으로 해결해 나가는 것이 더 신속하게, 그리고 이 곳 사람들에게 도움이 되는 방향으로 해결된다고 생각합니다." 지금 생각해 보니 그 살인 사건은 명예 살인이었을 가능성이 크다는 느낌이 든다. 명예 살인이라는 것을 한 마디로 설명한다면 아내나 딸이 간음을 했거나 그런 의심을 받게 되면 집안의 명예를 위하여 아버지나 남편 또는 남자 형제 중 누군가 그 여자를 살인하는 것이다. 마하르는 그 모든 사건들과 사람들을 다스리는 자임을 알 수 있었다. 자기 지역구에는 50만 명이 있는데, 투표권자는 15만 명이라고 하였다. 마하르는 1977년부터 정치 활동을 하기 시작하였다. 그러니까 29세부터 국회의원으로 활동해 왔고, 한 번은 씬드 전지역의 의장을 맡기도 했다고 한다.

마하르는 우리가 모헨조다로를 관광할 수 있도록 차를 내 주었다. 아니

함께 랜드로바를 타고 라르가나 시장이 보낸 경비 두 명과 함께 우리를 그 유명한 문명 발상지인 모헨조다로로 안내했다. 라르가나는 베나지르 부토의 고향인데 지금은 부토 여사가 정치에서 잠시 떠나 있는 터라 주로 고향 집에 와 있다고 했다. 그곳은 상당히 큰 도시이고 시카푸르보다 더 정치적 활동이 넓은 곳이다. 그리고 즐르휘카르 부토 총리와 그 딸인 베나지르 부토 총리를 키워 낸 도시이기도 하다.

우리 일행은 그날 와지라바드에서 라르가나까지 왕복 180킬로미터를 다녔다. B.C. 2500년을 보여 주는 그 길은 잘 포장되어 있었고, 큰 가로수와 띠엄 띠엄 있는 벽돌 공장들이 인상적이었다. 모헨조다로에서는 총을 든 경찰 6명이 우리를 보호하기 위해 거리를 두고 함께 다녔다. 모헨조다로의 이야기는 언젠가 다시 써야 할 것이다. 너무나 쓸 이야기가 많다. 죽은 자의 언덕. 그 죽은 자들은 땅 속에서 무엇인가를 말하고 있었다. 하지만 그들의 이야기를 들을 만큼 우리는 지체할 수 없었다.

우리 선교팀은 마하르 집에서 2박 3일을 보냈다. 새벽이 되면 온 마을이 모스지드에서 울려 나오는 기도에로의 부름에 귀가 멍멍할 정도였다. 잠시 하고 마는 것이 아니라 꾸란을 누구나 들을 수밖에 없도록 가르친다. 말하자면 마이크로 온 마을을 대상으로 하여 성경공부를 하는 것이다. 새벽 5시경. 꾸란을 가르친다는 것은 주로 꾸란을 읊는 것을 의미한다. 금식 기간에 꾸란 전체를 읊는 시간표라도 짠 것 같았다. 한 40분 정도 마이크로 계속 꾸란을 읽어 댔다. 어린아이들은 이런 분위기 속에서 자란다. 소년들도 금식하고 목욕을 하고 모스지드에 간다. 마을에서 이탈 행위를 하면 곧 어떤 방법으로라도 손해와 처벌이 가해진다. 터부시되는 것과 허락된 것이 흑백으로 구별되어 있고, 성인이 될 때까지 보호를 받으며 성장한다. 나는 생각했다. 마하르에게 선교를 어떤 방법으로 해야 하는지를…. 가진 것이 많고, 신분이 높고, 가족의 축복이 함께 있고, 우리 대원들보다 훨씬 좋은 조건을 갖고 있는 그 왕자에게 어떻게 전도를 해야 하는 것인가? 마하르를 바라보고 있노라면 내가 36년 전에 가르친 학생이어서인지 그가 무슬림이라는 생각은 사라진다. 그냥 한 좋은 아버지, 좋은 남편(그는 둘째, 셋째 부인이 없다), 여행과 사냥을 즐기는 멋쟁이, 종교적으로 열심을 가지고 사는 경건한 사람, 마을을 다스리는 존경받는 왕자로만 보게 된다. 마하르는 나에게 한권의 책을 주었다. *Jesus, a Prophet of Islam*(이슬람의 예언자 예수). 그는 나에게 책으로 변증을 하고 있었다. 마치 이렇게 말하고 있는 것 같았다. '나도 예수를 존경하고 믿어요. 예수는 이슬람에서는 훌륭한 예언자이지요.' 예수가 모든 예언자 그 이상이시고, 하나님의 사랑과 정의의 높은 경지를 완전하게 계시한 분이시며 하나님 자신이라는 것을 그에게 어떻게 증거할 수 있을까? 그리고 그 딸들에게는?

둘째 날 마하르는 금식 중에도 우리에게 푸짐한 점심 식탁을 차려 주었다. 부엌에서 가난한 일꾼들이 금식을 하면서 우리를 위해 고기 요리를 한 것을 생각하니, 너무 마음이 좋지 않았다. 금식하는 것이 훨씬 더 편했을 것이다. 그런데 마하르는 우리가 식사하는 동안 식탁에 앉아서 말로 대접을 계속하였다. 대접하는 것 중에 가장 귀한 대접은 말을 해 주는 것이다. 먹을 것을 내놓고 정작 그가 그 자리에 없고 시중드는 사람만 있다고 한다면, 얼마나 그 식탁은 초라할 것인가? 나는 호텔에 머무는 것을 좋아하지 않는다. 호텔에 묵을 만큼 여유도 없지만, 아무리 좋은 음식이 있다 한들 무슨 소용이 있겠는가? 함께 이야기를 하는 것이 더 큰 대접이라고 생각한다. 나는 그에게 우리만 먹고 당신은 안 먹으니 마음이 불편하다고 말했다. 그는 우리에게 "나는 하나님을 기쁘게 해 드리려고 금식을 합니다." 라고 말했다. 나는 '아, 늦었구나. 나도 마하르를 기쁘게 하고 하나님을 기쁘게 하기 위하여 금식하겠다고 했어야 했는데.' 라고 자책했다.

마하르와 나는 그 마을에 관하여 이야기했다. 작은 보건소가 있는데, 낮에는 의사가 있으나 밤에는 없다고 했다. 아마 시카푸르에 의사 집이 있는 모양이다. 와지라바드는 시골이고 시카푸르는 도시이다. 의사는 도시의 좋은 집에 살고 있는 것이다. 마하르는 그곳에 특히 여의사, 산부인과 의사가 필요하다고 했다. 파키스탄에도 여의사들이 많이 배출되고 있으나 이런 사막 가운데의 마을에는 오지 않는 모양이었다. 사명감 있는 여의사가 이 마을에는 꼭 필요하다. 그런 일꾼을 찾기 위해 우리의 힘을 합해야 한다고 생각했다. 그런데 그것이 내가 마하르에게 할 수 있는 최고의 선교 활동인가? 또 마하르는 그 지역에 구아봐(그 지역의 열대과일) 주스 공장이 있으면 좋겠다고 했다. 사방에 구아봐 과수원이 있는데 신선한 과일로만 공급을 하지 못해 썩어 나가는 지경이라 한다. 나에게 구아봐 주스 공장을 차릴 사람을 찾아 달라고 했다. 물론 주스 공장을 차릴 수 있는 사람을 찾아서 그 시골 사람들의 수입 증가를 위하여 주스 공장을 짓는 것을 평신도 사역으로 생각할 수도 있다. 그런데, 그것만으로 마하르를 향한 하나님의 뜻과 계획을 그에게 보여 준다고 할 수 있는 것인가? 그 마을의 수입을 올릴 기술자나 투자가를 찾는 것이 마하르를 향한 선교인가?

의료 혜택을 더해 주는 것, 마을의 농산물을 다 유통할 수 있게 깡통 공장을 짓는 것, 초등학교와 중등학교에 교사를 보내는 것 등은 다 좋은 일들이고 필요한 일들이다. 그런데, 나는 그것만으로 충분하지 않다고 확신한다. 그것들은 다 일종의 사회 활동 형태이다. 그 활동 안에 예수 그리스도가 있어야 한다. 삶에 대한 두려움, 사람에 대한 두려움, 자연에 대한 두려움에서 해방시키시고 구원하시는 예수 그리스도를 증거해야 하는 것이다. 마하르의 딸들이 말했다. "우리 아버지는 혼자 있는 것을 무서워합니다. 누구라도 같이 있어야 합니다." 밤에 잘 때도 딸들에게 옆에서 얘기하라고 하면서 그 얘기 속에서 잠들기를 좋아한다는 것이다. 혼자라는 것을 견디지 못한다고 한다. 여행도 혼자는 안 한다는 것이다. 부인과 같이 안 가면, 딸 또는 직원이라도 데려가야 한다고 했다. 그는 외로움과 두려움 속에 살고 있었던 것이다. 무엇이 외로움과 두려움을 극복하게 하는가? 성경 말씀은 하나님의 사랑이 두려움을 내어 쫓는다고 가르친다. 마하르에게 필요한 것은 하나님의 사랑에 대한 확신이요 믿음이다. 하나님의 사랑은 여러 가지로 전달되지만, 하나님의 고통을 통한 사랑은 예수의 수난, 죽음, 부활 그리고 우리 가운데 함께하심 가운데 있는 것이다. 고통을 통한 사랑의 깊이와 높이를 깨달으면 깨달을수록 우리는 삶의 자유를 경험하게 된다. 삶을 질적으로 즐기려면 자기가 구상해 지은 집에서 살고, 세계 구석구석의 아름다운 지역을 다니고, 거리에 나가면 지나가는 사람들이 나를 알아보며 성공한 사람이라고 부러워하고, 좋은 친구들이나 가족들과 맛있는 음식을 나누고, 좋은 일을 많이 하고, 자기가 하고 싶은 말을 하면서 그리고 가진 것을 베풀면서 살아야 한다고 생각한다. 그런데 내면 세계의 질적 삶을 위해서는 두려움 없는 삶, 외롭지 않은 삶, 내적 풍요로움을 지니고 살아야 한다. 즉 감사와 감격, 기쁨과 희락을 느끼며 아름다움을 아름답게, 흉한 것을 흉하게 보고 인내와 오래 참음, 용서의 힘과 사랑하는 힘을 가지고 살아야 하는 것이다. 마하르가 하나님을 경외하며 끊임없이 전진하며 살지만, 내면의 깊은 곳에는 혼자 있음으로 인한 두려움이 있는 것이다. 마하르에게 로마서 8장의 말씀이 깨달아지기를 기도한다. 그리고 나에게도 이 말씀이 매일 새롭게 깨달아지기를 원한다.

> "누가 우리를 그리스도의 사랑에서 끊으리요 환난이나 곤고나 핍박이나 기근이나 적신이나 위험이나 칼이랴 이 모든 일에 우리를 사랑하시는 이로 말미암아 우리가 넉넉히 이기느니라 내가 확신하노니 사망이나 생명이나 천사들이나 권세자들이나 현재 일이나 장래 일이나 능력이나 높음이나 깊음이나 다른 아무 피조물이라도 우리를 우리 주 그리스도 예수 안에 있는 하나님의 사랑에서 끊을 수 없으리라." (로마서 8 : 35-39)

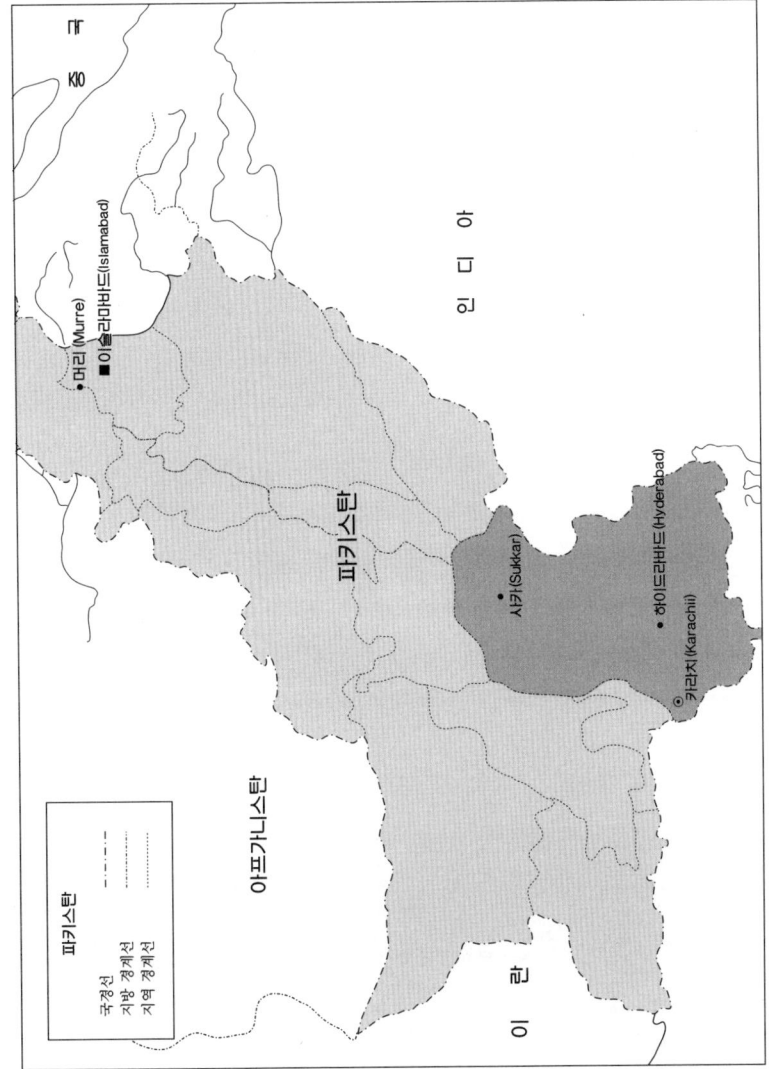